■ 新时代教育改革发展研究丛书



U0821825

# 甘肃教育好经验

## （2018）

主　编：靳建设

副主编：张竞艺

编　委：卞　蕾　赵　兴　闫婧华　时　霞　许文婕
李　莉　樊霞会　陈　宏　李　逸

兰州大学出版社
LANZHOU UNIVERSITY PRESS

**图书在版编目（CIP）数据**

甘肃教育好经验. 2018 / 靳建设主编. -- 兰州 :
兰州大学出版社, 2020.4
（新时代教育改革发展研究丛书 / 靳建设主编）
ISBN 978-7-311-05767-1

Ⅰ. ①甘… Ⅱ. ①靳… Ⅲ. ①地方教育－教育研究－
甘肃－2018 Ⅳ. ①G527.42

中国版本图书馆CIP数据核字(2020)第060523号

责任编辑 宋 婷
封面设计 王 挺

书 名 甘肃教育好经验(2018)
作 者 靳建设 主编
出版发行 兰州大学出版社 (地址:兰州市天水南路222号 730000)
电 话 0931-8912613(总编办公室) 0931-8617156(营销中心)
0931-8914298(读者服务部)
网 址 http://press.lzu.edu.cn
电子信箱 press@lzu.edu.cn
印 刷 白银兴银贵印务有限公司
开 本 710 mm×1020 mm 1/16
印 张 14.25
字 数 236千
版 次 2020年4月第1版
印 次 2020年4月第1次印刷
书 号 ISBN 978-7-311-05767-1
定 价 31.00元

# 前　言

为进一步学习贯彻党的十九大精神，发现、总结、提炼甘肃教育好经验，写好甘肃教育奋进之笔，促进甘肃教育事业发展，甘肃省教科院为适应新时代教育改革发展，发起了发现甘肃教育好经验、提炼甘肃教育好成果、讲好甘肃教育好故事、传播甘肃教育好声音的行动。

一个好的教育创新成果或经验应有正确的价值导向与核心理念，按照全面贯彻教育方针，弘扬民族精神，紧紧围绕立德树人根本任务，以人为本，以学生发展为中心，将培育、践行社会主义核心价值体系融入到教育创新全过程，促进教育公平，提升教育质量，最终引导广大青少年儿童健康、快乐成长，凝聚教育价值的目标，实现教育的价值取向和追求。甘肃教育好经验涵盖了教育创新成果、成功的实践案例、系统的解决方案。教育创新成果必须具备“遵循教育基本规律与学生成长规律的教育属性”，具备“提供可以有效解决教育现实问题的创新属性”，以及“可操作、可应用、可复制、可推广的产品属性”，有明确的表现形式、针对性和适用范围。成功的实践案例是在特定条件或特定群体中有代表性，并且具备很强的榜样价值和导向意义。对教育创新成果或经验的推广应用起着示范、诠释和指导作用，在呈现形式上更加形象直观、图文并茂，可以最大限度实现教育创新成果或经验的具象化和可视化。优秀的案例在宣传、推广教育创新成果过程中起到展示与示范作用，便于教育实践工作者理解内涵，相互传播以及学习借鉴。系统的解决方案是针对某些已经体现出的，或者可以预期的问题、不足、缺陷、需求等，所提出的解决整体问题的“产品”和服务体系，有明确的适用人群、适用对象、适合解决的问题，有成体系的问题解决路径、有效的应用指导以及提升成果应用效果的综合性服务。

本书通过省、市、县三级教研部门通力协作，针对全省范围的各级各类教育，基于事实和实证，将具有西部或甘肃特色的教育经验和成果进行论证和提炼，希望这些具有本地特色、创新性和可推广价值的甘肃教育好经验能走出甘肃，走向全国。

虽然个别成果和经验仍存在不够完善和需要改进的地方，但是我们相信在全省教育工作者的不懈努力下，一定会不断涌现出更多更好的教育经验及成果，推动甘肃教育改革发展进程。

因本书于2019年年底才完成终稿修订工作，历时一年有余，部分单位的名称如今已有变化，以当时写作时的实际情况为准，特此说明。

编　者

2019年12月

# 目 录

# 农村寄宿制小学<br>“一轴三维”交互式校本课程实践研究

## 一、问题的提出

2014年教育部《关于全面深化课程改革 落实立德树人根本任务的意见》提出：“教育部将组织研究提出各学段学生发展核心素养体系，明确学生应具备的适应终身发展和社会发展需要的必备品格和关键能力。”《中国学生发展核心素养报告》指出：“学生发展核心素养，主要指学生应具备的，能够适应终身发展和社会发展需要的必备品格和关键能力。研究学生发展核心素养是落实立德树人根本任务的一项重要举措，也是适应世界教育改革发展趋势、提升我国教育国际竞争力的迫切需要。”

目前我们要把课程目标定位在核心素养的培养上，让知识变成智慧，让知识变成素养或力量，不但需要教师的思想发生转变，而且需要探索建立课程改革的新路径和科学的学业质量评价标准 。在这一政策和现实背景下，学校结合《中国学生发展核心素养报告》中学生六大核心素养，确立了农村寄宿制小学学生应该具备的“会玩、好学、善交、心美” 四大核心素养能力，并创新开设了以“星光月动”美育教育+“九点论坛”中华传统优秀文化教育、“馨德教育”为核心内容的互补交融的“一轴三维”交互式校本课程，全力推动核心素养培育工作。

## 二、价值理念

“一轴三维”交互式校本课程的出发点是培育和发展农村寄宿制小学学生“会玩、好学、善交、心美” 的核心素养能力，让素质教育真正落地开花。

“一轴三维”交互式校本课程的建构与实践坚持全员全面发展理念和素质教

育理念，尊重德育、智育、体育、美育的规律性，关注学生发展的完整性、全面性，强调学生实践能力的增强、创新思维的锻造和全面素质的培养。

该课程的实践研究坚持“一切活动皆课程”的课程设置理念，以“目标贴近学生，课程内容多元，制度机制完善，措施方法有效”为原则，建立完善的校本课程运行机制、评价机制、考核机制，努力成为课堂教学的优质“供给侧”，真正实现“国家课程开设齐，地方课程有质量，校本课程有特色”的课程开设目标，从而有效落实培育农村寄宿制小学学生“会玩、好学、善交、心美” 的核心素养能力目标。

## 三、标准规则

“一轴三维”交互式校本课程实践研究以来，学生“会玩、好学、善交、心美”等核心素养落到了实处，“星光月动”“九点论坛”“馨德教育”等特色德育课程设置日臻科学合理，教育力量日渐增强，做到了核心素养培育与课程改革紧密结合，做到了教师教育专长与网络优质资源融通互补，做到了专业教师与社会教育力量有机结合。制度机制逐步完善，初步形成了“日练、周测、月展评、期考核”的评价考核机制和“三抓三带”特长培育和人文素养提升带动机制。

“星光月动”才艺培育按照每天课外活动训练、每周辅导老师检测、每月月末展评、学期结束考核的要求在乡村少年宫和美育活动室开展活动，所需乐器、足球、空竹等活动器材均使用乡村少年宫活动设备。“四项大赛”按照每天“四个一”（每天记诵一首诗词、一个成语、一个句型、一道速算）记诵要求，在晨、午诵时间和人文教育、实践探究等课程，由老师指导积累记诵，月末开展评比。

“九点论坛”于每周四晚九点在学校九点论坛室举行，主讲人由学校校级名师、外聘名师和校内外“名生”轮周担任。论坛设有“五个必须”环节，即主持人必须引用诗词名句开场，主讲人必须与在座学生“飞花令”，主讲内容必须有高度、深度，听讲学生必须围绕论坛主题现场质疑问答，听讲学生必须现听、现学、现演。

“馨德教育”包括“3336” 馨德教育、“馨德大阅读”“快乐足球”“校园电视台”四个方面。“3336”馨德教育于每周日下午学生到校后在学校道德讲堂举行，由值周教师和班内推荐的学生主讲。“馨德大阅读”在学校无门图书室、图书漂流长廊、爱心书屋开展。“快乐足球”在每天早操、大课间、课外开展活动，一月开展一次班级、年级足球联赛，一年参加一次市县联赛。“校园电视台”活动在学校校园电视台开展，每学期定期开展活动。

## 四、解决方案

“一轴三维”交互式校本课程体系具体包括以才艺培育和四项大赛为主要内容的“星光月动”美育教育，以中华传统优秀文化为主要内容的“九点论坛”文化教育，以“3336”馨德教育、“馨德大阅读”“快乐足球”“校园电视台”为主要内容的馨德教育。

### （一）“星光月动”激趣

“星光月动”是学生才智培育的展示平台。“一月一动”（展评），包括“才艺培育”和“四项大赛”两个方面。

“才艺培育”课程确定管乐、民乐、舞蹈、绘画、足球、空竹、航模科技、校园电视台主持人培训等为自选性项目，书法、阅读为普选必选项目，于每天下午课外活动时间集训，全体老师担任指导老师，各项目组指导老师按照日练、周测、月评、期考的要求，对照学生自定的“周达标”目标，督促学生梯级发展。每月月末，“星光月动”活动日，学校利用半天时间集中开展“星光月动”才智展评活动，对一个月以来学生在花样足球、舞美空竹、毽子舞、二胡电子琴混搭等体艺特长方面的训练成果进行检测，让师生在运动中释放生命活力，培育豁达心态，锻造高尚人格，并对表现突出的学生授予“才智星”奖章。每学期结束，学校结合每月展评结果，对每一个学生的才智水平评等定级，纳入学生综合素质评价，并作为高一学段学校衡量学生学业水平发展的重要指标和录取学生的参考条件。

“四项大赛”是学生人文素养培育平台，每天训练，月末大赛。该课程确定书法、诗词、成语、猜谜、速算、敏特英语等为全校学生普选必选的人文素养和智力素养培育项目，按照每天“四个一”记诵要求，安排语文、写字与书法、实践探究、数学、英语等学科教师常态化指导训练。训练内容及进度由教研组按周次确定，并上传于校园网站“四项大赛”专栏，让师生对照进度逐步推进，让诗词、成语、速算、敏特英语成为学生学习未来知识的厚重基石，让每一个学生在厚实的人文底蕴中个性化发展。每月月末“星光月动”活动日，学校利用半天时间开展“四项大赛”，大赛模拟央视《中国诗词大会》中“飞花令”的攻擂、守擂等精彩赛点，让师生在攻守中迸发学习热情，共享智慧火花，培养真善美情操，进而让师生明白：你的气质，来自于你读过的书、走过的路，你出彩，世界便精彩。

### （二）“九点论坛”启智

“九点论坛”是师生专业学业“高成长性”发展平台，以传承中华传统优秀文化为重点，以“七九六”智造区建设为优质“供给侧”，通过让师生每晚“六点尽情阅读、七点自由练字、九点个性辩论”，切实教育引导师生好读书、爱书法、善交流的行为习惯。为帮助学生综合素质培育，从课内到课外，从学校到社会，从书本到生活拓展延伸，学校于每周四晚九点，开办“九点论坛”，由学校校级名师、外聘名师和校内外“名生”轮周主讲。论坛内容涉及中华传统优秀文化、伟人名人轶事、时事分析、生态环保、人文科普、法律法规等，帮助学生开阔视野，树立远大理想。同时，学校按照校内师生自愿报名、主动引领，校外聘请临泽名师、名生“走进板小、走上论坛”的原则，选聘主讲嘉宾，让更多有才华、有思想、有创新精神的师生走上“九点论坛”，分享智慧，协同发展。论坛通过五个“必须”环节，在互动中启智，在点评中励志，在创作中内化知识，激励学生争做“好读书、有亮度，懂情趣、有温度，广智慧、善表达，向上向善”的阳光学子。

### （三）“馨德教育”修身

“馨德教育”是核心价值观培育平台，包括“3336”馨德教育、“馨德大阅读”“快乐足球”“校园电视台”四个方面。一是“3336”（三爱、三节、三情，诚、善、法、书、美、健“六颗金种子”）馨德教育润“心”。每周日下午学生到校后，全体师生齐聚学校道德讲堂，由值周教师和班内推荐的学生，按照馨德教育教案设计，开展“爱祖国、爱劳动、爱学习，节水、节电、节粮，国情、县情、校情，诚、善、法、书、美、健”等正三观、树形象的修身教育。教育活动按照“唱”出“家国情”、“讲”出好品质、“评”出“引路人”的“三步走”程序，引导全体师生在嘹亮的国歌齐唱声中凝聚“爱国心”，升华“爱国情”；在学生或演讲或表演或以身边事说身边人的激情主讲中弃陋习，树新风，比志向，树形象，比习惯，强素质；在值周领导对主讲学生、指导老师的励志点评中强化教育成效。二是"馨德大阅读"修身。开设无门图书室、图书漂流长廊、爱心书屋，让师生随时阅读，让书香触手可及；开辟楼厅读书展示区，为师生搭建读书成果展评平台，每周展评师生读书成果，每学期集结成册；开通国资平台个人空间，增设"馨德阅读"栏目，让师生上传并共享馨德文章，让阅读成为师生的一种责任、一种习惯、一种境界，为培育学生关键能力奠定良好基础。三是"快乐足球"健体。每天早操、大课间、课外活动开设足球校本课程，一月开展一次班级、年级足球联赛，一年参加一次市县联赛，形成了"说足球、写足球、画足球、唱足球、舞足球、踢足球"和"制度机制建起来、基础设施'硬'起来、各级联赛'赛'起来、师生互动'练'起来、家校联动'热'起来"的校园足球运动"六字五来"成熟做法，让学生踢出健康体魄，玩出阳光心态。四是"校园电视台"蓄力。校园电视台是校园小小主持人的培育平台，教育引导学生采编校园大型文体活动、学雷锋事迹、日常不文明行为及节假日等新闻动态，每周播报，在实践中形成能力，让学生能言善交。2017年，我校校园电视台被中央电教馆评为"全国优秀百佳校园电视台"。

## 五、实践案例

"一轴三维"交互式校本课程实践研究以来，我们在点滴进步中总结反思，在总结反思中提炼特色，"一轴三维"交互式校本课程实践研究的基本做法逐渐得到上级认可。《"星光月动"启智，"九点论坛"激趣，不断探索"馨德教育"新路径》被教育部评选为"全国中小学德育工作优秀案例"；《这里的孩子有了艺术乐园》被《教育报》《甘肃教育》、中国新闻网等媒体刊发和报道；《完善"三抓三带"艺术教育体系，实施"星光月动"才智培育计划》被省教育厅评定位甘肃省第五届中小学校艺术教育科研论文三等奖；《一所乡村学校的艺术教育新处方》获甘肃省教育科学研究所基础教育课程改革和中小学校特色课程体系典型案例二等奖；《离不开的"血脉"和"空气"》在《少年素质教育报》刊发；校本课程开设的主要阵地"乡村学校少年宫"被省教育厅和省财政厅联合表彰为"甘肃省优秀乡村学校少年宫"；在近三年的全县才智大赛中，我校选派代表分别获得一、二、三等奖，并被表彰为全县"才智少年"；在2016年张掖市"国家级青少年足球特色校锦标赛”中，我校男子足球队获得冠军。

核心素养有效培育。“一轴三维”交互式校本课程实践研究以来，学生每人每年熟练掌握一项文体特长的目标得以实现，95%以上的学生在诗词、礼仪、实践创新等人文素养和能力方面有较大提升，会玩玩好、好学学好、善交友善、心美形美、阳光健康等关键品质逐步形成，阳光少年、美德少年、才智少年不断涌现。

课业负担明显减轻。“一轴三维”交互式校本课程实践研究以来，学校实现了真正把课外活动和晚自习还给学生，让学生在轻松快乐的玩耍中获得知识技能，培育情感态度价值观，学生学业成绩明显提升，思想道德合格率达到100%。学生在“玩中学、学中乐”的学习品质和团结、合作、创新、阳光的个性品质初步形成。

优质生源有效保障。该课程的建构实践，为学校探索出了一条“塑造阳光心态、锻炼健康体魄、提升人文素养、拓宽知识视野、蓄积发展潜力的”优秀学生培育路径，为高一级学段输送优质生源提供了制度机制保障。连续三年，学校毕业年级学业水平检测成绩、延时检测成绩位居兄弟学校前列，一批批素养扎实、习惯良好、发展后劲充足的阳光少年、美德少年、才智少年升入初中、高中，为学生的未来发展、为书写好临泽教育的“奋进之笔”奠定了坚实的基础。

成熟做法普惠共享。“一轴三维”交互式校本课程实践研究的成熟做法以“目标贴近学生，课程内容多元，制度机制完善，措施方法有效”的优势特点得到市、县教育部门的肯定，《这里的孩子有了艺术乐园》《一所乡村学校的艺术教育新“处方”》等经验做法已在《中国教育报》《未来导报》《甘肃教育》、中国新闻网、中华新闻网及40多家媒体刊发或转载。《“星光月动”启智，“九点论坛”激趣，不断探索馨德教育新路径》典型案例在全县校（园）长工作经验交流会上予以交流。《临泽：教育发展管中窥豹看“长度”》《临泽板桥镇中心小学：“星光月动”添春色》等活动侧记在“临泽教育头条号”刊发。目前，其成熟做法已在全县15个规模以上学校1万多名中小学生中推广，先后有张掖市甘州区、山丹县教育体育局、临夏州教育系统等县、区学校来校观摩学习。县域内各兄弟学校相继以“才艺展演”“诗词大会”“走教选课”“学科知识竞赛”等形式为内容，进行了多样的课程改革，如临泽县蓼泉镇中心小学、华强中心小学、城关小学等借鉴我校做法，积极开展了符合本校实际的“5+X”德育晚餐、“文化之夜”等学生核心素养培养活动，并取得了一定教育效果。

（临泽县板桥镇中心小学 赵友 张开兵）

# 教学联盟：全力构建新型课堂的有效途径

2016年初，我们按照市教育局“实施教研带动计划，探索建立跨区域、跨校际教研联盟、教学联盟”的教学改革新思路，在深入调查、广泛咨询和认真研究的基础上，开展“探索教学联盟 构建新型课堂实践研究”试验项目。两年来，我们做出了一些探索，也收获了一些成果，并从中受到了一些启发，现报告如下：

## 一、探索教学联盟所秉持的价值理念

积极响应国家教改政策，将新型课堂构建看作“心灵的革命、观念的革命、课堂技术的革命、行为的革命”，坚持从现实课堂的问题出发，破解传统课堂无法破解的难题。积极响应教育部领导对“课堂革命”提出的号召，“坚持以学生为中心，为不同层次、不同类型的受教育者提供个性化、多样化、高质量的教育服务，促进学习者主动学习，释放潜能，全面发展”。

## 二、构建新型课堂所遵循的规则

第一，面向基层，扎根课堂，聚焦问题，突出实效。

第二，正视差异，发掘资源，变不利因素为有利因素，科学合理地推进课堂模式改革。

第三，积极探索，在研究中实践，力争提升教科研引领和课程改革支撑能力，提高教科研服务水平，推动教师专业发展，促进教育质量进一步提升。

## 三、推进教学联盟所采用的解决方法

### （一）主要案例

教改试验。

### （二）工作思路

找准研究基础—确定切入点—制定方案，实践检验—研究总结—不断反思。

### （三）解决问题的过程与方法

**1.第一阶段：摸清现状，制定实践方案**

深入开展调查研究，摸清现状及存在的问题，综合分析多种因素，选定切入点，论证设计试验模型，制定实践检验方案。

**2.第二阶段：选定试验校，组织实践检验**

在信息化办学水平较高的酒泉市北关小学的4个班，选定4位语文老师利用北京师范大学张生老师研究团队开发的“教客”平台开展先行试验，开始实践检验，并且聘请张生老师作为学术顾问。试验课利用计算机网络教室进行教学，将听、说、读、写四方面深度融合，使思维能力发展和多元化评价贯穿于课堂的各环节。

**3.第三阶段：总结经验，联盟推进**

通过总结前期经验，申报确立省级课题“探索教学联盟 构建新型课堂实践研究”，选定15所学校组成教学联盟并及时开展专业培训，从理念、操作两个层面为老师们指出教学改革的方向。各试验校按照课题任务，分别成立研究小组，通过网络在学校联盟内展示特色课例，分享学生作品，拓展了课程主题，丰富了课程资源，同时也为各研究小组优化课程开发策略提供了经验。虽然各校试验进度不一，但总体已开始全面推进。

**4.第四阶段：深化认识，全面推广**

在总结先行校经验的基础上全面实践。试验教师在参与中行动，在行动中研究，让新型课堂理念深入人心。市教研室多次组织观摩研讨交流活动，组织本地教师与外省市专家、教师展开研讨，让引领、指导、评价信息畅通，为持续推进教改试验、巩固教学联盟搭建了交流平台。

### (四)充分发挥先行试验校的示范作用

用好互联网教学平台，丰富网络课程资源，畅通联盟学校共享渠道，形成“以强带弱、以城带乡”帮扶共同体运行机制，探索义务教育优质均衡的新途径。

### (五)根据已有基础借助最新理念和平台，科学制定下一步计划

一是对新型课堂研究形成的理念体系做进一步的深入研究探索和梳理总结，完善理论体系，建立新型课堂教学模式，并将成功案例经验在全市范围内推广，取得实证研究数据。

二是引入最新理念和平台，立足现状，放眼未来，巩固教学联盟。通过引进并实施中小学教育质量监测、中文分级阅读监测、“考拉”阅读、群文阅读等先进理念和做法，切实提高学生的思维发展能力。

三是注重和加强联盟教师课堂教学改革经验的阶段性总结，争取形成更多优秀案例，以期教改试验成果推广至其他学科。

## 四、教改试验截至目前所取得的成果和经验

### (一)阶段成果概述

**1.成果一**

《“互联网+”背景下的“思维发展型”小学语文重构课程》获甘肃省基础教育教学优秀教学成果一等奖。成果主要总结了“思维发展型课程”。这项教改试验先从语文开始，课堂教学形态主要由“教师导学、主题阅读、随堂打写(用键盘写作)、评价反思”四个模块构成，课堂按时间维度分为“20+10+10”三段，简称“211模式”。目前在酒泉市20多所学校探索试验。

**2.成果二**

论文《构建互联网时代的学习共同体》，发表于2017年第3期的《时代教育》期刊。经梳理总结，课程试验负责人潘建军将教学联盟师生家长共同学习形成的共同体机制在北京师范大学张生老师组织的“互联网时代的课程领导力”高端论坛上做了交流，得到了与会专家和同行的肯定，后形成此文。文章总结了教学联

盟形成的几个学习共同体。

3. **成果三**

教学活动观察纪实《谱一曲友谊的长歌——酒泉师范附属小学与肃州区黄泥堡学校校际交流活动教育观察》，成稿于2018年6月，发表在2018年第4期《酒泉教育》。2018年4月，在酒泉师范附属小学与肃州区黄泥堡裕固族学校教学联盟开展的“感谢有你”手拉手校际交流活动中，课题组选派成员全程参与了为期一周的活动，形成这篇文章。这种活动别开生面，意义非同凡响，在全市产生了深远的影响。

4. **成果四**

论文《“互联网+”时代的学生高阶思维发展——“基于网络环境下创新课题设计策略以及教育现代化领导力培训”的归纳与思考》在2018年8月19日发表于网络新媒体《简书》。论文对思维发展理论做了深入研究，提出了以发展高阶思维能力为主的“思维发展型”新型课堂理念。由主持人潘建军与酒泉教研室教研员刘昱撰写的反思性论文，在中国教育技术协会教育测量与评价专业委员会交流论坛上获得了同行业专家的好评。

5. **成果五**

优秀教学案例集《教海拾贝——酒泉市教师优秀课例与设计精选（2015）》，于2016年6月编撰完成，2017年4月出版。2016年，以此为主题的省级课题立项后，为了深入对课堂教学现状的开展，进一步研究教师课堂教学改革得失，我们组织省市课赛获得优异成绩的教师对他们的获奖课回顾反思，将课堂实录和教学设计整理成文字，编撰了该作品集。通过对书中100多项课例进行研究，发现我们学生的学习还停留在浅层次阶段，思维能力不能在课堂上得到很好的发展。这种状况引起我们的深思，即如何通过构建新型课堂让学生思维发展充满活力？成为我们研究探索的重要课题。

6. **成果六**

《“教客达人杯”小学生同题异构想象作文大赛优秀作品集》，即教学联盟试验校学生作文大赛优秀作品集，于2017年8月集稿完成，2018年4月出版。2016年11月，教学联盟试验校联合其他省市一些此项教改试验先行校，在全国范围内开展了首届“教客达人杯”同题异构想象作文大赛。河北、辽宁、甘肃三省多地、多所城乡学校的一至六年级学生共计5054人参与，经专家评审，获特等奖、一等奖的245篇优秀作品，共计22.3万字，正式集结出版。学生作品中丰富的想象力，流畅的表达能力，创新的思维能力，说明教学联盟教改试验已经取得了初步成功，新型课堂具有很强的实效性和影响力。

7.**成果七**

《新课改背景下深化教研工作的实践与探索》，获甘肃省教科院2017年11月优秀论文评选一等奖。该文对新型课堂研究情况进行了梳理，并以此为案例，对教研工作的机制创造性地提出了建议，即教研工作要以发现、引领、推介为宗旨，从“点”上切入，“面”上推进，引导广大教师积极开展教学改革，为教育教学质量提升做出科研贡献。

8.**成果八**

《教育的诗和远方——“探索教学联盟构建新型课堂实践研究”课题研究启动会议报告》，获甘肃省教科院2016年优秀论文评选一等奖。本文系本课题主持人潘建军在课题开题培训会议上所做的报告。报告从当前的全国课改走向、我们面临的困境、我们的课改方向、课题研究试验计划等几方面做了系统阐述。文章同时被北京师范大学张生老师研究团队网络公众号“秀米语文”采用，在全国范围内有近万人点击阅读，在本市教师中引起了强烈反响，开启了我市以教改试验引领课程改革的先河。

### （二）主要创新点

通过两年多的探索实验，酒泉市教学联盟取得了以下方面的创新：

第一，联盟内优势互补，建立联盟校教学改革管理协同创新机制。加强对联盟学校的领导，对口交流，及时补缺。共同制定教学管理措施、教学计划、教学内容实施、教学质量评价与检测等工作，对这些工作加强了沟通协调，统一了标准要求。整合各校资源优势，共同参与校本课程的联合开发，共同编制，借鉴使用，互相评价与修订完善，提高教师的课程开发意识和科研能力，培养学生创新精神和实践能力。建立学校课堂开放长效机制，让广大家长、社会团体等走进学校，走进课堂，参与教学活动，感受新型课堂带来的变化，真正加入并维护共同体，扩大教学联盟影响力。

第二，开辟“线上”“线下”双阵地，建立联盟校网络混合学习新模式。借鉴发达地区、本市联盟办学的成功经验，开通网络直播课、微课等，实现联盟学校资源共享，建立网上教研平台，开展联盟学校教师异地网络研修，及时分享模拟课堂、同步课堂、课堂实录、典型教案、反思总结等。线下补充完善，以双向互派交流方式为主，以酒泉“新课堂”实验教学联盟、“名师工作室”等团体交流为辅助方式，采取多种交流方式，切实提高教学质量，解决学校名师资源短缺问题。

第三，共同举行教师业务培训，建立联盟学校教师同步发展机制。一是积极参加成员学校科研课题的研究与实验工作，对教改过程中出现的问题展开针对性研究和实践，形成经验和理论成果，通过申报省、市的实验项目或课题，获取专家和政策的支持。二是做好骨干教师培训和校本培训指导工作，分析，指导，总结推广先进经验。

第四，落实教学评价和学生评价改革，建立教育质量提升联动机制。一是定期开展课例研究、专业研修、同题异构、课改讲堂、专家讲座、外出学习考察等形式多样的教研活动，做到讲实效、重过程、重记录、有成果。二是开展联手测验活动，通过分析评价找出差距，有针对性地制定并实施解决策略。三是教研团队和学习小组注重制度、文化、特色等内涵方面的建设，以期促进各学校教育教学质量的大幅度提高。

第五，建立互联网时代的学习共同体，构建五种学习共同体。第一种是学生学习共同体。该共同体内的学生可以是同班的，也有其他班级的，甚至还有外校、外地的同学，在同一平台内，不同学校、不同地域、不同环境的学生思维、文化、思想相互碰撞，融合，促进了学生思维能力的发展。第二种是教师、家长、学生共同体。该共同体实现了家校教育的有效融合，使老师、孩子和父母形成了角色不同、目标一致的学习伙伴。第三种是教师联盟。该联盟实现了教学资源共享、课程开发互助、教学方式互动。第四种是学校发展联盟。校际间学习交流可以互通有无，以强带弱，以城带乡。第五种是大学、教研机构和中小学的专业发展共同体。教学联盟课题试验中，除参与研究的中小学教师外，课题组还邀请北京师范大学张生老师，省教科院专家，北京、大连等地专家，以及本地教研员，共同组成研究指导团队。一方面把大学生产的理论知识输出转化为中小学教学改革的教学实践，另一方面专家团队通过网络，对参与教改试验的教师、学生进行监测，评价和指导。这种基于网络的大学、教研机构和中小学的专业发展共同体，共同开启了教育研究的新模式。

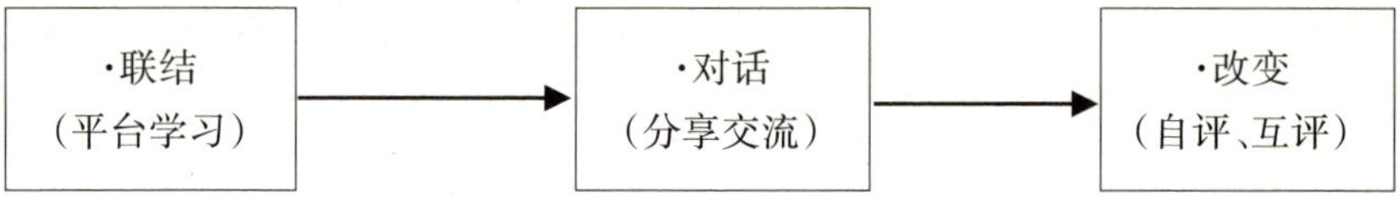


学习共同体核心框架图

第六，搭建教师成长平台。近两年，借助市总工会和市教育局最新工作部署，酒泉市教科所与市总工会联合举办了全市中小学（幼儿园）教师教学大赛暨观摩研讨活动。目前为止，有17个学科参与竞赛，300名优秀教师参加全市大赛展示，2000多名教师参与研讨观摩；之后，将每学科第一名推荐参加“甘肃省教师教学技能大赛”，均取得优异成绩；同时，将每学科前三名获奖教师推荐为“省级技术标兵”。借助竞赛激活教师读书活动，目前，全市教师民间自发的读书会已经发展到十多个，吸纳会员涉及全市一半以上的教师。此项举措得到广大教师的一致认可，为教学联盟教师共同体的构建争取了广泛的群众基础。

### （三）得到的一些启示

第一，一些联盟校内的老师参与教改的积极性不高，部分学校设备陈旧，配置太低，制约了新型课堂的深入研究与实践。可见，未来教育背景下，新型课堂的构建和教学联盟的推进工作，硬件设施是根本。

第二，参与学校教学改革发展的水平参差不齐，推进速度快慢不一。15所联盟校虽然都有教师参与学习，但个别教师尚未认识到这项研究实践对学生终身发展的深远意义，在课堂中推进试验不够积极。由此，用最新思想理念武装教师头脑，用最真实客观的改革成果说话，是推进此项目的关键。

第三，受家庭条件影响，有些家庭没有配备电脑，不具备上网条件。有个别家长理念落后，不重视对孩子的培养，不愿意在孩子教育方面投资。因而，将家校共育、全“人”教育的理念贯穿至教学工作始终，是改善这个问题的重要因素。

教学联盟，联动的是心灵，是观念，是技术，是行动，也是机制，是路径。在今后的探索中，愿更多的成员加入教学联盟，让新型课堂构建在研究与实践中更加成熟，让共同体队伍更加壮大。

（酒泉市教科所 潘建军）

# 优势互补、资源共享、协同发展

## ——金昌市金川总校第五小学教育集团发展纪实

随着金昌市经济的发展和城市化进程的不断推进，外来务工人员不断增加，外来务工人员子女就读也得到市政府的高度关注。实现区域内教育公平和教育均衡已成为我市教育的当务之急。为扩充名校优质资源，实现优质教育平民化、普惠化，让更多的人接受更好的教育，2017年5月，在金昌市教育局和金昌市金川区政府的倡导下，金川总校和金川区教育局签订联合办学协议，成立了由金川总校第五小学和金川区第二小学联合组建的金川总校第五小学教育集团。将五校的质量品牌、先进的教学理念和区二校现代化的硬件设施优化整合，破解家长择校难题。

集团办学一年来，在市教育局、区委区政府、金川总校、区教育局的协调下，稳步推进集团化办学进程，以语文“大单元主题阅读”和数学“信息技术环境下五环节‘翻转课堂’构建”两项省级课题为抓手，促进了两校区课堂教学质量的提升。在家长培训、师资优化、教育理念更新、课堂教学模式改进等方面做了大量的工作，取得了非常好的社会认可度，扩大了优质教育资源总量，满足了外来务工人员子女对优质教育的需求。

### 一、摸索与创新

集团办学不是简单地复制五校模式，而是本着为引领金昌教育改革打好基础的初衷，为集团化办学探索有效的管理模式，并大胆尝试，敢于创新。

**(一)明确目标**

树立高质量的教育发展观，把提高质量作为集团办学的核心任务。发挥金川总校引领带动作用，两校区以先进的办学理念、一体化办学模式、优质的教育品牌、优秀的师资队伍开展深度合作，实现优势互补、协同发展。真正实现两校区教育质量的提升，让师生融入完整的教育生活，从根本上扭转社会、家长对教育的偏见，办人民满意的教育。

**(二)健全组织**

经金昌市教育局协调，金川区政府和金川总校签订合作办学协议，金川总校党政联席会议研究决定，成立了金昌市金川总校第五小学教育集团领导小组。每两周召开一次集团领导小组会议，总结工作落实情况，商议协调后期工作，实现从宏观协调到实时操作的组织领导。两校区沟通交流，取长补短，相互促进。

调整学校管理机构，成立年级部，将原来教导处和政教处的职能并归年级部，实现扁平化管理，既实现了管理的便捷高效，又引入了年级部之间的竞争机制，也有利于教师打破原有的“圈子”，很快融入新的年级部。

**(三)规范管理**

教育集团以“一套班子、两个校区、统一管理、资源共享”的运行模式，在办学理念、人事、制度、业务、评估考核、校园文化建设等方面实行高度统一管理。学生实行“一校两册制”，招生范围由市教育局统一划定，混合编班，统一教学。

第一，通过集团教师大会，商讨制定了《教育集团管理制度》《教育集团教师绩效考核办法》《教学工作规程》《班主任工作规程》及《班主任工作手册》，统一了教师工作量，对两校区托管、大课间及特色课程进行了一体化设计，规范了升旗仪式及两操，统一校服，统一安排家长培训。通过一系列的措施，规范了两校区师生的教育教学活动，搭建了外树形象的平台。

第二，两校区在集团领导小组领导下统一开展各项教育教学工作。两校区中层干部职数编制按有关规定设置，教职员工按照原有核定数进行核定。建立教师考核动态机制，教师由教育集团全面统筹调配，统一进行两校区教师业务能力培训，着力提升教师专业素养。

第三，两校区原有经费核定、划拨方式、核销方式不变。安排专项经费用于保障集团各项教育教学工作、特色活动的开展及奖励业绩突出的管理人员和教师。

### （四）形成机制

教育集团建立了“一抓一推一奖”的工作机制：

1.**“一抓”，即“一个抓手”**

即教育集团以“一点研究”为抓手，促进教师走“经验+反思”的专业成长道路，引导教师做研究型、反思型的优秀教师。教师着眼于“教学札记”和“课后反思”，以教育叙事为主要方式，点滴记录成长的每一步，积少成多，逐渐成长为骨干教师。

2.**“一推”，即“一个推手”**

即教育集团将德育工作“六个一”实施细则作为促进学校内涵发展的有力推手。“育人为本，德育为先；七分做人，三分做事”，思想品德教育是学生终身发展和可持续发展的基础，为此，教育集团推行德育工作“六个一”，即每天开一次德育晨会，每周开一次主题班会，每周举行一次升旗仪式，每月一次法制安全教育讲座，每学期一次主题活动，每学期一次家庭教育专家讲座。德育工作“六个一”的施行，有效地促进了学生良好行为规范的养成，加强了学生的思想道德建设，为学生的可持续发展奠定了精神基础。

3.**“一奖”，即“一定奖励”**

即完善相关奖励机制。为鼓励教师积极参与集团活动，变被动学习为主动汲取，集团出台了若干奖励政策。一是设立单项奖励，对教师参加课题研究、各类教学竞赛及辅导学生获奖，均给予一定的奖励；同时，在集团内评选年度“优秀教师”“最美教师”“最爱阅读教师”“科研型教师”等。二是通过各类优质课、展示课及汇报课，大胆推荐中青年教师参与，凡在集团活动中能够脱颖而出、业务出色的教师，在各项评优评先方面优先推荐。

### （五）强化措施

为确保集团真正能办出实效，着力解决教师专业成长的突出问题，提升教师素质，提高教育质量，提振工作信心，教育集团采取了一系列强化措施：

第一，开展集团大教研活动。按照“定时间、定地点、定内容、定主题、定形式、定人员”的活动原则，严格按照学期初集团制定的详细的教研活动计划，安排每两周定期开展教研活动。举行教师同课异构、考评课展示及常态课观摩活动，落实教学常规“推门听课”等制度，提升教师教学设计和课堂施教水平。

第二，通过观课议课活动，积极推进教学模式改革。两校区互相开展语数英及艺体课观课议课研讨活动，实现教研活动的常态化。通过观课学习课堂艺术，通过议课交流体会反思，通过研讨碰撞思想火花。

第三，“走出去”开阔视野。集团大力支持教师“走出去”参观，听课，学习。集团成立一年来共派出20多批次、60多人次的教师到省外听课学习，帮助教师成长提高。下一步，集团将组织更多批次的教师到省内外名校观摩学习，开阔教师视野，将培训提高的“福利”惠及更多教师。

第四，“引进来”助力发展。每学期初举办集团教师“普通话培训”“读书交流”“教师论坛”“教师信息技术能力培训”等活动。邀请国家“十三五”课题组核心专家来校讲学，承办全市学科基地校教学研讨活动等，进行教育思想和教学观念的引领。

第五，实施教师卓越工程。对已经有影响力的名师，很优秀但社会知名度不大的教师，以及重点培养的青年教师，分别提出明确的发展目标和具体的学习任务，使不同层次的教师都有明确的发展路径和方向。

## 二、取得的成效

第一，优质教育资源成倍放大。从原金川总校第五小学招生260人到集团招生600人，实现优质教育资源的成倍扩大，社会效应突显。从生源情况看，集团一体化招生给流动人口子女上学带来了极大的优惠，实现了教育资源的公平优质。

第二，教学质量的提升立竿见影。2017年秋季学期末，集团学校参加金川区9所小学统考，一、二年级优秀率、合格率、平均分均为第一；三～五年级成绩名次提前了两位。2018年春季学期末，集团学校参加金川总校联考，一、二年级各科成绩仍然处领先地位，其他年级的考试成绩也有相应提高，有的班级成绩和老师任课成绩已接近五校成绩。

第三，初步实现了办学理念的融合、管理机制的融合、师资队伍的融合、评价考核的融合。2018 年秋季招生后已有三个年级完成融合，且教学质量稳定。集团管理沟通畅通，办学理念、办学目标达到了认识上的一致。家庭教育重视度及社会对二校办学认可度正在提升。

第四，两校区通过网络平台远程办公实现了管理的一体化。管理也努力向规范化、精细化、服务化迈进。

第五，教师的使命感、自我提升的主动性增强。区二校教师工作状态变得积极认真，有了自我提升的迫切感。集团教师的自信心、自豪感逐步提升，工作吃苦耐劳，积极主动，敬业精神饱满。

第六，两校区开展礼仪培训及学生自主管理，极大地改变了学生的行为习惯，学生的文明程度有了脱胎换骨的变化。学生精神面貌自信、乐观，懂礼仪、讲文明、守规矩蔚然成风。

## 三、存在的困惑

第一，尽快缩小两校区教师教学理念、教学技能等方面的差距，需要加大培训力度。聘请专家、外出培训活动等都需要经费支持，专项经费不能及时到位，严重影响集团各项工作的开展。

第二，两所学校隶属于两个管理体系，办学机制、体制不同，同一个年级任教，同样的考核办法，获得的报酬有别，长此以往会消磨老师的工作积极性。如何打破体制机制的束缚是推动集团化办学健康发展的关键。

五校教育集团两校区完全融合的办学模式，不同于北京一沿海等地集团化办学模式，可借鉴的经验较少。两所学校办学机制体制不同，隶属于两个管理体系，办学困难极大，需要上级教育主管部门和政府的大力支持。我们集团班子将以咬定青山不放松的决心，凝聚人心，奋发有为，稳步推进集团化办学向优质均衡的目标迈进。

（金昌市金川区教育局 赵会昌）

# “订单式”教研破解教育教学难题

——高台县教体局“订单式”教研模式探索

## 一、“订单式”教研提出背景

在深入贯彻落实中共中央、国务院《关于全面深化新时代教师队伍建设改革的意见》的大背景下，为全面加强教师队伍建设，培养和造就党和人民满意的高素质专业化创新教师队伍，办好人民满意的教育，高台县教体局坚持基于需求驱动和问题导向开展教研工作，加快教科研思路与方式转型，准确定位教研室与学校的关系，切实履行教研部门服务职责。“订单式”教研是该县教体局实行的一项重点教研改革工作。为解决“研究者热衷于坐而论道式的宏大叙事，而漠视问题解决型的针对性、贴地式研究”“研究方单一、论证过程随意、实证研究相对薄弱”，以及“研究成果重复性较强，研究的深度、广度不足”等问题，逐步形成以学校教师和学生的实际为依据，以教与学的问题为起点，以问题解决为目标的系统性教研模式。通过将教学研究工作重心下移、阵地前移的方式，将以往单一的、制定式的教研活动改为双向的、可定制的教研活动。

## 二、问题导向

作为学校教育教学的生命线，校本教研一直受到教育主管部门的高度重视。但以往教研部门的教研方式是自上而下的，各学校因办学理念、办学特色、生源、师资等方面存在着差异性致使教育教学中出现的问题也不同，因此，学校寻求的指导和帮助也各异。具体到实际操作层面，基层学校的教研往往变成了“教演”，教研的针对性不够，因而教研的实效性不强，“订单”来自学校，校本教研必须尊重这种差异性，针对不同学校的个性问题，实施差别化教研的工作思路。

## 三、理论依据

教育部基础教育司有关领导指出，以校为本的教研是将教学研究的重心下移到学校，以课程实施过程中教师所面对的各种具体问题为对象，以教师为研究的主体，理论和专业人员共同参与的新的教研方式。强调理论指导下的实践性研究，既注重解决实际问题，又注重经验的总结、理论的提升、规律的探索和教师的专业发展，是保证新课程改革实验向纵深发展的新的推进策略。

有关专家认为，所谓校本教研，也就是教师为了改进自己的教学，在自己的教室里发现了某个教学问题，并在自己的教学过程中以追踪或汲取他人的经验解决问题。也有人把这称之为“为了教学”“在教学中”“通过教学”。“为了教学”，是指校本教研的主要目的不在于验证某个教学理论，而在于改进、解决教学中的实际问题，提升教学效率，实现教学的价值。“在教学中”，是指校本教研主要是研究教学之内的问题而不是教学之外的问题，是研究自己教室里发生的教学问题而不是别人的问题，是研究现实的教学问题而不是某种教学理论假设。“通过教学”，是指校本教研就是在日常教学过程中发现和解决问题，而不是让教师将自己的日常教学工作放在一边，到另外的地方做研究。

正是基于此，我县提出了“订单式”教研新模式，将教研重心前位下移，转变教研部门职能，以问题为导向，以需求为驱动，深入教学一线，靠前指导，破解教育教学难题。

## 四、“订单式”教研

### （一）简介

为着力解决课改中出现的问题，更有效地指导教育教学，高台县教体局开展了大量的调查研究工作，在全面深入了解学校教研现状的基础上，坚持基于需求驱动和问题导向开展教研工作，加快教科研思路、方式转型，探索出“订单式”教研新模式。“订单式”教研是近三年来高台县教体局进行的一项将教学研究工作重心下移、阵地前移的教研工作改革，重点在于教研工作的“双向性”，将以往单一的、制定式的教研活动改为双向的、可定制的教研方式。教体局准确定位教研室与学校的关系，为了切实履行服务职责，教研室应需开展“订单式”服务教研活动，采取“教师和学校点菜”“名师下厨”的方式进行。各学校或幼儿园依据教师专业发展和学科建设需要向教研室提交“教研订单”，教研室接到“订单”后根据教学的实际制定教研方案，选择调研方式，调配学科资源，做到“送”和“出”的双方相互学习，相互提高，扬长避短，各取所需。

**（二）工作目标**

“订单式”教研活动就好比是教师和学校“点菜”，教研室选择“名师下厨”，展示并交流“厨艺”，达到教学相长的目的。

教研室应需开展“订单式”服务教研活动，采取教师和学校“点菜”“名师下厨”的方式进行，按照“一线梳理、提报问题——线研究、分析问题——线论证、解决问题 ”的服务流程，将教研重心前位下移，深入教学一线，靠前指导，实现服务教学与促进教研的双赢。“订单式”教研既能为学校教育教学的发展想办法，出主意，为广大教师搭建平台，增强教研工作的针对性和有效性，又能使教科研人员深入了解各中小学及幼儿园存在的问题的差异性，找准教育教学研究的切入点，提升研究水平和解决问题的能力。

**（三）内容和形式**

涵盖名师送课、主题教研活动示范、现场观摩、当堂点评、专题讲座、课后研讨交流等环节，有送讲课、送讲座、送说课、送教研等多种形式。

**（四）工作流程**

“订单式”教研是由基层学校根据学校和教师亟须解决的实际问题，确定教研主题和内容，然后邀请相关教学研究人员到学校通过听评课、报告、座谈交流等形式解决问题的一种方式。“订单式”教研与传统教研相比较是基于学校、基于问题解决的教研活动，其针对性、科学性和实效性大大增强。具体操作流程是：

**1.按需下单，提报问题**

学校和教师梳理、提报教育教学中亟待帮助解决的问题，填写《高台县教研室“订单式”教研问题提报单》，上报教研室。

**高台县教研室“订单式”教研问题提报单**

<table>
<tr><td>提报单位</td><td colspan="2">斩坝镇中心小学</td><td>填表时间</td><td colspan="2">2016年3月4日</td></tr>
<tr><td>活动主题</td><td colspan="5">三年级作文课教学活动</td></tr>
<tr><td>活动形式</td><td colspan="3">专题讲座，互动交流<br>名师作文教学示范</td><td>负责人</td><td>李玉样</td></tr>
<tr><td>活动时间</td><td>2016年3月17日</td><td>活动地点</td><td colspan="3">斩坝镇中心小学照中校区</td></tr>
<tr><td>参加范围</td><td colspan="5">三年级语文教师</td></tr>
<tr><td>拟邀请的<br>县级名优教师</td><td colspan="5">市县级优质课获奖教师、语文名师工作室成员</td></tr>
<tr><td>针对的<br>问题及问题表现</td><td colspan="5">三年级学生对写作文显得束手无策，不知道写些什么，也不知道如何来写，对于每次布置的作文比较发愁，久而久之所产生的恐惧心理</td></tr>
<tr><td>预期目的</td><td colspan="5">希望通过名优教师的示范指导，让我校语文教师掌握一些作文指导的技巧，便于更好地对学生进行作文指导，让学生能愉快地写作文</td></tr>
<tr><td>教研室意见</td><td colspan="5">（略）<br>2016年　　月　　日</td></tr>
</table>

**2.初步梳理，分类问题**

教研室根据提报单中的问题，按照教学管理、课程改革与实施、学科教学、校本教研、教师专业发展、教学法的学习与应用、特色教学成果的提炼与推介等维度，将提报问题进行分类汇总。

**3.组建团队，确定主题**

教研室组织学科专家梳理问题，并设计详细的解决方案，教研室选择最优解决方案，确定和组建完成订单的学科团队。教研室根据各学校提报的问题，统筹安排，确定开展“订单式”教研时间、内容形式、专家团队并反馈学校。

**4.按需送教，精准教研**

按照“教研订单”的完成时间和要求，深入一线精准完成“订单”。教研室针对“订单式”教研问题，制定方案，组织相关学段教研团队或教研员到学校开展“订单式”教研活动，研究和帮助解决所提报的问题。

**"教研订单"范例表**

| 序号 | 提报单位 | 提报问题 | 问题表现 | 解决策略 | 承办单位 | 备注 |
|---|---|---|---|---|---|---|
| 1 | 合黎中心小学 | 如何培养学生学习兴趣和学习习惯? | "学困生"学习兴趣的培养及学习策略辅导 | 专题讲座或心理辅导 | | |
| 2 | 合黎中心小学 | 幼儿园奥尔夫教学活动组织策略 | 奥尔夫教学资源缺乏及高效课堂的构建 | 专题讲座及奥尔夫课堂教学示范 | | |
| 3 | 合黎中心小学 | 寄宿制学校"学困生"转化策略 | 寄宿学生作业不能按时完成,学习效果不明显 | 对教师及学生专题讲座或心理辅导 | | |
| 4 | 宣化中心小学 | 语文教学中自主、合作、探究学习方式的构建 | 教师对新课改理论知识缺乏,课堂中自主、合作、探究学习模式构建的效果不明显 | 进行专题讲座和课堂教学示范 | | |
| 5 | 黑泉中心小学 | 五年级数学"体积与容积"问题解决策略 | 学生对"体积"与"积"两个知识点易混淆<br>解决问题的能力不足 | 课堂教学示范及专题研讨 | | |

**5.反馈问题，跟踪调查**

教研室基于学校、基于问题解决形成“订单式”教研报告，填写“订单式”教研问题解决策略反馈单，反馈给学校。学校根据教研室提出的解决问题的措施及办法加以创造性落实，进一步提升教学管理水平和教学改革质量，并对该次“订单式”教研活动提出宝贵意见或建议。向提交“订单”学校征集“订单”完成情况与反馈情况，对活动进行过程中的问题实施跟踪服务，并对教研专家团队和学校进行双向考核。

**"订单式"教研活动安排示例表**

一、活动主题

如何在小学语文课堂中开展自主、合作、探究或学习？

二、活动时间

2016年5月26日上午8:30

三、活动地点

宣化镇中心小学

四、活动地点

四一班教室

五、参加人员

教体局教研室主任及教研员、高台县语文名师工作室专家成员、中心校全体语文教师、宣化各校区语文教师

六、活动安排

（一）语文名师工作室成员示范指导课（第一节8:40—9:20）

（二）我校青年教师黄翠霞上研讨课（第二节9:30—10:10）

（三）专家评课互动研讨活动（10:30—11:10）

（四）小学语文名师工作室王萍主任专题报告（11:20—12:00）

高台县教育体育局

2016年5月25日

**高台县教研室"订单式"教研问题解决策略反馈单**

单位：　　　　　　　　　　　　　　时间：

| | |
|---|---|
| 学校亟待解决的问题或需提供的帮助 | |
| 所邀请教研团队或教研专家（教研员） | |
| 教研团队解决问题的方式及过程 | |
| 教研团队提出的解决问题的措施及方法 | |
| 学校对本次教研活动的意见或建议 | |
| 学校对问题解决的满意程度<br>（满意、一般、不满意） | |

## 五、进度安排

每年春季学期（2月底），完成全县各中小学及幼儿园“订单”征集工作。

3月中旬，完成“订单”任务的梳理，将“订单”提交专业团队。各“订单”承办团队制定详细的解决方案。

3月中旬至12月，各“订单”承办团队完成各自教研“订单”，教研室针对“订单”的完成情况和学校的改进情况对教研专家团队和学校进行双向考核。

次年1月底，根据“订单”的完成情况进行“订单式”教研工作总结，并提出改进计划。

## 六、投入的力量和资源保障

以高台县3个“名师工作室”为载体，已建成高台县“名师引领骨干教师成长培训基地”。名师引领骨干教师成长培训基地以名师为引领，以课程为纽带，在全县形成以名师为核心的高层次骨干教师团队和专家型教师研究群体。成立了县教育学会，下设小学语文、小学数学等9个教学研究分会，有专兼职教研员45名，其中，专职教研员3名，兼职教研员42名，教师专业人才梯次成长机制已渐趋完善，教研任务明确，教研能力较强，为“订单式”教研活动的开展提供了人才保障。

## 七、“订单式”教研活动成效

通过“订单式”教研活动的开展，既能为学校教育教学的发展想办法，出主意，为广大教师搭建平台，增强教研工作的针对性和有效性，同时又能使教科研人员深入了解各学校存在的问题的差异性，找准教育教学研究的切入点，提升研究水平和解决问题的能力，增强服务意识，强化服务水平，为教育决策服务。高台县“订单式”教研的相关信息已经在《甘肃日报》《未来导报》做了相关的报道，“订单式”教研已经成为破解教育教学难题的新法宝。

截至目前，已接受学校“订单式”邀约服务60多次，派出教研员146人次，帮助学校解决问题69个，涉及全县各级各类学校。累计开展以“订单式”教研为主题的名师、骨干教师送教活动30场次，上示范课30节次，参加教师1000多人次，受益学生1900多人次。

（高台县教育体育局 宋加强）

# 依托联片教研机制 促进区域教育均衡发展

## ——凉州区联片教研模式构建与实践研究报告

凉州区是一个拥有百万人口的大区，也是一个教育大区，由于受自然条件与经济因素的影响，各学校在办学水平、师资力量、教学质量、教科研能力等方面呈现出不均衡的发展态势。就教科研工作来说，特别是一些农村学校存在教研氛围不浓、活动流于形式、教研活动质量不高、教研资源不足等问题，导致城乡学校之间教育教学质量差距进一步拉大，两极分化形势明显。鉴于以上原因，区教育局在教科研工作中积极探索新方法，寻找新路子，在落实好传统教研工作的基础上，创新教研工作机制，开展区域联片教研的探索与实践，取得了良好效果。

### 一、科学定位，整合资源

联片教研是根据地理位置、学校现状、管理水平、教研能力、教学质量等方面的情况，按片划分教研区域，以学科基地为依托，充分发挥各校优势，加强校际交流研讨，多层面开展教学研究活动，努力实现教研制度创新的一种形式。扎实开展联片教研活动，能够更好地打破校际壁垒、学科壁垒，对加强校际教研交流与合作，破解传统教研瓶颈，促进区域教育均衡发展，以及对于深化课程改革、提高课堂教学的有效性、促进教师专业成长均具有重要意义。

“协同论”认为，千差万别的系统，尽管其属性不同，但各个系统间存在着相互影响而又相互合作的关系。对教育来说，推动区域协同发展，建立教育协同发展的“命运共同体”，是深化教育领域综合改革、提升区域教育整体水平的重要举措。2016年5月，习近平总书记主持中央全面深化改革领导小组会议，审议了《关于统筹推进县域内城乡义务教育一体化改革发展的若干意见》，明确指出统筹推进区域内城乡义务教育一体化发展，对缩小城乡教育差距、促进教育公平具有重要意义。党的十九大报告也提出：推动城乡义务教育一体化发展，高度重视农村义务教育，努力让每个孩子都能享有公平而有质量的教育。

凉州区现有中小学231所，其中城区学校32所，农村学校199所（包含68所小规模教学点）。全区共有学生11万多人，教师9000多名。针对中小学分布面广，学校办学规模、办学水平、师资力量、教研实力发展不均衡的现状，我们立足实际，创新思路，开展区域联片教研的探索与实践，目的在于打破校际壁垒、学科壁垒，加强区域之间、学校之间的教科研合作与交流，形成校本教研以校为单位的“小校本”向校际间、城乡间、区域间多所学校“大校本”教研联动转化，实现区域之间、学校之间教育资源的互动共享，通过名校、强校带动薄弱学校、农村学校、偏远山区学校共同发展。在实施联片教研之初，我们将联片教研活动定位于：实施典型引路、整体联动、重点创新、全面推广的校本研究策略，构建城乡互动、联片合作、主题研究、整体提升的校际联片教研模式，促进教师成长和学校发展。

2006年12月，凉州区教育局出台《关于在全区开展联片教科研活动的安排意见》，自成立全区“中小学联片教研工作领导小组”和“中小学联片教研工作指导小组”起，我区就开始了联片教研科研工作的探索实践。在具体实施中，我们从地域特点和学校实际出发，把全区各级各类学校划分为高中组、初中组、区直小学组、农村小学组和幼教组，再根据学校地域分布情况将学校在组内分片，以片为主开展联片教科研活动。随着学校布局结构的调整和学校管理体制的改革，目前全区各学校划分为1个高中联片组、1个职教联片组、2个幼教联片组、4个区直小学联片组、2个城区初中联片组、13个农村中小学联片组。各联片教研组坚持每月开展一次集中活动，通过专题研讨、示范课观摩、案例研讨、问题会诊等方式，开展多种形式的教研活动，实现区域内资源共享和共同发展。

## 二、明确职责，完善机制

联片教研的管理不等同于一般的校本教研管理，已经跨越学校管理区域之外。因此，我们在联片教研工作中，建立它特有的框架，明确其工作职责、工作内容和工作规范，从而确保联片教研的活动实效。

## （一）工作网络

我区联片教研工作的基本架构是“一个整体、三个层面”。“一个整体”指的是联片教研是校际互动协作、资源共享共生的渠道，是融上下（区、学校）交互，左右（校际）协作的整体。“三个层面”是指区教研室承担全区联片教研活动布局规划、管理、评估等工作，主要通过教研员联系蹲点制度，负责为联片教研提供信息支持、专业指导、过程监管、成果评估。联片教研组主要负责联片教研活动的组织实施，总结片区活动经验，进行校际之间的协调，负责与区教研室联络，发挥“上情下达、下情上传”的桥梁作用。学校结成联片教研群体后，教研重心转移到学校，教研主体回归到教师。

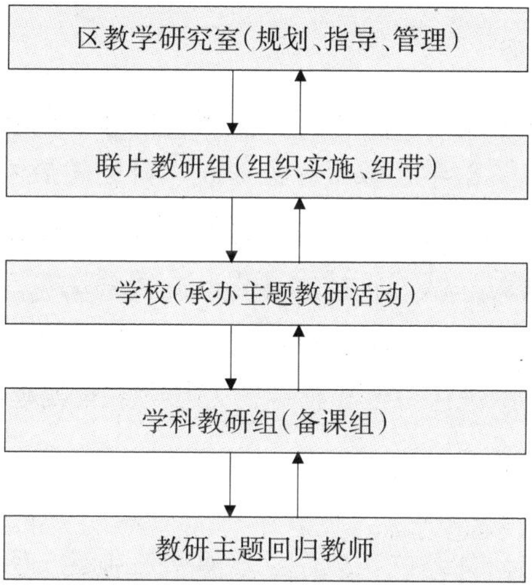


**图1　联片教研工作网络**

## （二）工作流程

我区在各联片教研组设置了中心学校（即联片教研组牵头学校），中心学校校长任联片教研组组长。每学期初，组长召集成员学校校长召开联席会议，共同分析本区域教育教学过程中存在的共性问题，结合全区教科研工作要点，制定联片教研活动计划，内容包括活动目标、内容、形式、时间、地点、参加人员等，并将计划安排报区教研室统一协调。具体实践中，各联片教研组每次活动确立一个主题，并由组内在这一主题方面具有优势的成员学校承办联片教研活动展示观摩，片内成员学校共同研讨，最后进行总结评价。

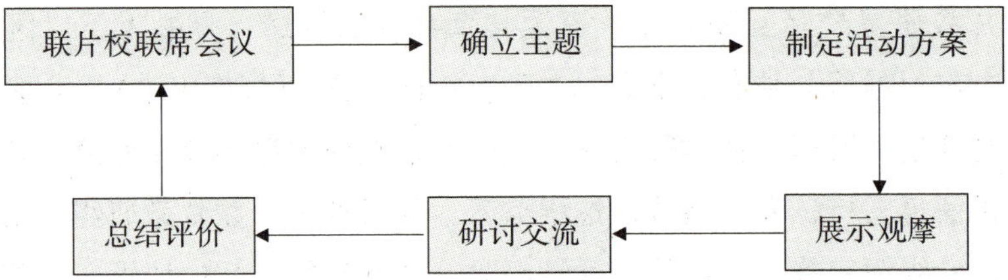


**图2　联片教研工作流程**

**（三）工作内容**

针对课程改革和校本研修中出现的普遍性问题，各联片教研组做出以下举措：一是围绕高效课堂教学、教师专业成长、师生发展性评价、学业质量检测、校本课程开发、特色学校建设、家庭教育等方面，定期组织开展大组备课、区域研讨课、学业评价研讨、区域性校本课程开发等活动。二是组织开展学科沙龙、校本教研工作经验交流和各种形式的教学论坛、教学观摩等活动。三是邀请不同层级、不同学科的专家进行讲座和指导，为教师成长搭建舞台。

**（四）工作规范**

为了提升联片教研活动的实效，区教育局在制定一系列规章制度的基础上，要求各片区的每次联片教研活动做到“五有三保证”。“五有”是：教研活动中有提炼出来的问题（困惑、疑难）、有解决问题的初步设想、有区域教研专题、有中心发言人、有活动记录。“三保证”是：教研时间保证、人员保证、实效保证。同时，要求各学校校长、中层领导要带头参与联片教研，并紧紧围绕活动主题，组织好校本教研活动。活动后，要做好反思与总结工作。

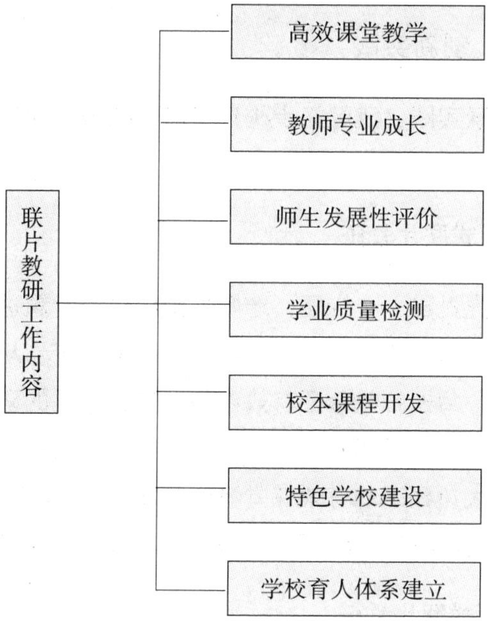


**图3　联片教研工作内容**

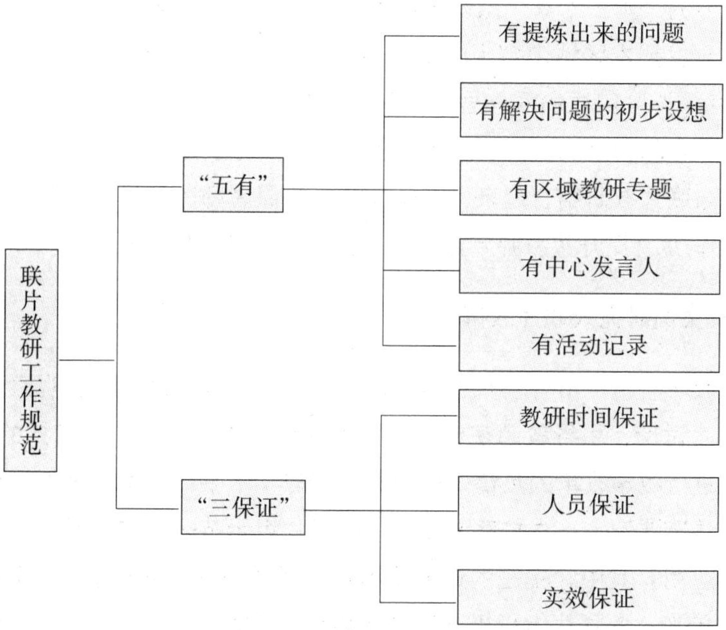


**图4　联片教研工作规范**

## 三、拓展形式，创新实践

通过几年的探索实践，我区初步构建了联片教研活动模式，扩大了教研工作的内涵与外延。

### （一）专题论坛式联片教研

在教研活动前先抛出一个专题，老师们围绕这个专题进行充分准备，在教研活动时各抒己见，畅所欲言，最后达成共识，形成对策，从而指导教学。在专题论坛式教研活动中，每一位教师都有效参与，在交互式的研讨中均有对话、交流的机会，通过实践反思、同伴互助、充分交流，从而使每一位教师在不同层面上均有收获。比如“大班额下的有效课堂教学策略”“班主任专业化成长”“家校育人体系共建”“小规模学校发展”等，都是各联片教研组的教研专题。

### （二）专家引领式联片教研

邀请本区域、本学校内，学科教学有专长、理论实践造诣较深且有相当知名度和影响力的“本土专家”做教学经验交流，做到专家与受众的交互对话和双向交流，充分发挥本区域内名师的专业引领和辐射作用，激发教师对“自主”“合作”“探究精神”实质的深入思考。特别是近年来，我区制定了《凉州区中小学名师工作室实施方案》，建立了31个涵盖中小学各学段的名师工作室，把名师工作室活动与联片教研结合起来，充分发挥了陇原名师、省级骨干教师等名师的引领、带动作用，提升了教师专业素养，促进了教师专业成长。

### （三）案例研究式联片教研

利用教研时间推出有创新思路和研究价值的课例，制定课堂观察量表，组织教师观摩、讨论，引导教师在整个教研活动过程中进行二次递增式的深度反思，激发教师进行教学改革的热情，提高教师的教学水平。基本的操作流程是：拟定主题——精选课例——本校磨课改进——联片组示范——互动反思——总结评价——推广应用。其中，主题的选取是前提，互动反思是核心，主题落实是关键。例如，近年来，各联片组积极开展“翻转课堂教学实践”“信息技术与课堂教学融合”“群文阅读”“凉州好课堂”“观摩课的集体备研讨”等案例式教研活动，均有效提升了联片教研活动的质量和效益。

### （四）城乡帮扶式联片教研

我区将城区联片组和农村联片组结成“帮扶对子”，成立了6个城乡联片教研共同体，以城区名校为牵头学校，开展城乡互动大联片教研活动。活动主要采取四种形式：一是管理对接。通过开展校长论坛、经验交流、质量分析会等形式，进行学校管理、教学管理方面的对接与研讨，提高管理水平。二是名师献课。安排教学能力强，在区域范围内有一定影响力的骨干教师或学科带头人，在联片教研组或结对学校开展“名师高效课堂示范课”教学活动。三是交流研修。联片教研结对学校通过教学沙龙、专题论坛、网络交流等形式，组织管理人员或教师进行学习，研讨；城区学校对农村学校进行先进教学经验扩散培训。四是教学开放日。城区学校每学期为结对的农村学校安排一次全方位的“学访交流开放日”活动，展示学校办学理念及教研成效；农村学校也可安排教学开放日活动，邀请其他学校进行观摩，促进共同提高与进步。城乡互动式联片教研活动实现了资源共享、共同发展，以城带乡、以强带弱的目的。

### （五）跨区域互动式联片教研

为了加强交流与合作，提升学校管理水平和教育教学质量，我区与发达地区或周边县区学校之间开展了跨区域教学交流活动。2014年5月，我区组织11所区直小学与杭州西湖小学教育集团、杭州市三墩小学结成联盟学校，互派管理人员和教师开展了教育教学交流。发展街小学、共和街小学还通过现代教育技术，与杭州三墩小学开展了异地同课异构远程视频教学交流活动。2016年6月，我区与甘州区、肃州区开展了“小学语文群文阅读”跨区域联合教研活动。2017年10月，我区组织部分骨干教师在古浪县黑松驿初级中学开展了跨县区联合教研活动。这些活动的开展，推动了县区之间教科研工作的交流。

### （六）课题牵引式联片教研

为了巩固联片教研的成果，总结联片教研的经验，区教育局制定下发了《关于对联片教研、校本教研工作实施课题化管理的意见》，加强了对联片教研工作的课题引领。我们指导各联片教研组针对本区域或本学校教育活动及教学管理中的实际和难点问题，从学校实际出发，根据学科教学、教师的需求，共同开展课题研究，努力构建以课题研究为突破口的教研与教学相结合的专题活动方式，提升联片教研的内涵和质量。当前，我区正以“群文阅读”“中华文化习养”“有效教学模式构建”和“中小学教育质量综合评价改革”等课题为牵引，驱动联片教研工作的开展。

### （七）网络式联片教研模式

各联片教研组在片区内组建集体备课QQ群和研讨交流微信群，利用CCtalk、umu等网络工具，创建丰富多彩的“教学论坛”，定期发布讨论专题，积极引导教师交流分享备课、上课、作业批改、班级管理等方面的心得，鼓励教师开展线上集体备课、作业设计、课堂教学、专题研讨等网络教研活动，联片教研步入了信息化的快车道。网络教研达到了一种跨区域共享、互补的功效，实现了异步、同步相结合的更加以人为本的教研。

### （八）协作化的教学支持工作模式

高中联片教研组充分发挥省级示范性高中武威六中的龙头作用，畅通信息交流渠道，整合高考备考资源，实行联考诊断、捆绑式考核、同分析同备考、集体备课等协同复习策略，实现了资源共享与成果共用，提高了全区高考备考工作的合力。

## 四、规范管理，确保实效

为了加强联片教研的过程管理，区教育局先后制定出台了《关于在全区开展联片教科研活动的安排意见》《关于校本教研、联片教研工作实施课题化管理的意见》《校本教研示范校、联片教研示范组创建活动实施方案》等规章制度，健全联片教研工作机制。从全区层面搭建联片教研活动平台，每年围绕“新课程·新理念”“高效课堂”“学案导学”“研究性学习”等主题，指导各联片组统一开展教研活动，增强联片教研活力。选聘兼职教研员，建立名师工作室，开展教师专业培训，培养教科研骨干力量。建立了联片教研活动的导向机制和激励机制，把开展联片教研情况纳入学校教育教学工作年度责任考核、学校规范管理检查、校本教研示范校创建的工作指标内，确保联片教研的制度化和规范化。

区域联片教研的模式构建和研究实施，推进了区域课堂教学改革，促进了教师专业成长，带动了校本课程建设，提升了教育教学质量，推进了区域教育均衡发展，使全区教科研工作取得了卓著成效。近五年来，全区共有近300名教师获得陇原名师、甘肃省青年教学能手、甘肃省骨干教师等荣誉称号，有近500名教师在全省教学技能大赛、“一师一优课，一课一名师”“优课”评选活动中获奖，有近1000篇论文或教学设计（案例）在全省评比中获奖。全区共有361项课题被立项为省级课题，302项课题被立项为市级课题；有82项课题通过省级鉴定，75项课题通过市级鉴定。除此之外，另有49项国家级课题“班主任专业化”子课题通过结题鉴定。凉州区教育局先后2次被省教育部门评为“甘肃省教育科研先进单位”，获得“甘肃省普通高中新课程实验先进集体”。在2013年第二届全国教研系统负责人联席会议上，凉州区教育局介绍了联片教研的做法和经验，得到了与会领导和专家的一致好评。《人民教育》《中国教师报》《未来导报》《甘肃教育》等媒体均对凉州区联片教研工作进行了宣传报道。

（武威市凉州区教育局 刘国庆）

# 西部地区县域内艺体教师结构性矛盾破解的实践研究

## ——甘州区音体美教师培养案例

立足区域实情，依据问题导向，甘州区探索“以县为主”的教师培养培训模式，运用“高端引领”“能力提升”“岗位练兵”多种策略的“组合拳”，找到破解西部地区教师结构性矛盾的路径和方法，建立了一套区域教师培训管理办法，建成了区域教师培训课程标准，开发了区域教师培训课程体系，建成了区域教师培养培训机制，实现了中小学教师区域内培训的新突破。

实施“一专多能”的教师队伍建设策略，依托“行政＋学会＋基地”的培训模式，建立教研室、学会、基地学校三方合作互补关系，实现区域内优质资源共享，填补县区教师无培训基地的空白，形成富有区域特色的教师培养培训新模式。

坚持满足农村美育教育教学的实际需求，依托“十百千”青年教师美育素养提升培训，利用3～5年时间，培养学科骨干300名，对35岁以下2000名农村青年教师进行美育素养提升专项培训。参训教师均掌握了一门专业技能，综合素质不断提升，综合能力显著增强，实现培训合格教师全部兼职相应学科，所有音体美专业教师“归位”，破解了区域内教师总量达标，但结构不合理、部分学科缺乏专业教师尤其是音体美课程教师资源短缺的结构性矛盾。这种跨学科、自主式、梯次型的培训，完成了短时间内参训者由“一专一能”的单一型教师到“一专多能”的复合型教师的转变。参训教师助力农村艺术教育，指导学生社团活动，丰富了农村学校美育内容，推动了教师的成长，促进了学生的发展。基地校从师资能力、设施设备、办学品位上均有提升，办学特色更加明显。建立了主动参与、高效开放、满足教师自主性选择学习需要的甘州区音体美教师常态化培训体系，为区域教师培训提供了可借鉴、可复制的成功范例。

## 一、问题的提出

教师是学校发展的灵魂，提升教师美育素养，是引领学生成长和促进城乡教育均衡发展的重要工作。就甘州区而言，一方面，农村音体美专业教师严重短缺，随着体育、书法、艺术课时的调整，专业教师数量更是捉襟见肘，亟待补充大量的专业教师；另一方面，推进素质教育，必须让学生接受全面发展的教育。事实上，农村美育教育“短板”问题因师资问题越来越凸显，而师资短缺问题单靠政府解决也不现实。立足区域实际，培养“一专多能”的教师是当务之急。另外，从人的发展角度看，目前大多数青年教师兴趣单一，普遍缺乏艺术素养，引导教师树立积极而高雅的兴趣爱好，是教师培训工作的重中之重。基于以上考虑，我区在 2014 年 9 月启动了甘州区青年教师美育素养提升工程，简称“十百千”计划。旨在通过实施 “十百千”计划，利用 3～5 年时间，对2000名青年教师进行音体美课程的培训，3 年培养农村音乐、体育、美术种子教师各 100 名，促使35 岁以下青年教师掌握一门技能，实现青年教师“一专多能”，从而解决音体美教师结构性短缺问题。

### （一）问题导向

最好的培训，是基于问题解决、满足成长需要的培训。本成果是基于问题解决，立足本土资源优势，重点破解农村美育教师结构难题，着力解决农村中小学音体美学科教师缺乏难题的行动研究。

### （二）县区背景

近年来，甘州区秉承“科教强区”的愿景，始终把“让教师过一种高品位的专业生活”作为推动教育发展的引擎，按照“育德为先、能力为本、农村为重、梯次成长”的要求，围绕“基础型、合格型、特色型、专家型”四级发展目标，坚持立足教育实际，立足教师发展需要，着力促进资源整合，着力创新工作途径，启动实施“4+1”教师培训行动计划，走出了一条“行政 + 学会 + 基地”的草根化培训道路。

## 二、解决问题的过程与方法

### （一）理论构建

1.解决的主要问题

甘州区区域内，教师总量达标，但结构不合理，部分学科缺乏专业教师，尤其是音体美课程教师资源短缺的结构性矛盾非常突出。农村学校普遍缺乏专业的音体美教师，导致学校无法开齐开足课程，成为推进教育公平、促进均衡发展、实施美育教育的软肋，严重制约了教育整体改革和人的全面发展。这一问题主要表现为：校园美育活动单一，骨干队伍匮乏，名优骨干影响力很小，后备力量“零储备”。一方面，农村音体美专业教师严重短缺，随着体育、书法、艺术课时的调整，美育教师缺额达 200 人，亟待补充大量的专业教师；另一方面，从相对数值上来说，小规模学校专职的音体美老师“吃不饱”，成为兼职的语数外老师。有一个就“过剩”，没有就“零空缺”，成为学校教师配备的“两难”问题。近些年，高等师范教育只注重培养学生的专业知识技能，忽略了学生音体美素养的培养，以致大多数青年教师兴趣单一，普遍缺乏艺术素养。同时，推进素质教育，必须让学生接受全面发展的教育。农村美育教育“短板”问题靠政府短时间内解决教师结构性矛盾也不现实。因此，立足区域实际，培养“一专多能”的教师是教师培训的当务之急，引导教师树立积极而高雅的兴趣爱好，提升青年教师美育素养，也是教师培训工作的重中之重。因此，基于问题解决，满足师生成长需要，实施农村青年教师美育素养提升项目是时代要求，也是立足实际、推动县域义务教育师资均衡发展的重要实践，更是促进青年教师自身专业发展的迫切需求。

通过音体美美育素养的专项培训，优化青年教师专业理念，提升美育素养，提高专业技能，增强实践能力，规范教学行为，实现“一专多能”，全面提升青年教师课堂教学实践能力和学科资源整合能力。通过草根化本土教师培训，有效提升青年教师美育技能和专业知识，重点是提升青年教师美育技能和专业知识，化解县区教师结构性矛盾问题。

2.解决问题的主要思路

本成果基于以下行动研究：调研评估（基于问题出发）→策略论证（可行性

及实施路径论证）→ 制定方案（基于课堂教学需求和小学音体美教师基本素养和基本技能需求的课程需求及实施方案）→形成假设（培训效果及目标）→实施研究（“十百千”项目实施及效果评估评价）。通过科研探索，制定“以县为主”的中小学教师美育素养提升、建设“一专多能”型教师的行动方略和培训模式、制度保障及评价模式，为区域内中小学教师专业发展提供县域实践经验。。

**3. 研究方法**

（1）调查问卷法：对学校、教师美育素养基本情况进行问卷调查，对数据进行统计分析，确立项目实施范围和可行性，完成调查报告。

（2）行动研究法：在行动中研究，在研究中解决实际问题。

（3）案例研究法：以甘州区参训教师个人专业发展为个案，结合全体参训学科教师参训效果进行评价和研究，提炼区域教师培训的有效策略。

（4）文献法：查阅分析文献资料，进一步厘清思路，为课题研究提供观察的视角、有益的启示，保证课题研究的科学性和先进性。

（5）叙事研究法：指研究者以讲故事的形式诉说自己或别人经历的美育素养提升工程中的故事，从叙事的角度探究美育素养提升工程的有效途径和实施策略。

**4. 重点、难点**

（1）工学矛盾解决策略研究。

（2）基于不同层次需求和学校美育工作需要进行课程模块的设置研究。

（3）构建课堂教学以及教师美育素养评价标准的研究。

（4）在互联网背景下多元培训模式（集中和实践培训）的构建研究。

（5）基于本土化教师为主体的管理团队、专业团队建设研究。

（6）构建培训基地第三方评估的方法研究。

**5. 主要目标**

通过实施“十百千”农村音体美学科教师素质提升计划，达到以下目标：

（1）基本解决县区音体美学科教师结构短板问题。

（2）建立满足不同教师的区域美育课程体系。

（3）构建“一专多能型”教师培养模式。

（4）构建青年教师美育素养提升的策略和方法。

（5）建立县域教师培训新模式。

（6）实现青年教师“一专多能”的转变。

6.总体框架

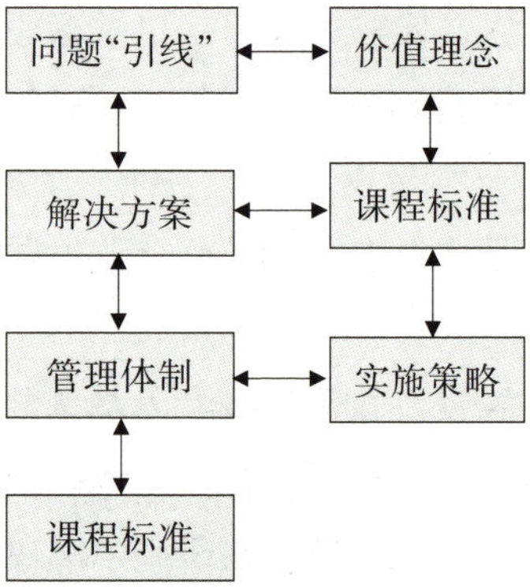


总体框架图

(1) 问题“引线”。音体美专业教师不足，青年教师兴趣单一，县区财政制约因素无法一次性解决师资不足的问题，农村学校校园活动单一。

(2) 价值理念。让每一位学生能歌善舞，让每一所学校生动活泼，让每一位青年教师“一专多能”。

(3) 解决方案。其一，行政支持。提供财力、物力、人力支持，以教师发展学校。其二，学会支撑。成立学科研究会，凝聚区域学科骨干，形成区域骨干团队，以骨干发展教师。其三，基地支点。遴选区域内优质学校，成立研训基地，以优质学校发展教师。

(4) 课程标准。课程标准；标准规则；考核标准三维度：能力、知识、技能。

(5) 管理体制。三个团队：管理团队、学科骨干团队、蒲公英团队；三个机制：考核机制、监督机制、激励机制。

(6) 实施策略。四维度（专业知识、专业能力、师德与理念、实践体验），三特征（选择性、针对性、实效性），模式（1+X、X+Y模式）。

(7) 课程模块。音乐学科课程、美术学科课程、体育学科课程。

## （二）实践策略

### 1.“三位一体”实施策略

(1) 全员培训——实施“基础培训班”计划。创设必要条件，以甘州区培训基地为依托，遴选音体美专家各20名担任主讲教师，采取集中研修、实践研修等多种方式，开展以基础能力为主的实践性培训。每年组织500名（四个班级）

中青年教师跨学科参加音体美选修培训，每年从学员当中推荐优秀教师进行能力提升层次的专业化培训。通过3年时间，2000名教师掌握了基本的音体美实践技能，培养了300名种子教师，使这些教师在教育教学改革与发展中发挥了示范和引领作用。

（2）能力提升——实施“能力提升班”计划。以甘州区培训基地为依托，采取集中研修、实践研修等多种方式，开展能力提升实践性培训。基地每年组织100名音体美骨干专业教师参加音体美能力提升高级研修班学习（两个班级）。如，音乐学会建立教师乐队班、教师合唱队、舞蹈队，美术成立书法班和国画班，体育成立太极拳、武术等专业提升班。每年从学员当中推荐30名优秀教师采用“送出去”等方式，进行更高层次的专业化培训，打造甘州区音体美学科名师。通过3年时间，300名教师具有了一定的专业能力和较好的教学能力，在教育教学改革与发展中发挥了示范和引领作用。同时，逐步建立了主动参与、高效开放、满足教师自主性选择学习需要的甘州区音体美教师常态化培训体系，形成了具有一定推广价值的音体美教师研修模式。力争到2016年，全区100%的农村中小学具有一定数量的音体美教师，基本满足教育发展的需要。

（3）岗位练兵——音体美教师岗位大练兵主题活动项目。按照促进教师师德水平，促进专业技术水平，促进培训质量，促进培训效果的要求，从2014年至2018年，同时实施农村骨干教师岗位练兵计划。以学会为依托，每年组织音体美教师参加能力展示活动和助教活动。遴选的100名学科导师开展“1+2”助力活动，即一名学科骨干包一或两个乡镇中心学校，助力农村学校艺术教育的发展，帮助丰富农村校园师生乐队，合唱队，舞蹈队，书法团队，武术团队，球类、艺术体操等社团活动。通过导师的引领，使“种子”教师从优秀走向卓越，在乡村学校发挥示范引领与辐射作用，促进城乡教师资源的均衡配置，使乡村学生接受高质量的九年义务教育和学前教育。

**2.分步实施策略**

（1）立足实际，实时启动。根据区域实情，主要从政策扶持、经费支持、场地保证、人员落实着手，调查研究，提供菜单，分层实施，注重实践。

从2013年筹划开始，积极成立音乐、体育、美术学科课程研究会。积极构建“行政＋学会＋基地”的教师培训模式，从2013年9月开启实践活动，在实践中完善实施策略，逐步构建甘州区教师培训长效机制。培训什么？怎么培训？

基于问题导向，进行逆向研究。一方面从本源出发，深入了解研究小学音体美课程开设中，音体美教师需必备哪些专业素养和能力？国家对小学音体美课程设置内容上有哪些基本的要求？国家的课程标准是什么？音体美教师的专业标准是什么？小学音体美课程资源有哪些？国家层面上要哪些要求？另一方面还要基于甘州区本土实际，在开设特色化的校园课程中了解基层学校还有哪些需求？学生有哪些需求？开设艺术社团有哪些需求？教师自身发展还有哪些需求？培养这些能力需要多长时间？从这些需求和标准出发才能为课程设置提供依据。基于国家课程标准，经多方论证：一是课程内容设置上，主要是依据中小学课程标准和教师专业发展标准、教师成长需求。二是课时保证上，每周集中培训 4 课时，寒暑假集中培训 80 课时，同时配合教师自修和岗位练兵，不少于 240 课时。这就从课程设置及时间分配上有了一个很好的界定。

协同管理，科学评价，岗位练兵，实践提升。通过协同管理提高质量。教育局制定下发管理办法，教研室统筹协调，提供全方位服务；学会同基地协调负责课程管理和课程评价，基地负责班级日常管理。以科学的评价提升质量。按照阶段检测、集中展示、专业考察的三种方式对学员进行考核。在实践中提伸质量。除了集中培训外，学员跟岗学习，导师“线上”指导，在实践中巩固、提升。参训教师通过多种途径，积极提升专业素养，提升课堂实际操作能力，通过培训至少都能胜任小学音体美其中一门课的教学任务，实现了青年教师“一专多能”的突破，有效化解了区域性教师结构短缺的矛盾。

(2) 大开绿灯，合力推动。坚持“四个优先”（决策优先执行，困难优先解决，经费优先落实，专家优先配备)，确保“四项工作落实”(组织机构、人员、场地落实，工作时间落实，经费落实，设施设备落实）敞开绿灯，破解难题，合力推进。

(3) 自主选“单”，加强课程领导。课程设置采用分班实施的办法，开展分层教学。按“满足需要，技能提升，分层设计”的要求，精心设计课程，突出了选择性、针对性和实效性。一是突出选择性。课程设置做到三个提前：模块提前安排，主题提前确定，课程提前公布。按照调研、研发、实践“三步走”方略，音体美学科主讲教师先后开发舞蹈、素描、篮球等 20 多种技能课程和师德报告，以及开发了才艺展示、拓展训练等实践课程，供学员选择学习。二是突出针对性。为推进武术和足球进校园活动，体育学会开设了足球和武术提高班；为让乐器进农村课堂，丰富大课间活动，音乐学会精心设置了葫芦丝、锅庄舞等课程；为普及书法课，书法学会设置了临帖、研帖等研修课程；为提升音乐专业教师的能力，在高研班设置了器乐课程、合唱课程，成立教师乐队和合唱团。三是突出实效性。为缓解培训压力，培养学员团队意识，利用张掖市甘州区青少年实践基地的优势，设置室外拓展训练课程，开展一日拓展训练。低重心、多层次的课程，为学员学习提供了保障。

（4）因地制宜，全面提升质量。在专业授课教师的选择上，采取“基地学校考察推荐，学会审核上报，教育局审核决定”的方式。

**3. 制度保障策略**

甘州区立足实际，着眼教师发展，积极作为，主动转变方式，高层次设计，低重心运作，全面启动“4+1”教师培训行动计划，培训工作实现了“七大变脸”，扎实推进。

**4. 效果及成果应用**

（1）音体美专业教师的短缺问题得到缓解。2015 年首期培训 527 名学员，2016 年培训学员 482 名，2017 年培训学员 523 名，2018 年第四期学员正在开展学习。

（2）构建了新型教师培训模式。甘州区创建“行政 + 学会 + 基地”的教师培训模式，使教研室、学会、基地学校三方建立了合作互补关系，打破了旧的、封闭的、单一的行政化培养模式，实现了优质资源共享，填补了县区教师无培训基地的空白。

（3）建立了区域美育课程体系。课程设置面向需求。为适应不同层次教师的需要，培训采用分班实施的办法开展分层教学。按“满足需要、技能提升、分层设计”的要求，精心设计课程，突出了选择性、针对性和实效性。低重心、多层次的课程，为学员学习提供了保障。

（4）构建“一专多能型”教师培养模式。培训中，有 80% 的青年教师专业知识是从零开始学习的，通过一年培训，教师均掌握了一门专业技能，极大地丰富了业余生活，走向了“一专多能型”的专业成长道路。

（5）形成了青年教师美育素养提升的策略和方法。经过了 4 年多的实践，甘州区已经形成了系列提升青年教师美育素养的策略和方法，从制度建设到课程开发，从集中研训到岗位练兵，依托“名优教师走下去”“农村教师走出来”“网络研修连起来”三条主线，形成了青年教师美育素养提升的“行政 + 学会 + 基地”的教师培养培训的策略和方法。

（6）构建了县域教师培训的新模式。依托甘州区青年教师美育素养提升工程，解决了区域音体美教师不足的普遍问题，促进青年教师具有“一专多能”的发展转变，对提升校园美育工作，尤其是为丰富校园文化开辟了一条崭新的道路。

5.**成果创新点**

（1）学术研究路径的创新。以行动研究为主要策略，在实践中探索和完善青年教师美育素养提升的实施方略与有效路径。开发区域青年教师美育教师培训课程与课程标准，形成具有区域特色的教师培训模式。

（2）学术观点的创新。基于问题导向下的实践策略理论，能有效化解教师结构性短缺的矛盾和促进青年教师“一专多能”发展的实践与理论体系。

（3）研究方法的创新。以行动研究和案例研究为主，突出在实践创新中带动行为创新。积极探索立足于县区内的短频率、快节奏的教师培训实践与研究，形成区域教师继续教育的策略。

（4）教师专业成长的创新。通过计划的实施，利用 3 年时间，培养学科骨干 300 名，完成对 2000 名青年教师进行音体美美育素养的培训培养。建成完善的县区教师培训的长效机制，形成一整套县区级青年教师美育培训的课程体系与评价标准，建设一支具有一定专业知识和技能的美育师资队伍。

（5）课题实用价值上的创新。立足于县区实际，以提升青年教师美育素养的有效实施途径的探索积极尝试走教师特色培训之路，积极探索化解教师结构性不足的方法，进一步解决制约区域教育发展的短板问题。为区域教师培训提供成功的范例。

（6）制度创新。一是变行政领导为学术领导。二是变扁平管理为一体化联合管理。三是变单位人为系统人。四是变优质校、园为研训基地校。五是变单一评价模式为多元评价模式。

## 三、经验与反思

经验告诉我们，改革之路有三种模式：一是“穿别人的鞋，走别人的路”，二是“穿别人的鞋，走自己的路”，三是“穿自己的鞋，走自己的路”。回顾成绩，倍感欣慰的是甘州区教师培训正在走自己的路——“行政 + 学会 + 基地”的草根化培训道路。

反思探索之路，改革实践远非完美，需要通过实践凝聚共识，提升和超越。促进教师专业发展工作是一场没有终点的工作，贵在不停步，贵在能反思，贵在用智慧。我们相信任何一点小的努力，都可能对教师专业成长产生积极影响。我们有信心在省教育厅的领导和关怀下，虚心学习，认真总结，继续加大实践探索力度，特色推进，整体提升，为促进全省教师培训工作做出新的贡献。

（甘州区教育局 刘文 王幼华 田明 张正礼 郑玉宝 张晓军）

# 实施“SW+”课堂教学模式

——提升教育质量 促进教育公平

根据国家和省、市、县“双创”工作要求，为深化民乐县教育领域综合改革，实现“互联网+”教育在民乐县的不断创新，优化教育资源，实现教育资源共享，促进城乡义务教育均衡发展，民乐县教体局经过精心调研和深入论证，决定在民乐县农村1～4年级小学实施“SW+”课堂教学模式。

## 一、实施背景

由于民乐县教育布局结构调整，5～6年级学生集中到所在乡镇寄宿制小学就读，形成了150所1～4年级农村学校。这些学校学生少，无专业音乐、美术教师，音乐、美术课均由语文、数学、英语教师兼任。由于兼任教师不具备相应的专业知识，课程意识不强，课堂教学规范化程度不高，课堂教学质量相应较低。同时，因历史原因，该县小学音乐、美术教师严重短缺，尽管近年来招考了一批音乐、美术专业教师，基本满足了农村寄宿制小学、县直小学音乐、美术教学的需要，但农村1～4年级小学音乐、美术专业教师仍为空白。根据全县实际情况，短期内为1～4年级的农村学校配齐音乐、美术专业教师存在一定困难。

为切实规范农村小学1～4年级音乐、美术、品德、科学学科的教学行为，进一步提高课堂教学质量，使学生获得应有的知识和技能，实现县域内义务教育均衡发展，民乐县教体局决定利用“互联网+教育”的方式，在农村1～4年级小学实施“SW+课堂”教学模式。

## 二、目标任务

为实现"互联网+教育"在民乐县的不断创新，把微课、翻转课堂、慕课等先进的教育教学技术运用在中小学教育教学中，弥补该县农村小学音乐、美术等学科专业教师缺乏的短板，进一步规范农村1～4年级小学音乐、美术、品德、科学等学科教学行为，提高课堂教学质量，民乐县制定出台了《民乐县"SW+"课堂实施方案》《民乐县实施"SW+"课堂信息化技术支持方案》和《民乐县实施"SW+"课堂中小学教师信息技术能力提升工程实施方案》等三个实施方案，确保各农村小学，包括教学点，都能按国家义务教育课程开设标准开启开足各类课程，促进学生全面发展，不断提高办学效益和水平，促进教育内涵式发展。

## 三、名称定义

"SW＋"课堂（SW是双师及微课的汉语拼音的首字母。S是指双师，即两位老师：一位是专业的音乐美术教师，也就是微课中的授课教师；另一位是使用微课进行教学的教师。W是指微课）。SW即双师+微课，包括SWY（双师+微课+音乐）、SWM（双师+微课+美术）、SWP（双师+微课+品德）、SWK（双师+微课+科学）等。

学生在课堂学习中面对的将是两位教师，即示范教师和指导教师。

示范教师为微课的示范者，同时负责课件的制作。由洪水小学、金山小学、各乡镇寄宿制小学专业音乐、美术教师，道德与法治课任课教师及班主任，以及3所初级中学物理、化学、生物、地理等学科教师担任示范教师，负责制作1～4年级音乐、美术、道德与法治课和3～4年级科学课程的微课及课件。

指导教师为课件的播放、使用者和课堂教学的组织者。具体为1～4年级小学（包括教学点）承担音乐、美术、道德与法治、科学课教学任务的任课教师。

## 四、具体实施

为使"SW+"课堂顺利实施，民乐县教体局根据农村小学实际情况，首先从SWY、SWM课堂开始，并以此为起点，逐步形成"SW+"系列课堂。

**(一)分层次、分类别、分岗位组织教师培训**

其一，2016年2月，民乐县教体局专门针对示范教师召开动员会议，以及召开小学音乐、美术教育教学研讨会。会议由县教体局局长主持，由洪水小学、金山小学及各乡镇寄宿制小学专业音乐、美术教师参加。在会议现场，相关领导对如何制作“SW+”课堂课件，如何使用“SW+”课堂微课及课件，以及如何对“SW+”课堂教学进行评价等做了详细解读。

其二，县教体局组织农村小学“SW+”课堂组织管理者进行培训。针对“SW+”课堂教学模式推广应用的意义、取得的成效、“SW+”课堂教学资源包的管理与使用等方面进行了详细讲解，为全面推广“SW+”课堂教学模式奠定了理论基础。部分教师通过外出学习观摩，参加“国培计划”——中小学（幼儿园）教师信息技术应用能力提升工程等各类培训，提高了信息技术应用能力及课堂教学能力，为顺利推行“SW+课堂”提供了技术保障。

其三，对农村小学“SW+”课堂重点指导教师进行县级培训。就“SW+”课堂资源包的组成、管理与使用，学校资源库的建立，学生资源目录架构的建立等进行了培训，并组织学生应用“SW+”课堂教学模式进行现场示范教学。参会教师对“SW+”课堂教学模式给予了高度评价，学校其他教师由县级参训教师组织全员培训，为“SW+”课堂教学模式的顺利推广起到了助推作用。

**(二)录制微课，整合课件**

三个方案出台后，由民乐县教体局电教股组织技术团队深入学校录制音乐、美术课堂教学视频资料，由县直小学、各乡镇寄宿制小学专业音乐、美术教师负责加工、制作1～4年级音乐、美术、品德和3～4年级科学课程的微课及整合课件。经县教体局教研室审核合格后，上传至民乐县教育资源库。目前，该县已经录制完成了小学阶段1～4年级音乐、美术全部课程的教学视频，并制作完成了相应微课和整合课件，全套资源约600G，下发到各农村小校和教学点，已得到常态化的应用。今年，600G资源将上传至民乐县教育资源公共服务平台，供教师使用，这一做法弥补了100多所小规模学校无法配齐音美专业教师的不足，规范了农村小学1～4年级音乐、美术、品德、科学学科的教学行为，也实现了真正意义上的优质资源共享。

### （三）应用“SW+”课堂模式开展教学

指导教师严格按照其职责，发挥课前准备、播放课件和组织课堂的职能作用。改变了以往的备课方式，不再写纸质的教案文本，而是要认真琢磨研究示范教师制作的课件等资源，做到“三备”，即备教材、备课件、备学情。结合指导教师的教学实际需求，对课件进行加工整理，做必要的增补或删除，转化为自己的东西，在课堂上把最需要的东西用好。课前要求学生准备好学具，课中要组织好学生有必要的教学评价。熟练掌握电教设备的操作使用技术，灵活播放课件，进行模仿练习，达到学生学会的目标。

### （四）深入调研，跟踪服务，不断完善

民乐县教体局教研室工作人员发挥课堂教学指导的职能作用，不间断地深入农村小学“推门听课”，重点督查“SW+”课堂教学的实施情况，对“SW+”课堂教学中存在的问题进行面对面的交流和指导。

广泛征询一线教师意见，及时把课件制作存在的疏漏反馈给示范教师进行修改和完善。县教体局电教股负责各学区电教设备的配备、技术支持和网络的维护及管理，建立“SW+”课堂教学模式技术交流群，确保了“SW+”课堂教学模式的全面实施。各包片领导和学区领导只要深入基层学校，就会实地查看“SW+”课堂的实施情况，形成了齐抓共管的生动局面。全员参与，广大教师很快达成了共识，均表示要不折不扣地落实好“SW+”课堂教学模式。

### （五）加强督导检查

继全县“SW+”课堂组织管理者及指导教师培训之后，各学区相继组织开展了指导教师全员培训。结合教研活动，就进一步落实三个方案，推进音乐美术课程教学改革等开展形式多样的教研活动。为加快工作的推进实施，由民乐县教体局教研室牵头，分管领导带队，各乡镇联系股室成员参与，对各自联系点学校开展跟踪督导检查，协助解决教学过程中出现的问题和困难。同时，针对“SW+”课堂实施情况定期开展专项督察，采取听课、座谈、调查了解等方式，及时掌握学校实施情况，为下一步改进和提高管理工作提供了依据。

## 五、保障措施

### （一）加强组织领导

民乐县教体局成立了“SW+”课堂领导小组、“SW+”课堂信息化技术支持领导小组，由局长任组长，副局长任副组长，基教股、人事股、教研室、电教股及各校校长为成员的领导小组。工作领导小组下设办公室于教体局电教股，教育局副局长兼任办公室主任，具体负责“SW+”课堂教学模式实施的各项日常工作，以及组织和推进实施各项工作。

### （二）加强技术保障

民乐县为顺利推进“SW+”课堂教学模式，实施了以下举措：成立了示范课录制小组、微课、课件制作小组、应用指导小组、技术指导小组；为示范教师提供制作微课必备的软、硬件设施设备以及课堂教学用具，创造良好的教学环境；抽调学校骨干力量，加强对示范教师的课堂教学指导工作；抽调学校信息技术教师，协助示范教师制作微课和课件；统筹规划，合理安排，为音乐、美术教师录制视频、制作微课和课件提供必要的帮助和支持；加强技术培训，指导任课教师利用微课、课件开展教学；帮助相关教师解决应用中出现的问题和困难；排除硬件设施故障，确保课堂教学的顺利进行。

### （三）加强设备保障

为确保“SW+”课堂的顺利进行，该县积极筹措资金，并将各项信息化专用经费和“改薄资金”首先用于多媒体设备购置，每年学校公用经费总额的15%用于学校信息化建设，各级各类学校多媒体设备均达到教体局规定的配备要求。

### （四）强化评价考核机制

根据示范教师制作的课件质量和指导教师在使用课件辅助教学的实际效果，在全县范围内分音乐、美术、科学、品社四大学科进行课件大赛。同时，民乐县教体局定期在学年内对学生使用“SW＋”课堂获得技能的情况进行抽测，并将抽测结果纳入学区（校）的年终考核，以加大各学区（校）对“SW+”课堂的推进力度。

**学校信息化设备配备标准表**

| 学校类别 | 多媒体设备配备标准 | 学生计算机配备标准 | 师机比 | 生机比 | 备注 |
|---|---|---|---|---|---|
| 县直中小学 | 班班配备一体机 | 初中4间微机室<br>小学3间微机室 | 1:1 | 10:1 | |
| 寄宿制小学或50人以上的小学 | 班班配备一体机 | 建成独立的微机教室，按照最大班额数配备学生用计算机 | 1:1 | 10:1 | |
| 49人以下小学或教学点 | 至少配备一套一体机，其余班级均配备"电脑+电视"设备 | 建成独立的微机教室，按照最大班额数配备学生用计算机 | 1:1 | 按照最大班额数配备学生用计算机 | "电脑+电视"设备中的笔记本电脑也可作为教师办公用机 |

## 六、取得的成效

### （一）确保农村小学开齐开足各类课程

通过"SW+"课堂教学模式的推广应用，农村1～4年级小学和教学点都能按照国家义务教育课程开设标准开齐开足所有课程，使这些专业性很强的音乐、美术等课程在师资和技术支持上有了保障。指导教师能将示范教师制作的课件按照每学期总课时规定上完上好，不随意减少课时数，不随意调课、换课。

### （二）有效解决了我县农村小学师资短缺的问题

"SW+"课堂教学模式的实施极大地解决了音乐、美术专业师资短缺的难题。非音乐、美术专任教师在课程的实施过程中，教师的操作有了抓手，教学相对简单了许多，专业了许多。改变了过去"音乐课上教师不会上或机械重复地播放录音，美术课上学生只是停留在简单的绘画模仿上"的尴尬局面。

### （三）不断提升音乐、美术课堂的教学质量

截至目前，1～4年级音乐、美术教师已将"SW+"课堂教学模式的应用变为教师教学的自觉行为，所有指导教师都能熟练操作和使用信息技术设备播放微

课。学生的音乐、美术知识和素养得到了极大提高，学习音乐、美术的兴趣也得到了充分激发，教师应用信息技术的能力得到了长足发展。该教学模式进一步提高了课堂教学质量，使学生开阔了眼界，获得了应有的知识和技能。

### （四）不断提高教师信息化应用能力水平

经过一段时间的实践研究，这种行政助推已经内化为广大农村小学教师的自觉行动，应用“SW+”课堂教学课件和畅言教学通资源上课已经成为教师的常态化教学行为。教师还经常使用互联网教育资源平台，拓宽学用渠道，借鉴学习一些优秀教师的课堂实录和先进经验。随之，教师的信息化应用能力水平在实践中得到了真正的提高。

### （五）撬动所有学科向教育信息化方向发展

“SW+”课堂教学模式是一把“金钥匙”，开启了民乐县“互联网+”教育的信息化时代。在这一教学改革的思想引领下，广大农村小学教师有了非凡的创造力，同时，此模式出现向科学、品德、语文、数学、英语等课程延伸的趋势。教师自主搜集、剪辑、制作语文、数学、英语课的微课视频，将“双师课堂”模式运用在语文、数学、英语等课堂教学中，尝试将小班化课堂教学和“双师课堂”进行有效的整合。目前，已有部分教师能通过自己录制微课或从网上下载相关教学视频制作课件授课。广大教师在传承优良教学之风的同时，正进行着声光电带来的五彩纷呈的信息化课堂教学，享受着创新带来的快乐。

### （六）加快义务教育的均衡发展

民乐县农村小学通过推广应用“SW+”课堂教学模式，用信息技术为实施“SW+”课堂教学模式保驾护航，极大地发挥了教育信息技术在小学教育中的作用，弥补了农村小学音乐、美术教师缺乏的短板，进一步规范了农村小学1～4年级音乐、美术等学科教学行为，促进了各学科内涵式发展，实现了信息技术与各学科的深度融合，实现了城乡义务教育的高位均衡发展。

“SW+”课堂教学模式不同于专业教师课堂实录的播放，它从培养和提高学生学习能力的高度出发，重在培养学生的自学能力，落实现在倡导的“泛在学习”。由于指导教师的存在并参与学习，课程意识强，课堂教学规范，在一定程度上体现了教学相长的教育原则，有利于提高课堂教学质量，同时也解决了农村"麻雀小学"艺术课专业教师短缺的问题，促进了城乡学校教育的均衡发展。

（民乐县教育体育局 尹建成 武礼赞）

# 十年扎实推进课改 优化“生本课堂”品牌

——华亭县十年课改行动报告

## 一、借鉴名校经验，做强“生本课堂”

华亭县在课堂教学改革启动之初，教育管理人员便调研了全县各级各类学校课堂教学现状，老师的灌输式、填鸭式教学成为常态，因此之后派遣教研员奔赴全国课改名校学习先进的课改理念，认真研究把握新课程的特点，然后分批、分次召集全县校长与教研员、骨干教师进行座谈研讨，采用行政手段推动课改。2008年我们成功召开了“全县课堂教学改革动员大会”，制定了《华亭县义务教育阶段课堂教学改革工作实施方案》，提出了“强力推进课堂教学改革，稳步提高教育教学质量”的战略构想，确立了“让课堂教学改革成为教学工作主旋律”的工作思路，让学生在课堂上真正动起来，成为课堂的主角、学习的主人，切实提高了教学效率。

时任河西初中的路晓明校长高兴地告诉我们他们学校课改的喜人局面，“在教育局组织外出学习名校课堂的教学模式后，在我们的课堂上，老师放手让学生小组合作，学生主动探索新知，学习主动性明显增强，课堂效率显著提升……”。

在借鉴名校经验实施四年后，该校于2012年确立了“一轴两翼”的教育工程。“一轴”就是以学校特色文化建设为轴线；“两翼”就是实行课堂教学改革和师生读书活动。学校的特色建设为课堂教学改革搭建了广阔平台，读书活动为课堂教学改革做了强有力的后盾，以此将课堂教学改革上升至学校发展的高度。之后，提出了“落实、培养、创新、提高”的工作目标，制定了《华亭县关于深入推进全县课堂教学改革工作的实施方案》，进入课堂教学改革“破帖”阶段，积极构建高效课堂教学模式，全力打造“生本课堂”。明确学生自主发展、自主探究、个性发展的空间，构建生活化、生命化、生态化的新课堂，从学生实际和认知规律出发，灵活设计课堂教学流程，充分保证了学生的自主学习时间，真正使学生的主体地位得以凸显，体现了“以学生为本”的教育理念。

为了推动课堂教学改革的深入开展，县教育局建立“四组四包四个一票否决”工作机制，实行了以教育局所有干部包学区、学校，校长主任包年级或大校弱校，城区学校包农村学校，班子成员包年级和教研组为主要内容的“四包”机制，坚持对各级各类学校开展“地毯式”督查活动。通过加强督导评估，推进了教学管理体系的重建，全面提升了教师培训的实效性，促进了教师课程实施能力的提高，稳步推进了教学研讨，促进了课改思路的不断完善。同时，坚持开展阶段性总结，促进了教学管理策略的落实。切实推动了不同类别学校的各项工作，促进了全县课堂教学改革的持续发展。

## 二、明确行动策略，强化课改推动

2008年起，华亭县从局长、校长、主任、学校中层管理人员到一线教师，层层落实课改措施，管理的观念得到了根本性的大转变，由当初的“课改影响质量”转变为“课改提高质量”。县教育局逐步修订完善课堂教学改革方案，每年召开不同主题的课改现场会、推进会，由当初的“被迫课改”到现在的“主动课改”。先后邀请了“尝试教学法”创始人邱学华，当代教育改革家魏书生，山东杜郎口中学副校长高俊英，江苏洋思中学副校长曹伟林、副校长刘金玉来我县现场讲学，上示范课，开阔教师的思维，对提高教师驾驭课堂的能力进行指导。成功举办了十届县级课堂教学大赛，每届课赛中，校长、中层管理人员、每个学段的各学科教师都参与其中，达到了以赛促教、以赛促研、以赛促改的目的。成功举办了四届课改论坛，通过论坛让校长的管理思想得到交流，教师的课改方式得到碰撞。建立了华亭县教学业务交流群，为学校教师提供了研讨平台。利用《华亭课堂教学改革导向》及时发布教研最新动态，已连续整理发布70多期。全县先后举办了初中、小学各学科教师培训班、研讨班，以及中小学教导主任、教研组长培训班，从学科角度、教研角度，举办专题讲座，开展专题研讨，瞄准课改搞培训，瞄准课堂教研法，提高了教师队伍素质，为全县课改工作的顺利推进提供了强有力的师资保证。同时，充分整合学区内资源，积极利用“小班化教育”

"复式班教学""联片走教"等途径，提高教师的课堂教学能力。

## 三、打造学校文化，提升课改内涵

在"生本课堂"的实施中，各学区学校大胆探索，积极实践，取得了可圈可点的成绩。在多年的摸索实践中，华亭县的"生本课堂"逐步形成三种行之有效的模式。一是"先学后教，以学定教"模式。皇甫学校以学生为主体，学生先自主学习、合作学习和探究学习，教师根据学生学习反馈情况来实施教学目标、内容等，及时纠正学生学习中的错误，适当点拨讲解，反馈训练，现已形成皇甫学校"学、导、练生本课堂"。华亭二中注重课前的学案和教案这两项预案备写，课中侧重五个环节，扩展延伸要求强化"限时复述"和"限时训练"两个环节，形成了华亭二中师生交互式的"二五二"生本课堂。上关初中"导学议练测"五环节"生本课堂"，安口小学"以学定教"课改模式等等，均在培养提升学生自学能力、针对性实施教师教学指导、整体推进学习质量方面有所提升。二是"小组探究，展示提升" 模式。华亭三中坚持"还学生以自主，还生命以本色"的改革理念，以"少教多学，学案导学"为教学要领，强力打造"六元"生本课堂。河西初中"316"有效课堂，西华初中"三段七环"生本课堂，神峪初中"一二六"生本课堂，皆具特色。东华小学探索出"激趣乐学、合作乐究、展示乐评、实践乐练、提升乐用"的"五乐"生本课堂。东华镇东峡小学 "五步快乐"生本课堂等，均注重学生学习小组的构建，通过展示反馈等策略，有效提升了学习效果，激发了学生的学习热情。三是"先教后学，以教导学"模式。神峪草窝小学的复式教学"同动同静"灵活运用。马峡学区"六标"生本课堂，坚持教师的问题导向，精讲点拨。河西杨庄小学"一二四"模式强化教师定向帮学作用，注重点拨学生思维。神峪王家寺小学等小规模教学策略，把传统教学的讲授点拨与及时反馈结合起来，在小规模学校和复式教学中积累了丰富的经验，切实提升了村级小学的教育教学质量。以上三种模式在全县各级各类学校根据本校校情、教情、学情等因素进行了细化实施，有力地凸显了"生本课堂"的本土化、校本化特色。

各级各类学校落实立德树人的根本任务，发展素质教育，着力推动教育教学改革。推动合作探究式学习，倡导任务驱动学习，提高学生分析解决问题的能力。利用课改平台来引导人，感化人，激励人，为立德奠基，抓住课改来培养学生的文化基础，让其自主发展，参与社会，让学生的人文底蕴、科学精神、学会学习、健康生活、责任担当、实践创新等素养在课堂上综合展现给大家。连续四年，华亭县初中毕业考试五科合格率、优秀率、平均分三项指标居全平凉市第一；连续六年，高考一本上线率、二本上线率，总体上线率居平凉市第一。县教育局编印《课改的足迹》《“生本课堂”教学策略》、各学科《初中导学案》，系统归纳总结了十年课改取得的成功经验。先后有外县（区）百所学校近5000名教师来华亭县考察学习课堂教学改革经验，《中国教育报》《中国教师报》《甘肃教育》《未来导报》等媒体均对华亭县教育教学工作做过深度报道，“生本课堂”教学管理模式打造了华亭课改品牌，开创了华亭教育工作的新辉煌。

## 四、推动学校联动，提升县域课改质量

城乡学校规模不同，生源结构不同，师资力量分布不均，这些都是制约全县课堂教学改革步伐的主要原因，为了解决这些问题，华亭县教育局采用以下策略，推动全县课堂教学改革的不断深入。一是开展“捆绑式结对帮扶”活动。制定了《华亭县城乡学校“捆绑式结对帮扶”活动实施方案》，在部分实行聘任制的学校和农村学校之间推行“一对一、全方位、共提高”的城乡学校“捆绑式结对帮扶”活动。城区优秀教师采取“以课代训”的方式，定期到农村结对学校上示范课，开展教研活动。农村学校轮流派出主管教学工作的校长、教导主任、政教主任及班主任到城区学校观摩学习，不断提高教师业务素质和教育教学水平。二是开展“双十双百”活动。全方位、立体式、深层次地促进城乡教师、乡乡教师、校校教师之间的互动交流，使城乡学校教师之间确立师徒关系，落实至少一周时间的交流任教，全程参与教学活动，促进各学段衔接过程中的教育跟踪，实现资源共享、互帮互助、协同发展的整体思路。三是开展校际交流活动。根据学校地理位置，各学校组织教师积极开展课堂教学改革交流、课改论坛、同课异构活动，充分发挥“示范校”与“本土校”资源圈优势，发挥示范校的引领带头示范作用，带动区域学校共同发展。四是强化学校评价。县教育局制定了《华亭县中小学教学质量评价办法》。在义务教育阶段，把学生的品德发展水平、学业发展水平、身心发展水平、兴趣特长养成、学业负担状况等方面作为评价学校教育质量的主要内容，逐步淡化成绩排名，对所有学校和教师实行等级制评价，这些制度充分调动了学校和教师参与课堂教学改革的热情。

当前课堂教学改革进入深水区，课堂不变，教育就不变，教育不变，学生就不变，课堂是教育发展的核心地带，只有抓住了课堂这个核心地带，教育才能真正发展。2018年，华亭县教育局集中人力汇编的《课改的足迹》《生本课堂教学策略汇编》系列书籍，对课堂教学改革进行了总结回顾，并结合县情和实践探索，把课堂教学改革的重点从以“教”为中心转变为以“学”为中心，将在课堂教学中坚持的学生中心、学习主线和学情依据的做法，转移到学生学习策略的实施和研究中来，“生本课堂”理念关注到以学生核心素养发展为本。华亭县课堂教学改革的道路，可以与时俱进，自我发展，能积极吸纳先进的教育理论，积极进行本土化的实践探索，丰富发展课改内涵，提升课改效率。

课改是一片广袤的天空，是一条值得期待与探索的路。我们在做行走者、欣赏者、体验者、感悟者、思考者，在坚守中改进，在改进中完善，课改永远行走在路上。

（华亭县教育局 邬永辉 乔文科）

# 创新机制 优化教师队伍建设

张掖市现有各级各类学校和幼儿园710所，在校（园）学生18.5万余人，教职工1.6万余人，专任教师1.4万余人。“十二五”以来，我市将教师队伍建设作为提高教育质量、促进教育均衡优质发展的关键因素，同时摆在了全市教育改革发展的头等位置。我们以提升教师师德和教育教学能力为核心，以乡村教师为重点，坚持“师德为先，能力为重，骨干引领，底部攻坚，全员提升”的工作思路，针对“教师师德淡化，评价泛化，职称评聘、评优树模过分强调论文、课题，而教师培训实用性不强、质量不高，各类名优骨干层级不清、设置重复、不利管理和享受荣誉、忽视履职”等问题，坚持问题导向、政策取向，不断优化顶层设计，创新队伍建设五大机制，实施“5312”工程，教师队伍建设成效显著。

## 一、创新评价机制

一是强化师德师能建设。市教育局先后制定下发了《关于开展全市教师德能测评工作的指导意见》《关于开展校（园）长德能测评工作的通知》，定期开展校园长、教师德能测评，测评结果作为教师绩效考核、职称评聘、评优树模、交流任用、资格注册的重要依据，教师师德师风建设走上了良性轨道。近五年来，校（园）长、教师德能测评合格率为99.9%。二是完善评价办法。在职称评审答辩环节和各类评优评先中增加教学能力测试，把广大教师的关注点和精力引导到提高师德修养和教学能力上。

## 二、创新培训机制

坚持“走出去”接受先进理念，“请进来”进行高端引领，“培出来”开展本土培训的工作思路，立足教师需求，创新培训模式，强化培训管理，提高培训实效。一是借力国培、省培构建教师专业成长新机制。以落实国培、省培为抓手，利用教育部“西部改革支持活动”项目，构建“1+1+ 2 + N”学科研究和教师专业成长新机制。二是创新市级培训。邀请国内专家、名师近百人来张掖培训讲座，建立了由陇原名师、省市骨干教师组成的“千人名师人才库”和培训团队，创新性开展了教师专业发展与学校发展规划项目、初中教师全员培训、农村幼儿园园长教师培训、副高级教师专业提升轮训、“金钥匙”导师“送培进校”等系列培训，打造省、市、县、学区（联校）、学校五级联动的教师培训长效机制。三是探索推广县、区特色培训。坚持教、研、训一体，探索实施“行政+学会+基地”的培训新模式和“十百千”青年教师艺术素养提升行动，全面提升了教师专业素质。截至目前，共有4.1万人次参加了国培、省培，实现了“五年人均近三次”全覆盖；市、县级培训6.79万人次，实现了县级以上培训“五年人均四次”全覆盖。先后有六个省级教师培训项目落户我市试点，市教育局连续四年被省国培办评为教师培训“优秀组织管理机构”。甘州区探索实施的“行政+学会+基地”培训新模式和“十百千”青年教师艺术素养提升行动，被《中国教育报》《中国教师报》等报纸宣传报道。

## 三、创新培养机制

一是完善教师梯次成长平台建设。实施“5312”工程（到2020年，培养500名市级教坛新秀、300名教学能手、100名学科骨干、20名张掖名师），为教师梯次成长、拔尖人才脱颖而出搭建平台。全市现有在岗的省特级教师20名，陇原名师13名，省级骨干教师449名，张掖名师15名，市级骨干教师937名，县级骨干教师1933名。县级以上名优骨干教师占到了专任教师的23.1%。二是优化名优骨干教师管理。开辟“陇原名师工作室”课题申报、教学成果评选绿色通道，积极建设“张掖名师工作室”，构建名师引领带动新机制。对名优骨干教师采取“硬件进门、软件考评”的办法进行评选，用年度考核加周期考核的方式实行动态管理。强化市级骨干教师考核，先后取消16名市级骨干教师称号，建立了骨干教师“能进能退”的管理机制，改变了部分名优骨干教师“享受荣誉、忽视履职”的问题。

## 四、创新用人机制

一是全面落实“乡村教师支持计划”。落实乡村教师特殊津补贴制度、班主任工作补助制度、定期体检制度、购房补助等政策制度。在培训访学、评优评先、晋职评聘等方面，向农村教师、一线教师倾斜。市级骨干教师评选，按城乡教师比例分设名额，降低乡村教师的入选条件。现有省级农村骨干教师353人；市级骨干教师中农村教师281人，占30%。乡村教师受到市级表彰奖励266人，占表彰总人数的30%。二是大力开展校长教师轮岗交流。将义务教育学校校长教师轮岗交流作为重点工作纳入县区政府教育目标管理责任书，通过建立县域内学校联盟、实行一体化管理，加大农村学校“走教”力度和广泛开展对口支教等活动，建立县域内教师、校长轮岗交流机制，实现轮岗交流常态化与城乡师资均衡化。三是完善优秀表彰奖励制度。建立了党委、政府每年表彰奖励全市教育系统先进集体和个人的长效机制。近五年，有3025人受到县级党委、政府表彰，813人受到市委、市政府表彰，65人获省“园丁奖”，9人被评为全国优秀教师。被奖励教师的奖励面占到了全体教师的26.8%。

## 五、创新激励机制

一是全面落实各项惠师政策。全面落实教师的各项津补贴政策、定期体检制度，建立教师健康档案管理制度，完善生活困难教职工定期走访慰问制度，切实解除教师后顾之忧，让教师安心教书，潜心育人。二是大力奖励优秀人才。出台并落实限额外聘任优秀专业技术人员的优惠政策。近五年来，享受政策晋升职称教师1328人，占晋升职称人数的65.6%；限额外聘任教师2148人，占聘任人数的19.6%。这些均极大地调动了广大教育工作者争先的积极性。三是加大舆论宣传。充分利用电视、报纸、网络等媒体，积极宣传教育系统先进个人敬业奉献的模范事迹，营造了尊师重教的浓厚氛围。

（张掖市教科所 张浩海）

# 项目推动 高端引领

——创新西部连片贫困地区教师专业发展培训培养新模式

“十二五”以来，甘肃省定西市教育工作在各级党委和政府的正确领导下，在上级教育行政部门的指导下，以提高教育质量为重点，推进教育优先发展，落实立德树人根本任务，深化教育改革，努力推动教育公平，发展素质教育，加快教育现代化，强化教育治理能力，初步形成了有序的现代教育体系，总体结束了资源短缺的历史性现象，基本解决了适龄儿童“上学难”问题，教育均衡发展和公平发展取得了明显成效。党的十八大之后，尤其在党的十九大以来，全市中小学幼儿园教师培训培养工作，坚持以习近平新时代教育思想为指导，全面贯彻落实国家教育方针政策，紧紧围绕以办好人民满意的教育为目标，以实施“奋进之笔”为总抓手。在这个过程中，定西市中小学及幼儿园教师培训培养工作不断开拓创新，持续奋进，主动衔接国家教育部、教育部国家留学基金管理委员会（以下简称国家留基委）、甘肃省教育厅及上海市教委、福州市教育部门，积极拓展教师培训培养资源，持之以恒，积少成多，久久为功，开创出西部连片贫困地区全面促进教师专业成长培训培养工作的新模式。

## 一、定西市教育基本情况及教师队伍状况

定西市地处甘肃中部，号称兰州的“东大门”，全市辖6县1区，有人口近300万，属六盘山集中连片特困地区，均为国扶贫困县，其中有3个县属于国扶深度贫困县。定西是全国扶贫开发、脱贫攻坚的主战场，历来受到党中央、国务院的高度关注。2013年2月3日是一个特别难忘的日子，习近平总书记亲临定西视察，给定西人民群众以巨大的鼓舞。当前，定西市正处在加快脱贫攻坚和全面

建成小康社会的关键时期，全市贫困人口由2013年底的84.24万人下降到2018年底的23.97万人。当前，全市按照国家关于精准扶贫、精准脱贫的部署要求，正在全力决战决胜，计划到2020年实现与全省、全国同步建成全面小康社会的目标。目前，定西市有各级各类学校2023所，其中高校1所、高中43所、初中117所、九年制学校98所、小学643所、幼儿园1096所、职业学校19所、特教学校6所；有教职工36612人，其中专任教师34856人；有在校学生468861人。截至2018年年底，学前教育三年毛入园率达96.53%，九年义务教育巩固率达97.69%，高中阶段毛入学率达93.5%。

## 二、教师高端培训培养重大项目开展情况

近年来，随着经济社会的全面发展，人们对优质教育资源的需求越来越大，对教师队伍建设及管理提出了新的更高的要求。为了解决全市中小学及幼儿园教育教学中存在的学校管理、转岗教师培训、薄弱学科建设、教育教学方法陈旧等问题，定西市教科所多方面收集有效信息，主动谋划衔接，积极争取国家、省上和有关基金会的支持，全面开展有针对性的教育管理人员、教研人员及骨干教师培训工作，较好地解决了教师队伍建设的逐项薄弱问题，有效推动了全市教育工作的进一步发展。

### （一）“萤光支教”项目

为充分发挥上海市教育资源和远程培训优势，提高甘肃省农村学校薄弱学科教师的业务素质和教育水平，实现优势互补、资源共享、互惠共赢和联动发展局面，2012年，上海市教委、甘肃省教育厅启动了“萤光支教”项目。定西市作为项目的“首选”地区，先行开展项目实施。通过开展“网一起”远程同步培训、“陇上行”名师现场授课、“上海行”来沪考察交流、“大学生支教”四大板块的公益项目，为定西市农村学校培训了一大批教师，也为之后全面推开的甘肃省58个省级贫困县的乡镇中小学幼儿园教师培训培养工作积累了许多经验，有效提升了贫困地区学校教师整体业务素质和专业发展水平，为全省教育事业发展做出了有效创新。项目执行六年来，定西市共计有中小学及幼儿园教师3400多人次参加了包括学校管理及英体美等薄弱学科教师的培训、观摩、研讨等学习活动。其中，“上海行”培训教师400多人，“陇上行”培训教师2000多人，“网一

起”培训教师1000多人。

### （二）西部连片贫困地区中学英语教师出国研修项目

2015年，针对改善贫困地区中学英语师资薄弱状况，由国家留基委设立的“西部连片贫困地区中学英语教师出国留学项目”启动，旨在提升以定西市为代表的西部连片贫困地区中学英语教学整体水平，通过“种子作用”，整体带动西部贫困地区教育教学质量的不断提升。定西市作为甘肃省首批实施“西部连片贫困地区中学英语教师出国留学项目”的市州，截至2018年12月，四年间完成了10批次135名中学英语教师先后赴新加坡、澳大利亚、英国、美国、加拿大等国家留学的培训工作，成为该项目全国受益最多的市州，其选拔培训培养工作也得到省教育厅和国家留基委的充分肯定。为了跟踪出国留学的英语教师的成长情况，更好地发挥“种子作用”，2018年6月，定西市组织了全市“出国留学初中英语教师课堂教学质量提升及专业成长展示活动”，来自基层学校的200多名初中英语骨干教师参加了观摩学习。此次教研活动部署周密科学，组织紧凑得力，内容丰富多彩，培训效果明显，得到了观摩教师的高度好评。同时，也全面了解了出国留学英语教师教学改进和个人成长情况，为进一步跟踪培养出国留学英语教师专业成长和更好实施留学项目积累了经验。

### （三）东西部教育帮扶项目

福州市教育质量在全国处于领先地位，跟岗学校也属名优学校，具有示范引领作用。2017年2月，福州市与定西市建立东西部扶贫协作关系。如何开展教育扶贫协作，被两市教育部门提上议事日程。通过多次互访考察和磋商，共同研究部署东西部教育扶贫协作工作，两市于2017年2月28日签订了《福州市教育局定西市教育局教育帮扶协作协议》，将教育扶贫协作不断引向深入。福州与定西两市有缘走在一起，是源于党中央东西部协作帮扶的重大决策和亲切关怀，凝聚着两地党委、政府的良苦用心。自从教育帮扶协作工作启动以来，定西市主动与福州市加强教育帮扶对接，深入推进教育扶贫协作，有效促进两市教育优势资源的交流共享，架起了东西部教育扶贫协作的“友谊桥”，对定西市打好打赢教育精准扶贫攻坚战起到了很好的助推作用。

按照“有成长需求，有发展潜质”的总体要求，定西市根据该协议中“走出去”项目的实施方案，两年来，定西市已选派40名学前、小学、初中和高中学段共计160名骨干教师赴福州名优学校（园）跟岗培训。培训期间，每位骨干教师和校（园）长都以普通学员的身份潜心学习福州先进的教育理念，积极参与各类教育教学活动，每天有跟岗学习日志，每周有跟岗学习记录，培训结束时，还撰写了高质量的培训总结。根据该协议中“请进来”项目的实施方案，两年来福州市教育局分四次选派了各学段学科名师来定西市进行教师培训工作，先后培训骨干教师近2400名。目前，该协议中“走出去”培训计划已圆满完成，“请进来”培训任务超额完成。

### （四）华东师范大学高端研修项目

定西是全国脱贫攻坚的主战场，历来受到党中央领导的高度关注。2017年7月，定西市临洮县承办了“全国打赢教育脱贫攻坚战现场会”分会场，国家教育部有关领导参加了活动，定西市市长书面汇报了定西市教育事业发展状况，希望教育部同意协调将华东师范大学教师教学发展中心确定为定西市教师高端培训基地，并在培训项目经费方面给予支持。教育部领导非常重视，在批复同意支持定西市教师培训工作项目的同时，安排教师工作司有关人员于2017年10月专项调研了定西市开展教师素质能力提升的工作，由华东师范大学校长培训中心和开放教育学院承接定西市部分校长及学科教师的培训工作。之后，定西市制定了《定西市教师在华东师范大学参加培训培养规划（2017—2018年）》，并于2017年12月起，先后组织选送100名中学校长、100名中学语文骨干教师赴华东师范大学进行高端研修。根据甘肃省2018年教师培训项目的规划与要求，华东师范大学承担甘肃省定西市中学数学骨干教师的高端研修工作。2018年12月，定西市又选派了100名中学数学骨干教师赴华东师范大学高端研修。国家教育部和省教育厅支持的定西教师专项支持培训计划，提高了贫困地区农村教师的培训层次，提升了农村基层校长的综合管理能力和业务水平，极大地推动了贫困地区中学学科骨干教师的专业发展水平。

### （五）“国培计划”项目

从2010年起，教育部、财政部开始实施“中小学教师国家级培训计划”（以下简称“国培计划”）。定西市实施“国培计划”项目以来，中小学及幼儿园教师队伍的整体素质和专业化水平有了明显提升。截至2018年年底，定西市有2532人参加了“国培计划”省外高等院校集中培训。其中，195人参加了示范性项目的集中培训，1329人参加了中西部项目的集中培训，848人参加了幼师国培项目的集中培训，118人参加了校长助力工程的集中培训，42人参加了其他国家级培训，为定西市培养“种子”教师的愿景奠定了基础。按照“国培”示范、“市培”引领、“县培”为主、“校培”应用的工作思路，充分发挥“国培计划”项目“种子”教师的示范引领作用，加强市级教师培训统筹规划，落实县区培训主体责任，定西市人民政府又印发《定西市教师培训发展规划（2013—2016年）》，全市校长和教师培训达到全覆盖，按时完成了五年一周期的教师全员培训任务。

## 三、高端教师培训培养项目实施取得的成效

诸多高端教师培训项目在定西市的有效实施，使全市骨干教师和校（园）长在国内外教育发达地区学习到了先进的教育理念、管理方法、教学技能，在很大程度上提升了教师基本素养，逐渐补齐了薄弱学科的短板，改变了陈旧的教学方法，提升了教育教学能力，优化了整体教师的队伍结构，使贫困地区教师队伍建设工作取得了新突破。

### （一）更新了教育理念

高端教师培训研修项目的有效实施，使得贫困地区农村学校教师有机会接触国内乃至国际最前沿的教育理念，并能结合各自工作实际，创造性地开展工作，助推农村学校教育教学工作改革。福州与定西教育帮扶项目实施以来，所选派的骨干教师和校（园）长非常珍惜来之不易的培训机会，积极学习福州市先进经验，将先进的教育理论与本校园实际相结合，着力在创建特色校园上下功夫，求实效。2018年4月，定西市20名幼儿园园长赴福州市蓓蕾幼儿园等名优幼儿园进行了为期14天的学校管理及学科专业知识跟岗培训。通过跟岗培训，返回到自己的工作岗位上，通渭县第四幼儿园结合县域实际，在提高办园层次上狠下功夫。该园园长说，福州市蓓蕾幼儿园“探秘寻源、静待花开”的区域活动给参加跟岗培训的园长们很大的启发。该园把福州市蓓蕾幼儿园区域活动的先进理念融入本园的日常活动中，开展了民间美术、民间舞蹈、民间游戏等丰富多彩的教学

活动，形成了“班班有特色，人人有发展”的培养模式。为此，该园静心思考，尝试创建了自己的园本课程，已初步形成了《通渭县第四幼儿园民间美术系列活动集》雏本。这所幼儿园依托本土文化优势，力争做到让园内“每一处墙壁说话，每一处空间育人”，以达到弘扬和继承传统文化、激发幼儿爱国主义情感的教育目标，渐渐走出了一条特色办园的道路。通渭县第四幼儿园的变化，只是定西市抢抓东西部扶贫协作机遇、深入推进教育扶贫协作的一个缩影。定西市教科所所长在工作推进中谈到，参加跟岗培训的教师已将先进的教育教学理念和名师的成功经验因地制宜地运用到实际工作中，成效十分显著，市教科所将持续进行跟踪培养与考核管理，让每个参训人员发挥好“种子”作用，以“名校带弱校，优质园带薄弱园”，推动全市各学段教育更好更快发展。

### （二）提高了教育管理质量

通过实施“国培计划”边远贫困地区农村校长助力工程项目，提高了广大农村学校校长“如何破解办学难的问题”的能力，为定西市培养了一批勇于实施素质教育、推进农村教育改革发展的校长队伍。通过参加“定西市中学校长华东师范大学高端研修班”培训，更新了许多校长的办学理念，提升了校长的学校管理能力，为定西市培训培养了一支年轻的具有现代教育思想、掌握现代教育理论的中学校长队伍。

### （三）提升了教育革新能力

一系列高端研修培训的有效组织实施，为全市教师创造了难得的学习机会，丰富了知识，开阔了眼界，接触了最前沿的教育理念和教育手段，提高了教学能力。华东师范大学承担的“定西市中学学科骨干教师华东师范大学高端研修班”，利用华东师范大学学科教育优势资源，为定西市教师提供了优质的学习平台，进一步促进了学科教师的专业发展，提升了学科骨干教师的教学能力，为定西市培训培养了一批高质量的中学学科“种子”教师，推动了贫困地区农村中学教学质量的全面提升。

### （四）突破了薄弱学科“瓶颈”

英语学科多年来一直是定西市基础教育的薄弱学科，困扰着全市教育发展。

2015年，争取“西部连片贫困地区中学英语教师出国研修”项目实施，受益于市教科所负责人向省教育厅和国家留基委积极衔接。此项目的有效实施，极大地改善了全市中学英语教师队伍状况，成为定西教育史上教师培训培养工作前所未有的事情，也是浓墨重彩的一笔。出国留学后的英语教师更新了教育理念，教学手段、教学方式明显转变，教学水平得到提高，教学质量显著提升，已经显示出了较好的教育效应和社会效应。

## 四、西部贫困地区开展教师高端培训的新启示

教师高端研修培训项目的实施，深受贫困地区广大教师高度认可，也得到了各级政府及社会各层面的充分肯定，对贫困农村基层教育教学发展起到了积极推动作用。下一步我们将继续做好现有的项目，制定教师长远培养培训规划，争取国家及本省更多的项目支持，助推定西教育事业的全面发展。

### （一）继续做好“国培计划”项目和东西部教育帮扶项目

“国培计划”项目实行9年来，起到了良好的示范作用。今后，我们将建立健全教师培训管理机构，遴选承训机构，组建教师培训专家团队，提高承接国培和省培教师培训项目的能力，合理设计教师培训项目，积极做好各类重大支持项目。东西部教育帮扶项目，即福州与定西教育帮扶项目，为教育资源的帮扶工作开创了新的局面，两地学校双方就进一步巩固和深化协作达成共识，今后，将在完成国家既定教育交流任务的前提下，为两地学校继续“牵线搭桥”，促成校际结对帮扶工作，不断提升两地教育交流的深度，把教育协作帮扶工作推向新的高度。

### （二）继续争取全国著名高校高端研修项目

教育部专项支持定西教师发展项目，即华东师范大学高端研修项目，极大地提高了培训层次，促进了定西市校长队伍和教师队伍建设又好又快发展，坚定了贫困地区教育发展的信心，加快了农村教育崛起的步伐。为了打赢贫困地区教育脱贫攻坚战，定西市将继续争取教育部对定西教师发展的专项支持，争取全国著名师范类高校对我市教育教学人员针对性的高端培训，力争把这类项目做成一个教育精准脱贫的典型项目、示范项目，助推贫困地区经济社会全面发展。

### （三）出台全市教师培养培训发展五年规划

为深入学习贯彻党的十九大精神，全面落实中共中央、国务院《关于全面深化新时代教师队伍建设改革的意见》和中共甘肃省委、甘肃省人民政府《关于全面深化新时代教师队伍建设改革的意见》精神，培养高素质专业化创新型教师队伍，办好人民满意的教育，定西市开始谋划新时期教师培训培养规划，制定了《定西市中小学幼儿园教师培养培训发展规划（2019—2023年）》，现已由定西市政府办公室印发实施。该规划总体目标是到2023年，市、县教师培养培训体系基本健全，校（园）长依法依规办学治校的能力明显增强，教师全员培训制度全面落实，全市中小学幼儿园教师综合素质、专业化水平和创新能力显著提升。

### （四）创造性地执行国家及本省有关项目支持

西部连片贫困地区中学英语教师出国研修项目的有效实施，为全市135名中学骨干英语教师提供了出国参加研修的机会，很好地发挥了“种子”教师的储备作用，将从根本上改变贫困地区英语教师队伍建设状况，必将对中学英语学科建设起到积极引领作用。

“不忘初心，方得始终”，定西市教师培训培养工作将全力持续推进，结合全市教育发展和教师成长实际，摸准信息，主动作为，积极向国家、本省争取相关培训项目支持，创造性地开展工作，为教师参加外出培训学习创造有利条件，全力补齐制约定西教育发展的学科短板，整体推动定西教育大发展。

（定西市教育科学研究所 郭忠 丁智辰 金彦军 张晓平）

# 精细管理促发展 求真务实铸品牌

## ——甘肃省临洮县椒山初级中学精细化管理纪实

改革开放以来，党中央审时度势，在每个历史节点上，充分把握社会发展变化的规律，深刻理解教育的阶段性矛盾和问题，适时对教育做出战略性调整，使教育事业的发展与经济社会发展良性互动，走出了一条具有中国特色的教育改革发展之路。随着改革开放的不断深入，地处祖国内地的甘肃省临洮县的社会各项事业也取得了长足的进步。临洮县椒山初级中学是临洮县委、县政府为了实施国家教育扶贫政策和“临洮县教育追赶战略”而兴建的一所独立初中，它的建设和发展受到了各级领导的关心和大力支持，也倾注了学校领导班子成员以及广大教师的智慧和心血。学校经过六年多的发展，取得了骄人的成绩，受到国家部委、省、市、县的高度赞扬和肯定，赢得了社会、家长和学生的一致好评。

### 一、学校基本情况

临洮县椒山初级中学是2012年8月成立的一所寄宿制独立初中，因纪念明代到临洮兴教办学的先贤杨椒山先生而命名。这是一所县委、县政府为彻底解决广大农村学生“上好学”的问题，通过无偿划拨土地，整体规划，拨付各类项目资金而兴建的学校。学校成立之初，由于地理位置偏僻，交通不便，师资力量单薄，致使招生困难，生源状况堪忧。面对发展现状，椒山人丝毫没有退缩，而是迎难而上，秉承杨椒山先生坚忍不拔、勇于担当、务实进取、无私奉献的办学精神，一步一个脚印，走出了一条具有椒山初级中学特色的精细化管理之路。经过六年多的发展，如今的椒山初级中学发生了翻天覆地的变化。目前，学校占地面积81亩，总建筑面积26500多平方米，硬件设施、现代教学设备齐全，现有60

个教学班，教师224人，学生2800多人，其中校内寄宿学生2000多人。学校坚持“以改革求发展，以管理促质量，以活动提素质，以文化增内涵”的办学思路，形成了“重推课堂改革，管理科学精细，注重文化建设，强化素质教育，家校合作共赢”的五大办学特色。

## 二、精细化管理的主要做法

为了学校更好地、持久地发展，就必须要形成一种让教师认同、尊重、践行的学校核心文化。只有这样，全体教师才能形成强大的合力，才能做到心往一处想，劲往一处使，让学校的事真正成为大家的事。精细化管理就是“椒山人”在六年多的办学历程中形成的管理文化。椒山初级中学在管理中流程精细，检查常态，评价绩效，形成了“学校统揽全局，年级独立自主，班级百花齐放，部门自主合作，学生自我管理，家长积极参与”多管齐下的管理模式。

### （一）教学管理

为提高教师的综合素质，椒山初级中学坚持“德能双修”的原则，实施“外联内引、强化自修”的培训方针，通过“走出去”“请进来”、开放办学、外出送教、假期“充电”黄金周、各类赛课、“青蓝工程”、读书活动等八大形式和常规赛课、行政督课、常态赛课、半日教研等四大常规活动，共同促进了教师的快速成长。特别是与西北师范大学第二附属中学建立了“手拉手”长期合作联盟关系，定期开展教学研讨、跟岗学习、学生学习生活体验和社会实践等活动，促进了学校教师专业素质的快速提升。青年教师黄亚莉在市级赛课中获得一等奖后说道：“在椒山初级中学短短的几年时间里，我无论在教育思想还是在教学技能方面都取得了巨大的进步，这主要得益于学校在青年教师成长方面采取的一系列措施，得益于学校精细化的教研管理，得益于学校为教师的成长所搭建的各种平台。”

椒山初级中学以课堂教学改革为突破口，在课堂的质量和内涵上下功夫，努力打造愉悦课堂、个性课堂、人文课堂、品位课堂、创新课堂，所有课堂向“高、宽、深、厚”的目标发展。近年来，学校总结课堂改革取得的成绩，借鉴上海、厦门、福建、成都、兰州等教研理论前沿地区的做法，结合学校实际，在巩固的基础上不断创新，形成“深度学习，一科多模”的教研课程体系。以学生的前置性学习为切入点，通过教师的备课、上课、作业布置、课后辅导等环节，夯实课堂教学的高度、宽度、深度和厚度，力争向40分钟要质量。在“深度学习，一科多模”的教研课程体系下，教师课堂教学技能飞速提升，尤其在2018年临洮县第六届初中教师技能大赛中，一半以上的一等奖由椒山初级中学教师获得。同时，椒山初级中学各年级在历年全县统考中教学成绩一路领先。

### （二）学生管理

#### 1.确立育人理念

学校实施学生素质提升“245工程”。两大运动：不让垃圾落地、不让刺耳的声音发出；四好：吃好、睡好、玩好、学好；五修：修身、修心、修德、修业、修境界。学校确定学生培养“314目标”，即培养高品、高能、高分（“三高”）的一流学生，让学生成为最有气质、最有内涵、最有担当、最有学习力（“四最”）的阳光少年。

#### 2.优化德育模式

为实现管理的科学精细化，椒山初级中学不断健全各项制度，调整管理模式。逐渐形成以小组评价、流动红旗评比、“椒山骄子”评选为抓手，以值周班级、学生会、学生校长助理督查为措施的学生自主管理机制，始终注重对学生行为规范、校规校纪、道德情操、理想信念的教育和培养。

#### 3.设计德育课程

为了贯彻执行立德树人的根本任务，建立健全德育体系，学校坚持以爱国情怀、健康人格、创新意识为核心，以社会主义核心价值观和生命、生存、生活的“三生”教育为主线，以安全教育、健康教育、规则教育、文明礼仪、传统文化、科学精神、生态文明教育为内容，以道德情操、管理育人、课程育人、文化育人、活动育人、实践育人、协同育人为途径，以行为规范、学科浸润、社团实践、主题活动为形式，切实落实“245工程”，培育“三高”“四最”的新时代阳光少年。

一位学生家长在谈到孩子变化时说：“孩子在椒山初中学习的两年多来，无论在学习、生活习惯，还是在文明礼貌、待人接物方面进步很大，跟以前相比，判若两人，这都归功于椒山中学精细化的德育工作。”

### （三）宿舍管理

宿舍管理实行组长负责、分项承包、曝光考评、双轮驱动的管理制度，同时，在原有管理的基础上，实行问询、调研、反馈、台账制度。管理教师职责清楚，流程规范。晚上就寝前做到“三问”：问人数、问纪律、问健康；就寝后做到“四看”：看睡姿、看盖被、看异常、看环境；早上做到“五查”：查床铺整洁、查宿舍卫生、查床下摆放、查设施安全、查通风换气。学校为住校生制作了床头卡、宿舍成员信息牌，实行管理教师夜间值班轮流制，一人休息，一人值班，做到无缝管理，为学生的“睡好”提供了强有力的保障。家长们对椒山初级中学的宿舍管理赞不绝口：“把孩子送到这里住校我们很放心，解除了我们家长的后顾之忧。”

### （四）食堂管理

学校与食堂经营者、管理教师及部门领导签订了责任书，各司其职，责任明确。要求食堂管理者每日做到“三查”：食堂经营者自查，管理教师检查，部门领导督查。食堂管理教师每天做到“五看”“一曝光”。“五看”，即一看留样：数量是否够标准，是否留全，标签是否合乎规范，日期是否齐全等。二看台账：进货渠道是否规范，所进货物是否全部记录在案，日期、供货商、验收人等栏目是否齐全；三看卫生。即操作间、餐厅、操作台面、楼梯、墙壁、墙裙、移动电话等处是否洁净，食堂操作人员个人是否讲卫生，加工食品是否做到卫生安全等。四看秩序：早、中、晚就餐秩序是否井然，有无插队、大声吵闹、以大欺小现象。五看节约：学生就餐时，哪些同学浪费要及时曝光；时时监督，处处检查，层层落实，保证师生的饭菜质量和饮食安全。“一曝光”，即每日对于检查出的问题，第一时间曝光并限期整改。同时，不断强化食堂员工培训工作，规范食品加工流程，严格监督，保障饭菜质量，确保学生“吃好”。食堂饭菜品种多样，餐厅干净整洁，管理精细到位。

### （五）卫生管理

学校“爱卫会”专门负责全校卫生工作，分项承包，细化责任。爱卫会教师每天上班做到“五勤”：勤检查、勤督促、勤示范、勤指导、勤培训。学校从清洁用具的淘洗与摆放、卫生清扫的时段与流程、学生保洁意识的培养和强化等方面均做出了明确的要求。卫生清扫每天为“两次清扫，随时保洁”，要求每位学生人手两条小毛巾，一条用于擦手，一条用于搞卫生。班级区域、教室卫生实行责任承包制，班级事务人人有事干，事事有人干。学生“见垃圾就捡，见脏处就擦”，不断养成了良好的卫生保洁习惯。无论什么时候走进校园，环境和设施都干净整洁，所见之处无垃圾，所到之处无污迹。

### （六）文化建设

椒山初级中学始终坚持“制度治校、文化兴校、责任立校”的思想，以杨椒山先生“铁肩担道义，辣手著文章”的坚忍不拔、勇于担当、务实进取、无私奉献的精神为核心，以国学为底蕴，以弘扬中华优秀传统文化为主调，以培养学生良好的行为习惯为切入口，立足引导学生学会做人，学会做事，学会学习，形成了主题鲜明、风格多样、古朴典雅的校园文化。校园已成为环境优美的花园、温馨生活的家园、快乐成长的乐园和求知上进的学园。

### （七）活动管理

学校广泛开展各项活动，不断优化早操、阳光体育大课间和第二课堂项目结构，深入推进活动育人。学校开设汉字听写、校园“华尔兹”、国学经典朗诵、临洮文化研究、机器人、航模等社团，整合、扩大了校舞蹈社团和健美操社团，成立了校园足球和乒乓球俱乐部，定期举办读书节、体育艺术节、书画展等活动，给广大师生搭建了展示风采的舞台，极大地满足了学生的发展需求，丰富了校园文化生活，也为学校参加各类比赛和演出活动培养了人才。

### （八）安全管理

一是加强教育，靠实责任。坚持“安全第一、预防为主、教育先行”的原则，加强对学生的安全、法律知识教育。学校与家长签订了《临洮县学生家长交通安全协议》《椒山初级中学学生安全协议书》《寒暑假学生安全协议》等。充分发挥校讯通、QQ群、微信群的作用，及时与家长联系，保证学生回家及返校安全。根据上级文件精神，制定了《椒山初级中学安全管理目标责任书》，校长与副校长，副校长与主管处室，处室与班主任、教师层层签订责任书，实行“一岗双责”。制定实施《椒山初级中学财产管理制度》《椒山市初级中学门卫管理制度》等一系列制度，不断规范学校财产、安全等方面的管理，同时，节假日值班安排到位，做到值班巡查有记录。对重大安全问题建立预案，定期举行紧急疏散演练，提高师生防范自救能力。二是及时排查并消除安全隐患。安全隐患排查工作，责任到人，实行一周一排查，建立台账；严格执行校门出入登记制度，加大对学生离校手续的检查；利用校讯通、QQ群、微信群等强化对家长的提示，以便有效管理学生的家校往返时段及学生的周末时间；校园视频监控等物防技防措施到位，保证校内各设备设施运转正常，正常发挥作用。

### （九）家校共育

临洮县椒山初级中学的农村学生占全校总人数的97%，在这种情况下，学校不得不借力于家长。学校通过不懈的探索与实践，逐步完善了椒山初中家校共育体系，家校共育成为学校办学的一大亮点和特色。这是一个创新的理念，得到各级领导、省内外学校和专家的好评，并引来无数学校和观摩团前来交流学习。目前，椒山初级中学家校共育工作各项制度健全，工作高效规范，成立了校级、年级、班级、小组四级家委会，分别在学校、年级组、班主任的指导下全面开展各项家校工作。家长督学进校园十项活动有序进行，效果明显，家长会、家长督学大会、各级家长委员会、家庭教育报告会等家长学校系列化培训提升活动有计划地举行。由家长编排的校内报纸《家长之声》已成功印发10期，家长义工活动按需进行，各类家校交流群网上培训工作全面开展。各项家校共育工作的实施，使广大家长更加深入地认识了学校，高度认同了学校的办学思想和各项要求，提高了对学校工作的支持度，也为学校起到了宣传作用，实现了“学校、家庭两条腿走路”的办学目标。学校在狠抓校风、教风、学风的同时，又提出了家风建设，将学校与家校共育工作向纵深推进。

## 三、精细化管理取得的成效

仅仅六年多的时间，临洮县椒山初级中学实实在在享受到了精细化管理带来的益处，精细化的教学管理促进了教学质量的快速提升，学校连续六年均超额完成县教育局下达的各项任务指标，综合评比一路领先。2018年，学校中考成绩再创新高，高中升学率达到了87%。真正实现了“低进高出、高进优出”的优质教育效果。

学校荣获国家、省、市、县多项荣誉，取得的各项成绩赢得了各级领导和全社会的一致好评。先后荣获国家“春苗营养计划”优秀管理奖、全国校园足球特色学校、全国体育工作示范学校、全国教育科学“十二五”教育部重点课题“新课标背景下中小学价值教育的校本化研究”中华文化习养实验学校、甘肃省第一届文明校园、甘肃省文明交通示范单位、甘肃省快乐校园示范学校、甘肃省卫生学校、甘肃省心理健康特色学校、甘肃省平安校园示范学校、甘肃省三八红旗集体、甘肃省德育示范学校、甘肃省园丁奖先进集体等称号。

临洮县椒山初级中学正在向精细、精品、精彩的管理迈进，全体椒山人将以习近平新时代中国特色社会主义思想为指导，立德树人，秉承杨椒山先生坚忍不拔、勇于担当、务实进取、无私奉献的精神，不忘初心，牢记使命，为把学校建成人民满意、全省一流、全国有影响力的陇上名校而努力奋斗。

（定西市临洮县教育体育局 师加详）

# 从“阳光课堂”发力 助力乡村教育优质均衡发展

2017年1月10日，“互联网+”教育被写入《国家教育事业发展“十三五”规则》中。推进优质教育资源共建共享，着力加强“名师课堂”“名校网络课堂”“专递课堂”“在线开放课程”等信息化教育教学和教师教研新模式的探索与推广，对加快优质教育资源向农村、边远、贫困、民族地区覆盖具有重要意义。

## 一、实施背景:乡村小规模学校难以开足开齐课程

2016年10月，由21世纪教育研究院举办的“全国第二届小规模学校联盟年会”在甘肃省平凉市召开。在全国第二届小规模学校联盟年会上，甘肃省教育厅厅长说道:“在快速城镇化进程中，目前甘肃农村小规模学校呈现增长的趋势。农村小规模学校面临地处偏僻、学生人数少、教学质量较差、办学条件薄弱、师资短缺难以补充等困难，但这些学校又要为难以进城入学的孩子和农村弱势群体的子女提供教育。建设好农村小规模学校，是促进教育公平、强化教育精准扶贫的重点和难点。”安定区下辖3个街道、19个乡镇，总人口47.02万，总面积3638平方公里。全区现有农村小学69所（含12所农村九年制学校小学部），教学点51所，班级549个，小学生8270人，农村小规模学校86所（不含乡镇中心小学20所和九年制学校小学部12所），占全区小学的65%，占全区农村小学的72%。农村小规模学校受限于专业教师资源缺乏导致的教学课程不足，受限于培训资源缺乏导致的教师成长缓慢以及综合于以上两者导致的学生幸福感缺失等问题，都亟待解决。

## 二、设备保障:为阳光课堂注入强大活力

2016年11月，安定区召开教育信息化应用整体推进工作会议，专题研究全区教育信息化建设、管理和应用工作，积极落实“四项工程”。即：宽带网络提速工程，实现学校网络终端全覆盖；教学终端覆盖工程，基本实现电脑、电子白板或一体机多媒体设备“班班通”；教学资源建设工程，充分依托甘肃省基础教育资源公共服务平台、沪江互加计划资源平台，实现教育资源共建共享；融合创新应用工程，利用CCtalk软件成功启动“阳光课堂”。

## 三、探索经验:“阳光课堂”破土而出

2016年10月，在平凉第二届中国农村小规模学校联盟年会上形成了共建“小而美、小而优”的农村小规模学校共识。安定区李家堡学区校长邵锦堂组织志愿者积极探索，迈步前行，利用全国改薄项目配备的教学设备和网络平台，借助上海沪江网CCtalk网络直播平台，配以简单的摄像头和无线话筒，制定课程实施计划，统一作息时间，统一安排课程，组建“直播团队”，网络直播课命名为“阳光课堂”，开始“一校带多校”的网络教学模式。2017年2月27日，网络直播课“阳光课堂”准时和村小的孩子们见面了。从此，“阳光课堂”从未间断，走进了所有村小孩子的课堂。

“阳光课堂”就是“双师课堂”，由“线上”老师和“线下”老师相互配合，共同完成教学任务。“线上”老师是从骨干教师中选拔出专业性强的老师，是“优中择优”，其工作任务是“线上主讲”和“巡回指导”，即通过网络给区内所有村小的学生线上直播教学，并定期以“走教”形式到各村小巡回指导，了解学习状况。“线下”老师是从村小普通教师中择优选择，其主要任务是组织教学、线下服务、课堂辅导、检查评价。通过不断地探索和实践，形成了“阳光课堂”教学模式，为我区义务教育城乡一体化的推进和解决小规模学校师资不足的问题积累了宝贵的经验，树立了成功的典范。

## 四、联盟发展：探索小规模学校建设思路

### （一）寻找路径，“阳光课堂”教学模式达成共识

2017年5月24日，安定区义务教育均衡发展观摩学习推进会顺利召开，安定区教育管理干部齐聚一堂，观摩了李家堡学区的“阳光课堂”，共同探索小规模学校建设思路，分享“阳光课堂”实验成果，推广“阳光课堂”教学经验，达成“李家堡共识”。总结提炼出了“阳光课堂”教学模式的内涵和特点，即：一个宗旨（以学生为中心，为建设乡村小规模学校奠定坚实的基础），两支队伍（一支有教育家情怀的校长队伍，一支有教育情怀的教师队伍），三大优势（突破空间限制，扩大教师产能，解放教育生产力），四大保障（“线上”专业教师保障，宽带传输保障，视频交换保障，语音摄像保障）。

### （二）联盟发展，“阳光课堂”初见成效

2017年8月，在全区形成普遍模式，扩大共享“阳光课堂”联盟，夯实基础工作，组建直播、助教、助学三个团队。创建以李家堡学区为中心，团结、宁远和杏园学区共同参与，抱团发展的“阳光课堂”区域共享联盟。遴选联盟内骨干教师担任直播教师，采取远程支教、空中课堂、制作微课等形式，对音乐、美术、信息技术教育、安全教育、心理健康教育、阅读、书法、手工制作、班队活动等课程进行网络直播。全区19个学区的“阳光课堂”实现了全覆盖，“阳光课堂”解决了多年来村小因艺术类、心理健康等专业老师缺乏而课程难以开齐、课时难以开足的瓶颈问题，实现了以“资源共享、教师共享、课程共享”为主体的教育均衡，让农村每个孩子都能就近接受优质的教育，是真正意义上的普惠教育。

### （三）资源共享，让孩子享受均衡课堂

安定区以独特的、适合自己的区域直播课低成本解决了农村小规模学校长期存在并困扰大家的瓶颈问题，摸索出了一条普遍适宜广大农村及连片学校值得推广的新路子。2017年5月10日，甘肃省义务教育均衡发展验收评估专家组深入了解了网络直播课“阳光课堂”后给予了高度评价。专家认为：“安定区紧紧围

绕推进区域义务教育均衡发展工作，充分运用现代教育信息技术，借助上海沪江网CCtalk网络直播平台，从网络直播课‘阳光课堂’发力，大力实施‘网络远程支教’，通过“线上”“线下”支教形式整合学区内紧缺专业教师，实现了教师资源的均衡配置。开辟了在甘肃省基础教育公共服务平台上利用教研中心、集体备课、利用“畅言教学通”实施课堂教学的新天地。在全区实现了内外联盟、抱团发展、优势互补、互利共赢的良好局面。”

## 五、经验推广:“阳光课堂”推动资源共享、教师共享、课程共享

2018年4月16日，定西市“阳光课堂”联盟教学模式观摩推进会在安定区举行，会议总结和学习推广了安定区在“阳光课堂”联盟教学模式中的成功做法与经验，为全面推进信息技术与教育教学的深度融合应用、进一步缩小城乡区域差距、提升农村学校教育教学质量起到了很好的示范作用。

### （一）经验一：“阳光课堂”补齐小规模学校短板

之所以做“阳光课堂”，是想让农村边远山区学校的孩子有学上，有课上，像城里的、镇里的孩子一样，能够享受到优质的教育资源。“阳光课堂”承担着音乐、美术、安全教育、国防教育、心理健康教育、信息技术，校本课程中的手工、班队活动、阅读等课程的教学任务。不同于传统的课堂模式，互联网直播的这种“双师课堂”充分调动了“线上”“线下”教师团队的积极性，让课程资源“活”了起来，而且视频、语音、文字等多形式的即时互动让乡村教学点与中心校时时“链接”在一起，学生拥有更强的参与感和展示的平台。每周的音乐、美术、手工、安全教育、班队活动等课程都常态化地在“线上”开展，一改传统“走教”“送教”的模式，接好网线、打开摄像头，中心校直播教师授课，村小助学辅导教师同步组织教学，教学资源在当地得到最大化延展。

### （二）经验二：为小规模学校的孩子们搭建了一个学习、交流、展示、成长的平台

“阳光课堂”的诞生，是对政府提倡的教师“支教”和“走教”的补充和完善。现实中的教师“支教”和“走教”可以缓解少部分农村学校专业教师短缺的困难，但在山大沟深的偏远农村难以长效地解决根本性问题。在“阳光课堂”

中，借助信息化手段、互联网平台实现了网络支教，再通过定期“巡回”，实现了教师“走教”，使教学上的不可能变为可能，而且效果良好。

“阳光课堂”给山区小规模学校的孩子们搭建了交流展示的平台，结束了他们除“读书”以外没有语言交流的枯燥学习生活。孩子们开始讲普通话了，开始注意自己的形象了，因为他们知道在网络的另一端有很多人在关注他们；在美术、手工方面，孩子们有了自己的作品；在礼仪方面受到了网络那头的熏陶；特别是“线上”老师那一句句“亲爱的孩子们好”“亲爱的小朋友们好”的问候，深深地触动了他们的内心。在“阳光课堂”中处处感受着爱，传递着爱。

## 六、实践路径：激活教师成长内驱力的在线社群化研修

### （一）乡村网络公益课堂

教学点面临专业师资严重缺乏、教育质量亟待提升等难题，尤其是面临艺术科学等素质类教育教学资源紧缺的状况。借助实时教育互动平台——沪江CCtalk平台，各教学点“链接”了美丽乡村小学课程、深圳统整课程，通过“阳光课堂”开发了自身资源，成功实现了“一校带多校，一点带多点”的网络课堂教学模式。

### （二）乡村教师培训计划

互联网能为乡村汇聚各种优质资源和师资，能弥补师资不足，促进教育公平，提高教育质量，改变教学观念。打破传统的空间界限，区域内学校可同步在线开展教学教研活动。对接沪江“互+计划”，共同发起乡村教师在线培训，创新教师研训方式和教师培养方式，推动教师社群化成长，激活教师内驱力，培养乡村教师信息化素养，让名师资源充分链接至教师培训的过程中。

### （三）对接外部优质资源——名师课堂提升计划

通过互联网的方式促进优质教育资源的共建共享，提升教学点教学内容的资源和品质，通过“互+计划” 将从学生课程和教师培训两个方面对接外部优质资源。例如：学生课程——“互+”教育联盟系列课程，包括晨读、音乐、书法、阅读、科学、艺术等；教师培训——参与由上海市嘉定区教师进修学院策划的

教师培训计划；课程设计——参与由深圳南方科技大学实验学校主办的“统整课程项目”系列培训。

随着安定区“阳光课堂”的推进，乡村教育正实现着“互联网+”区域教育的新突破，越来越多的乡村学校将成为受益者，享受互联网所带来的公平教育资源。“阳光课堂”的实施，架起了山区孩子通往外界的桥梁，解决了多年来农村教育存在的许多瓶颈问题，实现了师资资源利用的最大化，让每个孩子享有公平而有质量的教育，是真正意义上的普惠教育，为教育优质均衡发展奠定了坚实基础。

（定西市安定区教育体育局 杨天明）

# 以开展主题活动为抓手<br>推动基础教育课程教学改革经验报告

## 一、坚持课程教学改革信念不动摇

我市的课程教学改革是一个学习借鉴、实践探索、反思总结、科学创新的过程，各县区、各学校和广大教育工作者都在积极实践的基础上深入思考，在深入思考的基础上提高认识水平，在提高认识水平的基础上坚定信念，在坚定信念的基础上增强改革的积极性、主动性和创造性。现在，从教育行政部门到校长再到一线教师，对课程教学改革形成了如下认识：课程教学改革是我市教育发展的方向性变革，是提高教育教学尤其是教学质量的有力抓手，是推进全市基础教育现代化的有效突破口和最佳途径。如此深刻的认识，体现了进行课程教学改革的决心和信心，也体现了办教育的责任和担当。

## 二、坚持五项基本原则

"把学习的权利还给学生，让学生真正成为自主发展的人"是"生本教育理论"的核心，这和素质教育的理念和主张一脉相承，也必然和课程教学改革的目标不谋而合。我市课程教学改革在"生本教育理论"引领下，各层面始终坚持以下原则做指导，保障了课程教学改革的健康发展。一是规律性原则。坚持遵循教育规律，用先进的教育理论指导实践，关注学生的心理和生理特征、知识和能力水平、认知规律以及学科和课型特点。在此原则下，把握了课程教学改革的正确方向。二是实效性原则。坚持质量为重，树立正确的质量观，紧紧围绕提高教育教学质量这一中心开展课程教学改革。在此原则下，实现了课程教学改革有实效。三是基础性原则。坚持将课程教学改革植根于教师雄厚的学科专业素养之中，把教师学科专业素养的提升作为课程教学改革的基础性工作常抓不懈。在此原则下，夯实了课程教学改革的基础。四是创新性原则。坚持准确把握“落实常规、继承传统、科学创新”的辩证关系和“循序渐进、稳步推进”的实施策略，坚决批判全盘否定传统课程教学的“断代”思想和盲目蛮干的做法。在此原则下，实现了课程教学改革的科学发展。五是发展性原则。坚持在广度上重视学校和学段之间的均衡发展，在精度上重视学科和课型之间的特色发展。在此原则下，实现了课程教学改革的可持续发展。

## 三、坚持现代学校建设

一是努力构建和完善现代学校管理制度。市教育局指导各学校建立章程统领下的现代学校制度体系，各学校根据形势发展及目前学校管理现状，遵循规律，与时俱进，通过“加强制度建设，转变管理观念；加强制度执行，促进管理规范；加强廉政建设，推进依法治校”等策略，构建学校管理体系，建立完善的现代学校管理制度。普遍能较好地将制度建设和校情结合起来，和学校长远发展结合起来，和学校特色建设结合起来。二是充分挖掘和提炼学校文化精神内涵。各学校通过“建设学校物质文化熏陶人，提炼学校精神文化塑造人，完善学校制度文化关怀人，挖掘学校课程文化培育人，构建学校行为文化完善人”等策略，不断凝练学校的办学特色、办学内涵，建设志趣高远、主题鲜明、温馨大气的学校文化。使学校文化成为滋养生命、助推课程教学改革的动力场。三是建设敬业爱岗、业务精湛的师资队伍。教育行政部门和各学校坚持不懈地抓好教师队伍建设。通过创新“师德师风建设机制、教师补充机制、培养培训机制、管理机制和激励机制”等策略，建立了一支业务精湛、刻苦钻研、勇于创新、敬业奉献的教师队伍。四是坚持抓好学校硬件建设。教育行政部门统筹规划，积极争取政府给予政策和经费支持，及时更新、补充教学设施设备、活动场所和实践场地。特别重视教育信息化建设，构建了信息技术对教育教学强力支撑的客观环境，为深化课程教学改革提供了坚实的物质保障。

## 四、坚持建立科学的评价体系

市教育局研制下发了《中小学课程教学改革评价指南》，以此为指导，各学校坚持真实性、科学性、激励性原则，结合自身实际制定了《课程教学改革评价细则》。对课程教学改革进行过程性评价，侧重于对课程功能与价值的评价、教师教学质量的评价和学生学习效果的评价。一是促进课程不断发展。市、县区教育行政部门周期性地对学校课程执行情况、课程实施中的问题进行分析评估，及时调整课程内容，改进教学管理，形成课程不断更新的机制。二是促进教师不断成长。强化教师对自己教学行为的分析与反思，建立以自评为主，同伴、学生、家长共同参与的评价制度，使教师从多种渠道获得信息，不断提高教学水平。三是促进学生全面发展。各学校积极探索并推广对学生的过程性、表现性和发展性评价，不断完善《中小学生综合素质发展评价记录册》，建立和实施学生综合素质评价制度，形成多形式、人本化的学生综合素质发展评价机制，客观真实地评价学生的学业成绩和综合素质发展水平。四是不断改革和完善考试制度。我市普遍实行小学毕业免试就近入学，鼓励各学校自行组织毕业考试，不断完善初中升高中考试的管理制度。强调各类检测命题以课程标准为依据，加强与社会实践和学生生活经验的联系，重视分析问题、解决问题以及实验操作等方面能力的考查。各学校都能树立正确的质量观，能准确地把握教学质量和分数、优秀率、及格率等可量化数据之间的关系，客观地利用检测成绩评价教和学。

## 五、坚持引领教师专业发展

市、县区教育行政部门强化以“教育行政的统筹整合力，教研机构的业务指导力，基层学校的建构执行力，核心团队的合作突破力，课程文化的创新影响力”为内容的课程领导力建设。坚持把校长的选拔和培养作为课程教学改革的基础性工作做实做好，培养了一大批有思想、有思路、有激情、有能力、好读书的专家型、学习型校长，落实了“专家治校”的现代教育理念。市、县区、学校都建立了“研训一体化”的教师培训模式，认真制定研训规划，不断完善、健全研训的管理机制。在“确立研训主题，创新研训方式”上想办法，下功夫：一是加强对课程教学改革专业指导队伍的建设和培训。二是教师培训中一手抓专业素养的培训，一手抓课堂建设能力的培训，两手抓，两手都要硬。三是将培训内容和课程教学改革进程紧密结合，及时跟进组织进行针对性的培训。四是更新培训方式，注重“参与式”和“体验式”培训，既有“讲座报告”式培训，又有“课堂诊断”式培训。五是充分利用网络搭建研训平台，开展卓有成效的“充电”“吸氧”活动，有些学校还设立了名师工作室，切实发挥了名师的引领带动作用。六是各县区和乡镇立足区域，开展连片研训，有效促进了城乡交流与互动，在更大范围内实现研训资源和典型经验的共享与推广。七是各学校抓住“提高教师的课程执行力”这一课程教学改革的关键开展研训，突出教师“课程内容领悟力，课程标准理解力，课堂教学设计力，课程资源整合力”的提升。构建了以教师个体为“点”，教研组层面为“线”，学校层面跨学科为“面”，县区层面跨学校为“体”的立体研训网络，充分发挥研训对课程教学改革的支撑作用。八是各层面高度重视学校信息化建设以及教师信息技术应用意识的培养和应用能力的提升，搭建与高校、课改名校教育资源对接、共享的信息化平台，鼓励教师积极探索信息技术与学科教学深度融合的方法和途径。九是市、县区教育行政部门和学校还高度重视学习借鉴、专家引领作用的发挥，积极创造条件，给校长、教师提供了大量的“走出去、请进来”等开阔视野、提升专业水平的培训学习机会。在学习借鉴的基础上，把外来经验与自身实际紧密结合，思考内化，去伪存真，消化应用，既“博采众长”，又“落地生根”，将“他山之石”融合为具有校本特色的课程教学改革的“基石”。

## 六、坚持以活动为抓手

我市课程教学改革伊始，市教育局的主导思想是不搞“一刀切”，不提条条框框，不推广统一模式，这一指导思想为各县区、各学校的课程教学改革提供了很大的创新空间。但市教育局对课程教学改革并不是“无为而治”，在宏观上提出了三个“有利于”，即课程教学改革要“有利于学生的全面发展，有利于教师的专业发展，有利于学校的优质发展”。在具体实施上，坚持结合课程教学改革现状，设计了一些具有时代特征、符合自身实际的主题活动，以活动为抓手，推动课程教学改革深入发展。如2010—2012年的“抓实教学常规，规范教学行为”主题活动，2012—2014年的“高效课堂建设”主题活动，2014—2018年的“认真开展‘一师一优课，一课一名师’，深化教学改革”主题活动。这些活动由市教科所牵头部署和具体落实，市教科所强化顶层设计，坚持“把握现状，长远规划；正视问题，科学实施；研训督评，四位一体；活动推进，典型引领；德育为首，多管齐下”的工作思路，对每一项活动开始时有实施方案、细则及规划，过程中有督查视导及通报，结束时有考核总结及奖励。建立了教育行政、教研、督导部门分工合作、协调联动机制和教研人员包县区制度、视导制度、督查通报制度、考核激励制度。教育行政部门坚持在不断分析课程教学改革面临的新形势和新任务的基础上，立足实际，制定区域内课程教学改革规划。督导部门坚持对各中小学课程教学改革进行跟进督导评估，坚持把课程教学改革成效作为评价教育行政部门和学校工作的重要指标。教研部门坚持专业指导，服务学校，采用灵活多样的方式，对不同学段、不同地域、不同规模、不同条件学校的课程教学改革分类要求，分类指导，分类评价。各项活动成效显著，如“一师一优课，一课一名师”活动开展四年来，我市晒课教师数、晒课节数、晒课率、省部级优课比率都位居全省第一。

## 七、坚持示范引领

目前，全市中小学涌现出了一大批教学改革的领军人才，他们理念新、思路清，长于设计，善于实践，不但会说，而且会做，更在指导同伴成长上发挥了作用。各县区都有县区层面的课程教学改革示范学校，大部分学校都有课程教学改革模范教师，这些教师能将先进理念、外来经验和自身教学实际紧密结合，提炼出符合学科特点、课型特点的教学模式，打造出符合校情、学情、教情，能“看得见、学得上、推得开”的示范课堂。如：会宁县教育局以“顶层设计、行政引领、整体推进、跟进研训、过程督查、经验推广”为途径的个性化高效课堂建设之路；景泰县第四中学“一个目的，两点理论，三项统一，四种状态，五个环节，六个标准”的教学改革基本理念；会宁县北关小学“一个航标——理论引领，两个核心——成功教学秘诀和目标教学，一个支撑——创新教研模式”的特色化课堂建设体系；白银区第二小学“活动导学”教学模式和“分工+轮换的41111”教研模式；靖远县西关小学“阅读感悟、自学检测、合作交流、展示点拨、分层训练、拓展延伸”的二十四字教学法等等。所有这些课程教学改革的思路、模式、途径和方法在教育教学实践中都取得了可喜的成果。《中国教师报》等媒体先后发表《甘肃会宁：“状元县”谋变》《景泰四中：黄土地上的课改突围》《北关小学：从校园走向乐园》《白银区二小：行动聚焦高效，智慧成就质量》等文章，对这些县区学校的课程教学改革进行了全方位的报道和深刻的解读，在省内外产生了广泛影响。

## 八、坚持课程教学改革创新发展

一是顺应时代发展，教育教学由知识本位向综合素质本位转变。随着时代的发展，围绕知识传授展开的知识本位教育的弊端和不合理性越来越显现，主要是：造成了学生身心发展的某些核心素养的缺失，学生高阶思维能力得不到充分发展，学生的思想态度、情感价值观不够完善。我市各层面坚持课程教学改革要在继承优良传统的基础上努力克服知识本位教育的不合理性，彻底解决“今天的课堂传授着昨天的知识，试图去解决明天的问题”的教育教学现实矛盾，尽可能由知识本位教育向“不但重视知识传授，而且关注学生高阶思维能力、判断能力、创新能力培养”的综合素质教育转变。二是聚焦学生核心素养，由学科教学向学科教育转变。2015年3月，教育部在《关于全面深化课程改革 落实立德树人根本任务的意见》中，提出了要加快“核心素养体系”的建设目标。核心素养体系被置于深化课程教学改革、落实立德树人目标的基础地位。聚焦核心素养就是要将学科教学升华为学科教育，这是深化课程教学改革的方向和未来基础教育改革的灵魂。我市从各级教育行政部门到学校，均在深入理解核心素养建设和学科教学之间相互依存、相互促进关系的基础上，深化着课程教学改革。一方面，充分认识学科教学对核心素养建设的支撑作用和载体地位，通过挖掘学科本质发挥学科独特的育人功能，促使核心素养的达成。另一方面，利用核心素养指导、引领、辐射学科教学的功能，打破不同学科之间的壁垒，实现学科教学的统筹和整合，使之自觉为人的终身发展服务。

总之，我市的基础教育课程教学改革稳步推进，成效显著，在总结成绩的同时，我们也清醒地认识到课程教学改革永远在路上。我市各级教育行政部门、各中小学、广大教育工作者将进一步统一思想，提高认识，紧紧围绕提高教育质量这一战略主题，坚定课程教学改革信念不动摇，聚焦课堂，抓实细节，在课程教学改革中促进新的课程价值观、课程信仰和课程规范的形成，全面提升中小学教育教学质量，彰显我市基础教育蓬勃发展的生机和活力。

（白银市教育局 席明珍）

# 普通高中学科基地建设经验报告

## 一、普通高中学科基地建设背景

2012年，在普通高中新课程实验深入开展的大背景下，面对扑面而来的课程教学改革的新理念、新思路、新方法、新模式和新问题，我市普通高中教育管理者、研究者和实施者在深入思考和积极探索的基础上达成共识，深刻认识到提高质量是普通高中课程教学改革的生命线，要坚持“提高教育教学质量”这一主题不动摇，普通高中课程教学改革就要突出学科性，走具有学科特色的课改之路。而要加强学科研究，就要打破县区之间、校际之间封闭、孤立的办学局面，建立市级层面学科研究交流、示范引领、互学互鉴、经验分享的平台。为此，白银市教育局决定开展普通高中学科基地建设活动，并研制下发了《白银市普通高中学科基地建设方案》（白教发〔2012〕45号），经过充分筹备，于2012年5月召开了普通高中学科基地建设启动大会，普通高中学科基地建设正式启动。

## 二、普通高中学科基地建设之初

### （一）建立十大学科基地

普通高中学科基地建设之初，市教育局对我市22所普通高中各学科进行了综合评估，在评估的基础上，选取“学科最优”学校建设本学科基地，对接当时新课程实验和高考实际，成立了十大学科基地，分布见下表：

表1　2012年白银市普通高中学科基地分布情况

| 基地名称 | 基地学校 | 基地名称 | 基地学校 | 基地名称 | 基地学校 |
|---|---|---|---|---|---|
| 语文学科基地 | 靖远一中 | 数学学科基地 | 白银市一中 | 英语学科基地 | 白银市八中 |
| 物理学科基地 | 会宁一中 | 化学学科基地 | 会宁二中 | 生物学科基地 | 靖远二中 |
| 政治学科基地 | 白银市十中 | 历史学科基地 | 白银市九中 | 地理学科基地 | 景泰一中 |
| 新课程实验基地 | 市实验中学 | | | | |

### （二）成立学科基地中心组

在《白银市普通高中学科基地建设方案》中，明确了学科基地建设的组织建构，成立了以市教育局局长为组长，分管高中教育的副局长为副组长，市教育局相关科室负责人为成员的学科基地建设领导小组。学科基地在日常管理和业务指导上划归市课改办。学科基地在内部建制上，设立“学科基地主任、学科基地中心组、学科基地青年骨干教师培养对象”三个层次团队。学科基地主任由基地学校校长担任；市课改办配合基地学校在全市各普通高中选拔8～10名具有先进教学理念、精深专业知识、丰富教学经验、突出教学能力、强烈责任心的本学科教学名师组成学科基地中心组，在中心组成员的选拔上关注县区和学校均衡，以便于开展工作，基地学校推荐1名本学校本学科专家型教师担任中心组负责人；每个中心组成员就近选拔3～5名本学科青年教师，签订培养协议，组成青年骨干教师培养团队，青年骨干教师培养对象参与学科基地活动，在活动中落实培养任务。学科基地主任、中心组成员、青年骨干教师培养对象由市课改办发文任命，开展工作。

### （三）着手学科基地制度建设

学科基地建设启动后，最初建立了学科基地工作制度、考核评价制度和经费保障制度。同时，市教育局要求在学科基地建设过程中不断完善制度建设，形成切合实际，具有指导、服务、激励作用的学科基地建设制度体系。在最初的工作制度中，赋予学科基地推进课改、研究高考、引领教研、培养骨干的四大职能。在考核评价制度中，明确市教育局要对学科基地建设工作跟进考核，分优秀和良好两个等级评价，在考核评价的基础上实行动态管理，对连续三年考核靠后的基地学校和中心组成员进行调整。在经费保障制度中，规定学科基地建设经费实行三级保障制度，市教育局给每个学科基地每年拨付5万元（实际拨付4万元，以奖代补1万元），县区教育局给每个学科基地每年配套3万元，基地学校每年配套2万元，总计每年10万元建设经费。学科基地每年给每个中心组成员发放100个课时补助。

### （四）开展学科基地建设活动

学科基地建设启动后，各基地学校高度重视学科基地建设工作，首先体现在保障机制的健全和硬件设施的完善上。各基地学校都能克服办公用房比较紧张的困难，给学科基地配备能满足活动需要的专门工作室及室内桌椅、电脑、打印机、电子白板等多媒体教学设备、书柜等办公设施，还为学科基地购买了比较丰富的图书杂志，初步建立了学科基地资料体系。各学科基地中心组围绕四大职能，认真谋划基地工作，制定工作计划，强化行动意识，以活动为载体，立足学校教学实际和学科特点，开展丰富多彩的专业活动，完成解读课标、整合教材、优化方案、打磨试题、评课研讨、指导教学、培养青年教师等具体工作任务。

## 三、普通高中学科基地建设发展

我市普通高中学科基地建设在探索中逐渐发展壮大，逐步形成特色，走向成熟，体现在以下几个方面：

一是制度建设逐步完善。2012年后，在学科基地建设过程中，结合工作需求，逐步建立了学科基地章程、中心组成员分工制度、中心组工作制度、课题研究管理制度、科研成果奖励制度、经费使用制度等规章制度，形成了切合实际的学科基地建设制度体系，保障学科基地建设工作的有序开展。

二是目标任务更加明确。在最初学科基地“四大职能”的基础上，结合教育教学改革发展实际，进一步明确了学科基地建设“四个中心”和“四个促进”的目标任务。四个中心，即把学科基地建设成为学科课程标准、教材、考试大纲以及相关文件的研究服务中心，学科教学改革研究与实验成果的研发传播中心，学科课堂教学改革的专业指导中心，学科骨干教师专业发展的交流研修中心。四个促进，即学科基地建设要促进学科教师专业发展，培养一批课改专家和教学骨干；促进学科教学方法改革和课堂教学效率提升，提高学科教学质量；促进学科教学资源开发、整合与共享，构建研究与创新、交流与合作的多元教学文化；促进学科内涵建设，为实现全市普通高中优质特色发展发挥专业引领作用。

三是学科基地队伍不断壮大。在对学科基地建设工作历年考核评价的基础上，2016年，市教育局对学科基地学校、中心组成员和青年骨干教师培养对象进行调整和补充。调整后，中心组成员由原来的72名增加到94名，青年骨干教师培养对象由原来的218名增加到255名。两支队伍的选拔调整，使各学科基地队伍更加壮大，人员结构上更趋合理，专业工作能力更加突出，推动工作更加有力。2018年，结合普通高中新一轮课程教学和高考综合改革实际，市教育局又建立了艺术和体育两大学科基地，由十大学科基地发展成十二大学科基地，使学科基地分布更加合理，学科覆盖更加全面，指导服务普通高中新一轮课程改革能力更加增强。目前十二大学科基地分布见下表：

表2　2018年白银市普通高中学科基地分布情况

| 基地名称 | 基地学校 | 基地名称 | 基地学校 | 基地名称 | 基地学校 |
|---|---|---|---|---|---|
| 语文学科基地 | 靖远一中 | 数学学科基地 | 白银市一中 | 英语学科基地 | 白银市八中 |
| 物理学科基地 | 会宁一中 | 化学学科基地 | 会宁二中 | 生物学科基地 | 平川中学 |
| 政治学科基地 | 白银市十中 | 历史学科基地 | 白银市九中 | 地理学科基地 | 景泰一中 |
| 技术(信息技术和通用技术)学科基地 | 市实验中学 | 体育学科基地 | 靖远二中 | 艺术(音乐和美术)学科基地 | 平川中恒学校 |

四是学科基地工作机制不断创新。各学科基地在多年工作中，通过搭建平台、拓宽渠道、整合资源等措施，不断创新学科基地建设思路，丰富学科基地发展内涵，建立完善特色化、常态化的工作制度。比如：其一，建立高端学术研讨制度。各学科基地定期开展高端学术研讨活动，聘请全国知名课程改革和学科教学专家进行引领、示范和指导等工作，搭建一线教师和知名专家面对面学习交流、答疑解惑的平台。其二，建立中心组成员责任县区教学视导制度。各学科基地按照县区就近原则，靠实责任，督促中心组成员组织结对骨干教师培养对象，定期走进本县区普通高中，深入学科教学第一线，了解各普通高中学科教学现状、存在的问题和困惑，并向中心组提交视导报告。其三，完善课题研究制度。

各学科基地中心组在认真研究每个成员提交的视导报告的基础上，梳理来自学科教学一线的问题和困惑，凝练成研究课题，交中心组成员和结对骨干教师培养对象组成课题组，立项研究，并将研究成果及时反馈到学科教学一线改进教学，使课题研究“问题实、过程实、应用实”，突出了课堂研究的实效性。其四，完善青年骨干教师培养制度。各学科基地抓实青年骨干教师培养举措，定期组织骨干教师专题培训活动，选派骨干教师培养对象参加各级各类外出学习培训，开展骨干教师培养对象网络研修，落实对骨干教师培养对象的年度考核和动态管理。给骨干教师培养对象压担子，让骨干教师培养对象在业绩成果、教学能力、专业发展等方面具有实实在在的获得感。

## 四、普通高中学科基地建设成效

我市的普通高中学科基地建设自2012年5月启动以来，在市教育局的正确领导和大力支持下，各基地学校和中心组成员用思想引领基地建设工作，用行动推进基地建设工作，用智慧创新基地建设工作，历经七年坚持不懈的探索，取得了显著的成效，积累了丰富的经验，主要表现在以下几个方面：

一是建设层次不断提升。2014年，在甘肃省普通高中学科基地的创建中，我市语文、数学、物理三大学科在激烈的竞争中脱颖而出，顺利通过了省教育厅的考察评估及答辩，使这三大学科的省级学科基地分别落户我市靖远县第一中学、白银市第一中学、白银市教科所。全省首批20个普通高中学科基地中，我市占据了3个，这是我市先行一步开展普通高中学科基地建设的成果，极大地提升了我市普通高中学科基地的建设层次，也激励着基地学校、中心组团队和青年教师培养团队在普通高中学科基地建设上投入更大的热情和更多的精力。

二是辐射带动作用逐渐凸显。近年来，在市级普通高中学科基地建设的带动下，我市各县区教育管理者普遍认识到专业团队在教育研究、教学改革、教师培养、经验分享等方面作用发挥的重要性，借鉴普通高中学科基地建设的做法和经验，各县区建立了一批各学段县级学科基地，全市上下，一个覆盖县区、学校、学段的教学指导和教师研训网络平台已初步建立。

三是学科基地工作思路更加明确。经过七年的学科基地建设，各基地学校特别是校长对学科基地建设的理解更加到位，认识更加明确，能把省、市级学科基地落户本校视为一种专业荣誉、专业优势和发展契机，视为提升本校学科建设水平、促进教师专业成长、引领全市学科发展的有效平台。各基地学校普遍能将学科基地建设和本校的教学教研工作紧密结合，和促进教学改革紧密结合，和提升教学质量紧密结合。能够把学科基地纳入到学校的正常管理和日常工作中，并把学科基地、特色实验学校、名师工作室等几个方面的建设统筹协调安排，使这几个方面的工作相互融合，相互支持，相互补充，相互促进，发挥叠加效应，增强工作的实效性。

四是学科基地工作质量不断提高。多年来，各学科基地紧紧围绕“四大职能”“四个中心”和“四个促进”，以活动为抓手，积极主动、创造性地完成各项工作任务，呈现出“规定动作”有质量，“自选动作”有特色。在“规定动作”方面，各学科基地都能把基地建设工作和市、县区教育工作融合开展，组织中心组成员和骨干教师培养对象积极参与“一师一优课，一课一名师”活动、全市高考备考培训研讨活动、普通高中教育教学视导活动等工作，高质量完成市、县区教育局安排的工作任务。在“自选动作”方面，各学科基地都能紧密结合学科特点和学科教学实际，开展主题鲜明的学科研训活动。如，近年来语文学科基地开展的“课堂观摩和论文交流”活动，数学学科基地联合金太阳教育联盟开展的“说课和课堂教学竞赛”活动，英语学科基地开展的“普通高中英语学科教研组长论文评选和骨干教师课例评选”活动，物理学科基地开展的“同课异构和优秀教学论文评选”活动，化学学科基地开展的“专家讲座和研讨课教学”活动，生物学科基地开展的“骨干教师课件制作评选”活动，政治学科基地开展的“十九大知识宣讲和高中学生时事政治竞赛”活动，历史学科基地开展的“学生历史剧展演”活动，地理学科基地开展的“观摩课教学和学生地理知识竞赛”活动等，都推出了原创性、研发性、可借鉴、可推广的成果，产生了广泛影响，全市普通高中学科基地自主、自觉、创新的工作新局面逐渐形成。

普通高中学科基地建设任重道远，我们将不断探索，不懈努力，推动普通高中学科基地建设工作上层次，上水平，出成效。

（白银市教科所 李志强）

# 立德树人 促进学生健康成长和全面发展

## ——十年来天水市儿童美德教育工作及其成效综述

### 一、概况

天水市自2008年创新倡导开展儿童美德教育工作以来，在市委、市政府的高度重视和大力支持下，市关工委、市教育局认真学习贯彻习近平新时代中国特色社会主义思想和党的十八大、十九大精神，以培育践行社会主义核心价值观为宗旨，紧密结合党和国家提出的立德树人目标以及在学校开展德育工作的要求，围绕传承和弘扬中华民族的优秀传统美德，以办人民满意的教育为方向，结合我市教育发展的实际，积极探索儿童美德教育工作的新路子，在县区教育局和各级各类学校的积极努力下，开展了大量积极有益的创新实践活动，促进和丰富了学校的德育工作。

2008年8月，天水市教育局印发《关于在全市部分县区进行美德教育试点工作的通知》(天教局发〔2008〕58号)，在我市启动了儿童美德教育工作，广泛动员组织各级各类学校狠抓德育工作，突出立德树人这一根本，立足学校教育实际，改进德育途径，优化德育方法，引导教育学生良好品德与行为习惯的养成。

十年来，天水市儿童美德教育工作的不断推进和实践探索，规模大，方法新，内容实，形式多，创新了小学和幼儿园德育工作方法、途径和内容，提高了针对性和实效性，并在实践过程中积累了一套行之有效的工作模式和经验，为学龄早期儿童养成良好品德与行为习惯闯出了新路，得到了社会和家长的广泛好评。教育实践活动过程中，自主创新了多项内容，特别是全市儿童美德教育家长培训宣传工作“进万家”“三十种美德教育内容”的提出和研发编制的《天水儿童家校美德行为指南》，具有独创性，使儿童美德教育工作成为天水市教育工作中的一个新亮点。

## 二、开展儿童美德教育是落实党和国家立德树人根本任务要求的重要举措

加强学校德育工作，落实立德树人的根本任务，是党和国家教育方针中历来要求的一项首要任务。学校全面执行党和国家的教育方针，五育并举，德育为首，全面发展素质教育，培养德智体美劳全面发展的社会主义建设者和接班人，已成为社会的共同愿望和迫切要求。

早在1999年6月13日，中共中央、国务院就颁布了《关于深化教育改革、全面推进素质教育的决定》，核心是造就“有理想、有道德、有文化、有纪律”的一代新人，要求进一步改进德育工作的方式方法，有针对性地开展爱国主义、集体主义和社会主义教育、中华民族优秀文化传统和革命传统教育以及文明习惯养成教育等，这充分说明党和国家对学生思想道德教育的高度重视，同时也为学生的思想道德教育提出了方向和要求。2004年2月26日，中共中央、国务院印发了《关于进一步加强和改进未成年人思想道德建设的若干意见》(中发〔2004〕8号)。该意见指出，加强和改进未成年人思想道德建设是一项重大而紧迫的战略任务。实现中华民族的伟大复兴，需要一代又一代人的不懈努力。从未成年人抓起，培养和造就千千万万具有高尚思想品质和良好道德修养的合格建设者和接班人，既是一项长远的战略任务，又是一项紧迫的现实任务。加强和改进未成年人思想道德建设，是全党全社会的共同任务。坚持知与行相统一的原则，既要重视课堂教育，又要注重实践教育、体验教育、养成教育，注重自觉实践、自主参与，引导未成年人在学习道德知识的同时，自觉遵循道德规范。从这些党和国家对学校德育工作要求的精神来看，重视学生的思想道德建设与行为习惯的养成，在学校开展儿童美德教育正是落实国家德育要求的具体过程，符合国家德育工作的总体方向和目标。

在学校不断强化德育工作的过程中，国家就曾颁布了一系列具体要求。2001年6月8日，教育部颁布《基础教育课程改革纲要（试行）》(教基〔2001〕17号）提出：要结合具体内容，加强德育工作的针对性、实效性和主动性，对学生进行爱国主义、集体主义和社会主义教育，加强中华民族优良传统、革命传统教

育和国防教育，加强思想品质和道德教育，引导学生树立正确的世界观、人生观和价值观；要倡导科学精神、科学态度和科学方法，引导学生创新与实践。2004年9月1日，国家教育部修订新颁布了《中小学生守则》和《中小学生日常行为规范》，该守则从大处着眼，对学生思想品德的形成和行为习惯的养成提出了基本要求。该规范从小处着眼，从行为习惯养成入手，提出具体的、操作性较强的要求。纵观这些制度的颁布与实施，体现了党和国家对学生思想道德品质教育的重视和行为习惯养成的关注。而当前我市学校教育实践中开展的儿童美德教育工作，作为教育引导学生的一个具体过程，既培养了学生的良好品德和行为习惯，又使德育要求落实在学校教育工作之中。

仔细研读2010年7月29日国家教育部颁布的《国家中长期教育规划纲要(2010—2020年)》，其中也对德育工作具体进行了要求：坚持德育为先，立德树人，把社会主义核心价值体系融入国民教育全过程。加强理想信念教育和道德教育，坚定学生对中国共产党领导、社会主义制度的信念和信心；加强社会主义荣辱观教育，培养学生团结互助、诚实守信、遵纪守法、艰苦奋斗的良好品质。对于新一代中国人进行中华传统美德教育，是中国历史发展的必然要求。孝敬父母、尊师重教、团结友爱、爱国爱民、恭敬有礼、谦虚和气、见义勇为、知恩思报、清正廉洁、诚实守信、严己宽人、修己慎独、敬业尽责、勤奋刻苦、节俭爱物等等，包含了优秀的民族品质、优良的民族精神、崇高的民族气节、高尚的民族情感、良好的民族礼仪，引导着中华民族自强不息，奋勇向前。而我市当前进行的儿童美德教育工作的内容等，与该纲要内容比较，其合乎国家德育工作的具体要求，对儿童早期适时进行中华民族传统美德的教育是科学可行的。

开展儿童美德教育工作既符合党和国家对儿童品德教育的要求，又符合儿童成长规律和学习心理。2012年9月国家教育部颁布了《3～6岁儿童学习与发展指南》，以帮助幼儿园教师和家长了解3～6岁儿童学习与发展的基本规律和特点为落脚点，以建立对幼儿发展的合理期望、树立正确的教育观念和科学养育态度、保障幼儿获得基本的学习经验等为出发点，从健康等多方面对学校教育工作提出了具体要求。而全市儿童美德教育工作的内容、方法与过程，也依据了《3～6岁儿童学习与发展指南》，符合儿童发展理论和多元智能理论，合乎阿森罗塔定律、皮格马利翁效应等教育心理学原理。由于儿童在成长发展的过程，有年龄、心理、生理特点，有认知与发展的敏感期及时段特点，以及智能发展的广泛性、多样性和独特性等特点，这就决定了我市对儿童及时进行美德教育的必要性；而学生教育过程中的激励性评价和儿童自身发展的心理需求等，能让儿童在成长发展过程得到认可、信任和期待等，可使儿童得到成长发展中的鼓励和肯定，获得一种积极向上的愿望，促使其行为上变得自信，自尊，激发出一种发展的动力。

十年来，在学校开展儿童美德教育工作的实践证明，我市开展的该项工作是落实党和国家对学生思想品德教育要求的具体措施，而实施过程细化成符合学生学习心理特点和认知能力的具体内容，既深化了学校德育工作的过程，又将德育工作的要求落实在了学习活动之中，既便于学生在学校对德育教育的过程、内容的学习和理解，又能以学生自身可以感受与体验的方式理解掌握其过程和内容，可以有效地促使学生养成良好的品德和行为习惯。

## 三、天水市儿童美德教育工作的实施过程及主要内容

### （一）天水市委、天水市政府高度重视

儿童美德教育工作实施以来，得到了天水市委、市政府的高度重视和大力支持，各县区教育部门和相关学校给予了大力配合，已经取得了阶段性成果。天水市委、市政府领导高度重视教育工作和关心下一代健康成长，从落实立德树人根本任务、促进德育工作创新、弘扬中华民族优秀传统美德等出发，曾多次组织召开专题工作会议，亲赴县区学校考察全市儿童美德教育工作进展，了解情况，解决困难，指导实施，使全市儿童美德教育工作得以顺利开展。2013年4月21日，“天水市儿童美德教育家长培训班”第一期开班仪式举行，天水市关工委和天水市教育局领导亲自参加开班仪式并讲话，对家长培训工作提出了要求。2017年11月，在省委老干部局和省精神文明办公室召开的经验交流会上，天水市教育局离退休支部领导，介绍了关于儿童美德教育家长培训工作的经验成果，得到了与会领导的好评。

### （二）精心部署，稳步实施

天水市关工委、天水市教育局把儿童美德教育工作提高到落实党的十八大、十九大精神，提高到落实中共中央、国务院《关于进一步加强和改进未成年人思想道德建设的若干意见》的要求高度，提高到促进儿童终身健康成长和持续发展

的基础上来认识，不断加强对儿童美德教育工作的组织与领导，促进了全市儿童美德教育工作的不断发展。在推进儿童美德教育的过程中，全市积极开展了各类交流活动，不断总结经验。十年来，天水市教育局编制了儿童美德教育工作资料多册。2011年5月，天水市教育局儿童美德教育办公室编撰出版了《天水儿童美德教育故事》（兰州大学出版社出版）。2010年12月，市教科所承担的市列软科学研究课题“天水市儿童美德教育（推广实施）”项目，通过了天水市科技局组织的专家评审，鉴定认为开展儿童美德教育为学校德育工作创设了新路，给学龄早期儿童教育和健康成长提供了可以借鉴和参考的方式方法和经验。2011年12月，该项目又通过了甘肃省教育规划办公室组织的专家鉴定。2012年，该项目被甘肃省教育厅评为第九届基础教育科研优秀成果三等奖。这一些成绩和经验，都为全市儿童美德教育工作的发展与推进奠定了良好的基础。

### （三）科学规划，有序推进

**1.广泛动员，有序推进**

为了全面落实国家德育工作的要求，弘扬中华民族的传统美德，提高学校德育工作的针对性、实效性，培育德智体美劳全面发展的一代新人，天水市教育局自开展儿童美德教育工作之初，就以学龄早期儿童良好品德与行为习惯养成为内容，从儿童优先发展、健康成长和全面发展的需要出发，依据国家对学生的思想道德建设要求，吸纳中华优秀文化传统美德精华，结合学龄早期儿童身心发展规律和年龄特点，把德育要求的宏观内容细化成具体的三十种美德及行为要求。十年来，依托全市300多所小学、幼儿园的班队主题活动、教育教学过程、综合实践和专题活动等形式与途径，以形象直观、灵活多样的方式与方法，按照一定的教育实践过程，通过师生互动和共同参与等形式，实现了对学龄早期儿童在学校进行良好品德和行为习惯的养成教育。开展了以中华民族传统美德为具体内容的教育宣传，让儿童通过自身心理体验与感受，以帮助其养成良好的思想品质和学习、生活行为习惯，为学龄早期儿童的终身发展奠定了良好的基础。

**2.科学规划，制定“三年推进计划”**

为了落实党和国家关于培育与践行社会主义核心价值观及省委、省政府《关于实施未成年人思想道德建设“金种子”工程的意见》的精神，依据党和国家在学校开展德育工作和传承中华优秀传统文化的要求，结合学生成长发展需要和学生身心特点，为推进全市儿童美德教育工作常态化有序发展，天水市教育局于2012年6月制定了《天水市儿童美德教育工作三年（2012—2014年）推进计划（试行）》（天教基发〔2012〕38号），从开展教师培训、美德教育内容拓展、校园美德教育环境的建设、创建优秀项目学校等方面，对创新发展儿童美德教育工作提出了计划。2015年8月，天水市关工委、天水市教育局制定了《天水市儿童美德教育工作三年（2015—2017年）推进计划》（天教基发〔2015〕71号），从开展专题教育实践、家长培训宣传、交流研讨和创建优秀项目学校等方面，对推进全市儿童美德教育工作提出了计划。2018年9月，市关工委、市教育局又制定了《天水市儿童美德教育工作三年（2018—2020年）推进计划》（天教基发〔2018〕69号），着重以儿童美德教育工作优秀学校专题实践活动与工作回访、家长培训宣传工作、儿童美德教育工作资料《革命前辈家教家风故事选编》编印等为主要内容，提出新计划，持续推进全市儿童美德教育工作向前发展，促进全市“文明校园”和“全国文明城市”创建工作。十年来，先后三次制定的“三年推进计划”的实施，探索并建构了适合我市学龄早期儿童心理特点和学习要求的未成年人思想道德教育途径，以形式多样、内容丰富、形象直观的方式方法对儿童开展美德教育，有力地促进了学校学龄早期儿童健康成长和全面发展。

**3.研究创新，稳步发展**

为了让更多学校的教师从认识上、内容上、方法上掌握儿童美德教育的具体要求，使更多的学生受益，天水市教育局在2012年遴选了一批学校校（园）长、骨干教师和教研人员等，组建了“天水市儿童美德教育工作培训者团队”。培训者团队边学习研究边实践探索，研发编制了《天水市儿童美德教育工作培训指南》，并依据该指南内容对推进学校校（园）长进行了三期培训；研发编制了《天水市儿童美德教育工作评估细则及办法（试用）》，并依据该办法对列入建设计划的100所学校在六年内进行考核评估。2013年，经市教育局推荐，天水市人力资源和社会保障局确定“天水市儿童美德教育工作人才团队”为天水市专业技术人才团队（天人社发〔2013〕71号）。为了让学龄早期儿童和家长准确理解与掌握美德教育的具体内容，改善每一个家庭教育观念与自身具体行为之间错位、难以内化、知行相互分离的缺陷，实现自觉弘扬并践行中华民族优秀传统美德的教育理念，天水市儿童美德教育工作人才团队就开展教育的三十种美德进行了细化和研究，研发编制了《中华传统美德释义》和《天水市儿童家校美德行为指南》。天水市关工委和天水市教育局先后印制《天水市儿童家校美德行为指南》三万份，赠发家长，为学龄前儿童提供了一套符合其认知能力的具体示例，引导孩子自觉践行中华民族的传统美德。在天水市儿童美德教育工作中，研发编制的“三十种美德教育内容”的提出、《天水市儿童美德教育工作培训指南》《天水市儿童美德教育工作评估细则及办法（试用）》《中华美德释义》和《天水市儿童家校美德行为指南》，均为自主创新天水市儿童美德教育工作的表现，特别是“三十种美德教育内容”的提出和研发编制《天水市儿童家校美德行为指南》具有独创性。

4.**培训学习，交流研讨**

按照《天水市儿童美德教育工作三年推进计划（2012—2014年）》和《天水市儿童美德教育工作三年推进计划（2015—2017年）》，天水市关工委和天水市教育局分年度举办了三期全市儿童美德教育推进学校校（园）长培训班和三次交流研讨活动，来自全市五县两区小学、幼儿园的190多名校（园）长先后参加了培训学习，120多名学校教师先后进行了儿童美德教育工作的交流研讨。天水市儿童美德教育工作培训者团队依据《天水市儿童美德教育工作培训指南》，制定了翔实具体的培训计划，安排了培训内容，就国家对学生思想道德建设的要求和具体政策、儿童品德培养对其成长发展的重要作用、儿童教育特点与行为关注、三十种美德的主要内容和具体要求、校园美德教育文化环境的构建与宣传、学校与家庭儿童美德教育的配合与宣传等内容，通过讲解示范、案例分析、互动活动等方式，对参加学习的校（园）长进行了全方位的培训，增强了推进学校校（园）长对儿童美德教育工作的认识，掌握了方法与要求，明晰了儿童美德教育在儿童健康成长中的作用。

### （四）儿童美德教育家长培训工作

1.**提高认识，全面部署**

为了学习贯彻习近平总书记系列重要讲话精神，落实党的十八大报告中提出的“要坚持依法治国和以德治国相结合，加强社会公德、职业道德、家庭美德、个人品德教育，弘扬中华传统美德，弘扬时代新风”的精神，贯彻中共中央、国务院《关于进一步加强和改进未成年人思想道德建设的若干意见》（中发〔2004〕8号）提出的要求，“家庭教育在未成年人思想道德建设中具有特殊重要的作用。

要把家庭教育与社会教育、学校教育紧密结合起来。各级妇联组织、教育行政部门和中小学校要切实担负起指导和推进家庭教育的责任。要与社区密切合作，办好家长学校家庭教育指导中心，并积极运用新闻媒体和互联网，面向社会广泛开展家庭教育宣传，普及家庭教育知识，推广家庭教育的成功经验，帮助引导家长树立正确的家庭教育观念，掌握科学的家庭教育方法，提高科学教育子女的能力。”为此，天水市关工委和天水市教育局在2013年4月部署启动并开展了全市儿童美德教育家长培训工作。

中央精神文明建设指导委员会印发《关于深化家庭文明建设的意见》的通知(文明委〔2016〕3号）和《甘肃省教育厅关于加强家庭教育工作实施方案》(甘教基一〔2016〕6号）陆续颁布后，天水市教育局从落实党中央“四个全面”战略布局的高度，以孩子的健康成长和终身发展为基点，于2016年9月制定了《关于加强家庭教育工作的实施方案》(天教基发〔2016〕39号)，提出要切实加强对家庭教育指导工作的组织领导，制定专人负责家庭教育指导和结合实际的具体工作计划，积极探索家庭教育指导工作的新形式、新途径、新载体，不断提升家长素质，提高育人水平，推动家庭、学校、社会密切结合，共同培育德智体美劳全面发展的社会主义建设者和接班人。该方案中明确提出，要落实家长的主体责任，引导家长依法履行家庭教育职责，尊重孩子，积极发挥榜样作用；指导家长遵循孩子成长规律，培养孩子拥有健康体魄、良好生活习惯和品德行为；帮助家长提升家庭教育水平，学习家庭教育知识，掌握科学的方法，影响帮助孩子养成好思想、好品格、好习惯，推动家庭教育和学校教育、社会教育有机融合。该方案中提出，要推动“家长学校”建设，支持办好“家长学校”，开展“家教知识进万家”活动和“儿童美德进家庭”活动，强化对家庭教育的指导，形成学校与家庭教育相互贯通、互为补充、共同推进的良好局面。

**2.精细安排，靠实责任**

家庭是社会的基本细胞，是人生的第一所学校，是孩子的第一个课堂。注重家庭、家教、家风，以及家庭教育工作开展，关系到孩子的终身发展，关系到千家万户的切身利益，对于国家发展、社会进步、民族未来具有十分重要的意义。为此，结合中央和省上有关要求，依据《天水市教育局关于加强家庭教育工作的实施方案》，天水市教育局印发了《关于成立天水市家庭教育工作指导委员会并开展相关工作的通知》(天教基发〔2016〕40号)，成立了由市教育局、市关工委、市卫计委、共青团、妇联、科协等部门为成员单位的“天水市家庭教育工作指导委员会”，组建了由学校校园长、骨干教师、教研员和高校专家组成的“天水市儿童美德教育家庭教育工作宣讲团”，提出要创新推进全市家庭教育的新途径，分期分类对家长进行培训宣传，为下一代健康成长营造良好和谐的家庭教育环境与氛围，不断强化家校配合，提高教育工作质量和成效。同时，本着落实国家教育部德育工作和弘扬中华传统美德的要求，从关注孩子一生的健康成长出发，旨在给儿童成长营造良好和谐的家庭教育环境与氛围，不断强化家校配合，形成家校教育合力。结合多年来我市在儿童美德教育家长培训工作中所取得的经验和实际，特制定了《天水市儿童美德家庭教育培训宣传工作指南》，提出了培训宣传活动的主要内容有：其一，中国古代圣贤对子女的教育和引导；其二，儿童交往中的沟通与交流；其三，儿童行为发展特点与引导；其四，儿童阅读与家长陪伴；其五，儿童游戏活动与亲子交流；其六，三十种美德培养对儿童成长发展的重要作用与价值；其七，儿童安全与家长呵护；其八，儿童美德教育的典型案例；其九，儿童学习成效与问题干预；其十，儿童品德行为养成与家庭教育氛围的营造。同时，该指南对培训的组织、要求和管理提出了具体任务，制定了详细的计划，为我市儿童美德教育家长培训的有效开展创设了条件，提供了坚实的保障。

**3.开展培训，成效显著**

“十年树木，百年树人”，随着时代的发展，孩子的教育问题越来越引起家长的重视，家长对孩子的成长与发展也有了新的期望和高的要求。一个孩子的成长和发展，关乎孩子一生，关乎一个家庭兴盛。为此，近年来，为了给儿童成长营造良好和谐的家庭教育环境与氛围，提高家长的家庭教育水平，掌握方法途径，不断强化家校配合，形成家校教育合力，天水市儿童美德教育家庭教育工作宣讲团按照天水市教育局印发的《关于成立天水市家庭教育工作指导委员会并开展相关工作的通知》和三个“三年推进计划”安排，从2013年3月至2018年12月，市关工委、市教育局组织市儿童美德教育工作培训者团队和市儿童美德教育家庭教育工作宣讲团，先后分别在全市五县两区举办儿童美德教育家长培训班80期，讲座330多个。参加培训的学生家长约11000人次，实现了“家教知识进万家”活动和“儿童美德进家庭”活动的目标，取得了良好的培训效果，得到了参加培训学习家长的好评，深受家长的欢迎。六年来的儿童美德教育家长培训宣传工作，开创了“培训工作零费用，家长零负担”的先河，为进一步开展儿童美德教育家长培训工作打下了良好的基础。天水市儿童美德教育家庭教育工作宣讲团及其成员努力开展培训，既符合改变工作作风、厉行节约的要求，又在社会上彰显了无私奉献的精神，传承了中华民族的优秀美德，传递了正能量，弘扬了时代新风。2015年，由市关工委、市教育局编撰印发了《天水儿童美德教育家长培训讲授文集》赠发县区学校，供开展家长培训宣传时参考。

**（五）“1+6”小手拉大手美德宣传行动**

天水市儿童小手拉大手“1+6”美德宣传行动由我市开展儿童美德教育工作的老师提出建议，在全面策划、组织、指导下，具体由我市部分学校班级的学生提出倡议，旨在通过接受过美德教育和学习的儿童，用他们的小手拉起爸爸妈妈、爷爷奶奶、姥爷姥姥的六只大手，让儿童美德教育的内容和方法从学校拓展进入家庭，形成家校合力，为孩子构建一个良好的家庭教育氛围。2013年6月，在启动仪式上，天水市解一小学二（2）班学生，代表发起倡议的班级宣读了《天水市儿童美德教育学生爱心宣传员小手拉大手“1+6”宣传行动倡议书》，家长代表、爱心志愿者团队代表亦做了发言。天水市儿童“1+6”小手拉大手美德宣传行动的倡议，得到了全市各级各类学校学生的积极响应。同学们表示愿意做一个美德教育的爱心宣传员，用自己的小手拉起长辈的大手，为构建和谐家庭出一份力。此后，各有关学校通过宣传，分别组织学生在家里给长辈宣传中华美德，积极开展了小手拉大手宣传志愿活动。

**（六）优秀学校建设**

为了进一步在学校对学生开展培育和践行社会主义核心价值观的教育，全面推进我市儿童美德教育工作不断创新和发展，市教育局制定印发了《天水市儿童美德教育工作评估细则及办法（试行）》和《天水市儿童美德教育优秀学校（100所）建设计划》。该计划在全市有关学校得到了认真实施，儿童美德教育优秀学校建设工作搞得有声有色，“老师是学生的镜子，学生是老师的影子”“老老实实做人，认认真真做事”“百善孝为先”“诚实、守信、勤奋、自强、孝敬、团结、友善”等内容的宣传标语、警示牌随处可见，时刻提醒着老师检点自己的言行，为学生做出表率。同时，良好的教育环境也像春雨般无声滋润着学生的心灵。六年来，在有关学校师生的共同努力下，儿童美德教育优秀学校建设取得了很好的效果。经过学校自评及县区教育局的初评推荐，市关工委、市教育局组织专人深入实地，对县区推荐的100所优秀学校采取“看、访、查、听、回馈”的方法，逐校进行严格细致的评估考核。即：一看，在学校观察校园文化环境与师生行为举止；二访，向教师及家长代表发放调查问卷就地专访；三查，入室详细查看工作资料；四听，召开领导班子及教师代表座谈会或听汇报；五回馈，现场质询和回馈意见。2012年至2017年，经过复评考核，各县区列入建设计划的100所学校均达到了儿童美德教育工作优秀学校的建设要求，市关工委和市教育局给通过考核评估的学校授予了“天水市儿童美德教育工作优秀学校”奖牌。

### （七）工作交流与广泛宣传

十年来，天水市儿童美德教育工作取得了长足发展，产生了积极的影响，也得到了社会的好评和家长的赞誉。甘肃电视台、天水电视台、天水日报、天水教育信息网、天水在线网站和《天水教育》等媒体，适时对全市儿童美德教育工作进行了多方面的报道和宣传，让社会和家长较为全面地了解了我市开展的儿童美德教育工作情况，使这项工作不断得以深化。近年来，先后有陕西省延安市和黑龙江省农垦局有关学校校（园）长带领本校教师，专程来我市参观学习儿童美德教育工作成果。他们参观校园文化环境，观察学生学习活动，并与我市校（园）长、教师就儿童美德教育工作进行交流。市、县、区教育部门先后组织人员赴外省市考察学习，借“他山之石”强化自己的工作。同时，各县区之间也相互交流，互相促进，共同提高。

## 四、儿童美德教育工作取得的成效与产生的积极影响

### （一）儿童美德教育工作的开展，促进了校园文化建设，推进了学校各项工作的健康发展

天水市儿童美德教育工作的开展，使学校的校长、教师对儿童美德教育的价值与作用有了更进一步的理解，对教师自身的教育教学工作有了极大的促进，得到了社会的肯定和认同。特别是学校的领导、教师通过儿童美德教育工作的实施和培训，全面了解了儿童美德教育工作的内容和要求，激发了工作热情和主动

性。根据各自实际，学校自觉强化了校园文化建设，增强了学校文化软实力，使校容校貌焕然一新，促进了学校的全面发展。天水市解一小学结合儿童美德教育工作，提出了“以德立校、以爱立教、以勤立学”的思路，把美德教育融入学校教育教学的全过程；麦积区实验小学把校园绿化美化作为环境育人的重要内容，重视在细节上为学生发展创设温馨条件；武山县城关三小重视文化校园环境建设，明晰德育要求，以文化内涵润化学生心灵，强化学生自我管理与教育；张川县龙山西小坚持以学生良好品德教育带动学生的学习发展，得到了家长的广泛好评。从教育实践过程中的许多家长反映来看，儿童美德教育工作的开展，推进了校园文化建设，全面推动了学校各项工作的开展。

**（二）儿童美德教育工作的开展，拓宽了德育工作的内容和途径，创新了德育工作方法**

天水市儿童美德教育工作的开展，创新了学生品德教育的过程和方法，强化了学生良好行为习惯的养成。特别是学校学龄早期儿童通过中华民族优秀传统美德内容的学习与掌握，激发了学习兴趣，强化了良好品德与行为习惯的养成过程，使其对孝敬、责任、诚实、帮助、团结、谦虚、自律、节约等三十种美德教育内容逐步有所感知，了解和掌握，并从学校的学习和生活中得到了体验与感受，促进了学生良好品德与行为习惯的养成。同时，儿童美德教育对家长的培训宣传，让家长了解了孩子品德教育的重要性，掌握了家庭教育的正确方法，将德育工作过程前移到家庭，使学校教育工作得到了家庭教育的积极配合与支持。比如：市一幼结合幼儿行为特点，通过讲故事、唱儿歌、做活动等方式，给孩子们进行美德教育与引导；市二幼全面建立学生成长档案，记载孩子们成长发展的每一个过程；秦安县兴国四小自建家长培训工作团队，全方位对学生家长进行教育培训；清水县李崖小学根据学生实际，编印美德教育宣传资料，对家长进行宣传。从教育实践过程中的许多家长反映来看，儿童美德教育工作的开展为学生的健康成长开创了新的途径。

### （三）儿童美德教育工作的开展，滋养了师生的良好品德与行为，促进了师生素养的共同提高

天水市儿童美德教育工作的开展，营造了“美德教育全员参与”的校园氛围，促进了师生良好品德和学习行为习惯的养成。在学校儿童美德教育实践活动的过程，教师以落实国家的德育要求为立足点，结合师德师风建设目标，以教育部颁布的《中小学教师职业道德规范》为内容，以身作则，做学生的表率，不断提高自身素质，在行为上关爱学生，尊重学生，用自身言行教育引导学生，使学生在具体的美德学习实践活动中对美德教育内容有了自己的体验与感受，养成了良好品德与行为习惯，提高了学生学习成效，促进了教师和学生的共同成长。比如：市实验小学把美德教育融入学校教育教学过程，关注弱势，促进了学生共同成长；马跑泉小学教师积极参与市区教育培训与送教下乡活动，彰显了无私奉献的精神；甘谷县苍耳王小学突出书法兴趣学习，开展了学习美德、书写美德、践行美德的活动；张川县新建小学教育学生把美德行为落实在校园学习活动之中，尊重少数民族学生生活习俗，促进了民族团结。从教育实践过程中的许多家长反映来看，儿童美德教育工作的开展，使师生在学校的行为得以改善和优化。

## 五、今后工作努力的方向

### （一）抓主抓重，提高认识，靠实责任，强化措施

全市教育系统将进一步提高认识，认真学习贯彻习近平新时代中国特色社会主义思想和党的十九大精神，践行社会主义核心价值观，落实国家德育工作要求，传承中华民族传统文化，强我民族，强我中华，抓紧抓好儿童美德教育工作，抓出成效，促进学生良好品德和行为习惯的养成。县区教育主管部门领导和学校校长将进一步按照全市儿童美德教育工作的安排和要求，强化责任，把该项工作融入学校的德育工作之中，融入教育教学的过程之中，做到规范化、过程化、常态化管理，不断总结经验，开拓创新。今后，将建立市县区儿童美德教育工作上下协作、一体化联动机制，组建组织管理机构，制定科学完善的计划和制度，设定细致的目标与要求，落实具体的人员与时间，靠实责任与任务，明确内容与职责，为全市儿童美德教育工作的全面创新与品牌建设，周密设计，认真实

施，提供可靠保障。

**（二）制定计划，细化内容，建立儿童美德教育工作长效机制**

为保障全市儿童美德教育工作的科学发展，全市教育系统在遵循稳步实施、有序推进的基础上，按照市关工委、市教育局制定的《天水市儿童美德教育工作三年（2018—2020年）推进计划》（天教基发〔2018〕69号），研制实施方案，细化工作内容，建立长效机制，把全市儿童美德教育工作做细做实，做出成效。2019年市关工委和市教育局将根据全市儿童美德教育工作发展的实际，结合培育与践行社会主义核心价值观教育，推进“人知人晓”工程，实施“五个金种子”工程，促进全市“文明校园”和“全国文明城市”创建工作，以儿童美德教育的各项实践活动为载体，逐步实施《天水市儿童美德教育工作三年（2018—2020年）推进计划》，以保障全市儿童美德教育工作有计划，有目标，有要求，有内容、有评价，深入广泛、卓有成效地健康发展与创新发展，让我市的儿童美德教育工作规范有序发展，推动我市德育工作的教育品牌建设。

近年来，随着社会的发展和家长对子女教育的重视，家长望子成龙的迫切愿望和家庭教育力不从心的矛盾尤为突出，教育内容方法缺乏的矛盾始终困扰着家长。为了给学生成长营造良好和谐的家庭教育环境与氛围，不断加强家校配合，形成家校教育合力，“天水市儿童美德教育家庭教育工作宣讲团”按年度分赴五县两区，在举办儿童美德教育家长巡回培训并不断取得成效和受到家长欢迎的基础上，县区关工委和教育局将为更加重视儿童美德教育家长培训工作积极创造条件，尽快筹划选拔一批师德高尚、业务精湛、乐于奉献的优秀教师，组成县区或学校的培训家长的教师团队。未来将有计划地在各县区乡镇和农村学校分类开展儿童美德教育家长培训和宣传，为家长开展家庭教育和培养孩子良好的品德与行为习惯进行指导和培训，让家长对家庭教育和儿童品德的养成更加关注和重视，强化家庭教育意识，了解家庭教育的主要内容、方式方法、注意的问题等，解决家长在孩子教育中的疑惑和困难，满足家长对子女教育方法的渴望；同时，进行家庭教育、配合学校教育结合建设，促进孩子的健康成长，推进家庭文化氛围与和谐社会的发展。

总之，我们要进一步以习近平新时代中国特色社会主义思想和党的十九大精神为指导，从践行社会主义核心价值观、传承中华民族的传统美德和立德树人的根本任务出发，落实国家德育工作要求，紧抓学生良好品德与行为习惯的养成，在学校持续开展儿童美德教育工作，用良好行为引导教育学生，尤其是教育学龄早期儿童，把这项利于孩子一生成长发展的好事办好，实事办实，不断提高教育成效，促进学生健康成长和全面发展。

（天水市教科所 高峰）

# 教师“走教”点亮农村教育未来

——记秦安县陇城教育园区农村教育办学模式的探索

## 一、陇城教育园区建设缘起

秦安县是国扶贫困县，也是甘肃省58个集中连片特困县之一，境内山多川少，梁峁起伏，自然条件艰苦。受地理条件、人口分布等因素制约，学校布局较为分散，只有不足10%的小学分布在镇区，其余全部在乡村，农村学校布点多、班级规模小，尤其是教学点极为分散。城乡办学条件差距大，农村学校教育资源不足且浪费严重，教育成本高，办学效益低，管理难度大，优秀教师“进不来，留不住，教不好”，学生流动频繁，教育质量徘徊不前，制约着边远乡村教育事业的发展和农民脱贫致富。为此，秦安县立足县情，长远谋划，创新理念，逆向思维，提出了“资源共享、联合互动、集中住宿、巡回‘走教’”的总体思路，抓住改善教师工作生活条件这一核心，规划建设集教师食宿、办公、管理于一体的教育园区。统一调度教师资源，开展园区内教师在各小学、教学点巡回“走教”，变以前学生因择校而“走读”为现在教师主动到各学校“走教”，选择有代表性的乡镇进行农村教育综合改革试点，终于找到了一条适合我县农村教育实际的教育改革发展新路子。

陇城镇位于秦安县县城东北部，大陇山西侧，距县城70公里，地处张川、清水、秦安三县交界地带。陇城镇地处古丝绸之路要塞，是古代西安经关中，通过关东南大道进入甘肃境内的第一重镇，为历代兵家必争之地，三国古战场街亭就在境内，该镇历史悠久，文化底蕴深厚，传说中的人文始祖——女娲便出生于此，故称“娲皇故里”。作为中国历史文化古镇，陇城尊师重教的优良传统同样承载着秦安农村教育发展的历史积淀，见证了秦安教育的发展变迁。

秦安县选择在陇城镇建设教育园区，首先，是基于该镇深厚的历史文化底蕴，以及历史文化氛围中长期形成的良好教育生态的考虑。其次，是地域分布的比较优势较明显，镇政府所在地处于全镇的几何中心和文化中心，85%左右的中小学和教学点分布在川区和浅山区。浅山区教学点较多，川区学校和浅山区教学点强弱差距明显，交通线路条块均匀，“走教”的条件发育相对饱满，有利于整合教育资源，优化教育资源配置，具备推行学区一体化管理的先天优势，受到社会各界群众和广大师生的欢迎。

## 二、陇城教育园区一体化管理的主要做法

我县乡镇学区是以本级行政区内的全部教育机构为对象，以优质教育资源的均衡布局为核心理念，集聚区域内教育资源组建学校发展共同体，并进行优化管理、促进均衡发展的机构。陇城教育园区则是隶属于学区，为学区行使职能提供保障服务的物化载体，为服务学区师生的教育教学以及生活等搭建平台，与学区内各项工作需求相匹配。从2014年园区起步建设到目前运行，我们着力打造了“七个平台”，确保园区发挥最大效益。

一是整合项目打造基础设施保障平台。2014年起，我县采取“财政资金拿一点，项目资金整一点，社会人士捐一点”的办法，整合公共租赁住房等项目资金1700多万元，县级财政拿出1000多万元，社会捐助200多万元，共计筹措资金2900多万元，建成了占地15亩、总建筑面积为11244平方米的陇城教育园区。园区分为住宅区、办公区和综合服务区三个区域。住宅区建设教师周转住房3栋144套，其中，2栋96套为83.26平方米，1栋48套为29.54平方米，总建筑面积9411平方米。办公区修建教研综合楼1栋，建筑面积1833平方米。综合服务区为食堂、锅炉房、配套大门、围墙、健身设备、绿化带等附属设施。该工程于2015年9月建成并投入使用。此外，县上动员社会力量捐助校车4辆，用于接送“走教”教师，县财政还投资1360万元专门修建了四个“走教”片区36公里的乡村道路，保证“走教”校车的畅通无阻。

在陇城镇除实施完成教师公共租赁房（教育园区）建设项目外，还投资2617.47万元实施了改薄、转移支付项目，建筑面积9937平方米，硬化4620平方米，围墙708米，校门2座。对镇中心小学、张湾小学、崇仁小学、北庄小学、

山王小学、许墩小学等14所小学和教学点进行改扩建。投资9706万元，实施完成了陇城中心、常营村、张湾村、王李村、南七村、张沟村、朱魏村、崇仁村等数所行政幼儿园建设。随着这些项目的实施完工并投入使用，各学校狠抓校园文化建设（“一校一品”特色校园），全镇所有学校基础设施达标，校园面貌焕然一新。

二是创新机制，打造教师管理平台。教育园区成立了管理委员会，与学区两块牌子、一套班子，下设三个管理单元，即综合办公室、教研教改中心和后勤服务有限公司。综合办公室负责编制园区每周工作日程、各学校教师派送、园区安保及日常工作；教研教改中心负责制定学区教育教学发展规划，探索新型办学模式，安排学区教师培训，组织教师集体备课，开展教学交流和教研教改活动，建立园区的教学资源库；后勤服务有限公司负责教师住宿，各功能室的协调分配，教师食宿、车辆调配、财产财务管理，园区绿化卫生及供电、供水、供暖等后勤保障工作。学区统筹各小学和教学点15%～20%的公用经费，保证教育园区校车接送和集体备课等工作的正常运转。

三是统筹协调，打造教学服务平台。陇城学区充分发挥教育园区的管理服务功能，实行教师由园区统一资源调配，统一安排教研教改，统一安排课程教学，统一安排食宿，统一安排车辆接送，统一组织学科“走教”的“六统一”的运行模式。园区按照地理位置把全镇学校和教学点划分为4个“走教”片区，每个片区配备1辆专车，每天负责接送教师白天到“走教”学校上课，晚上在园区食宿，开展教研活动。学科教师在园区内实行统一“走教”。语文、数学、英语等基础学科教师相对固定，定期交流“走教”；品德、科学等综合学科和音乐、体育、美术等技能技巧学科教师随时巡回“走教”；同一学科教师可以为多所学校的学生“走教”上课，破解了课程开不齐、开不足的难题，解决了学科教师短缺、师资力量不足的问题。

四是校点联动，打造教研平台。陇城教育园区的教研活动打破了原来一校多组的传统教研模式，改由园区教研教改中心统一组织开展，以镇中心小学的教研组为主体，建立各小学和教学点的互动联合体，把全学区教师统一编为语文、数学、英语综合、音体美4个教研组，每周二、四晚上在园区进行集体备课、研讨交流。各学科组分年级进行集体备课，主备人将自己备写的导学案传到年级学科组教师的空间，任课教师看后提出修改意见，然后再进行修改完善，经教研组长审批后传给任课教师；任课教师再进行二次备课，由所在学校教导处审批后方可上课。除此之外，园区教研教改中心还定期组织开展公开课、示范课、同课异构以及优质课大赛等活动。为照顾教学点教师参加教研活动，由教研教改中心安排分片活动，部分活动就安排在教学点进行。

五是信息互通，打造资源共享平台。为了方便教师及时学习借鉴，园区建立了QQ群、微信群和个人空间，及时交流思想感情，进行心理调适，分享深度好文，下发通知，还将优秀教学课例、教学叙事、教学课件等资源上传到教学资源网上，并及时更新，扩大了校与校、教师与教师之间的信息量，分享教学成果，交流教学经验。通过信息的传递和分享，既加深了彼此的相互沟通交流，又激发了教师的竞争意识，增强了工作的透明度。教育园区还借势建立了天水师范学院教育实习基地，将实习学生全部安排在教学点见习“走教”，实习学生教学理念新，思想活跃，拥有的信息量大，喜欢和孩子们交流感情，他们输入的先进教学理念和教学点老教师的教学经验相互对接与融通，使教学点产生了内生动力，给学区一体化管理融入了和谐元素。

六是重心下移，打造质量提升平台。陇城教育园区把提升全学区教育教学质量作为第一要务，教研教改中心改革学区原来的教学管理模式，由学区指导、督促各小学和教学点抓质量向学区教研教改中心组织策划、实施、检查、考核评估转变，从宏观指导向环节落实转变，从管控学校向监控教师、学生的教学情况转变，从结果评价向过程参与转变。这些转变，使学区一体化管理的重心下移到了学校、教师、学生、课堂和教学环节，尤其是对教学点薄弱学科和教学环节的把控，体现了精细化管理的理念，在改造薄弱学校、强化薄弱学科、提升教育教学质量方面起到了很好的促进作用。

七是化解风险，打造办学管控平台。陇城教育园区在强化管理服务的过程中，始终把社会主义核心价值观贯穿于学校各项工作之中。园区落实依法治校的理念，把打造“平安快乐校园”摆在重要位置，对校车安全、校舍安全、师生安全以及大型教育教学活动都制定了安全预案，进行了全面风险评估，确保万无一失。园区在每个教学点都设有“走教”教师休息室，并配备了必要的生活用品。聘请了4名有A照的驾驶员驾驶校车，接送教师。遇到雨雪天气，校车停运，“走教”教师提前准备食材，住校上课。此外，为镇中心小学的住宿生专门配备了管理员，对孩子的吃住全面负责，学校还有专门的心理老师为师生提供心理调适服务和咨询。

## 三、陇城教育园区一体化管理的主要成效

陇城教育园区的建设和运行，其显性效益是改善了学校的办学条件，方便了学生就近入学，优化了教育资源配置；而其最大的潜在效益是有力支撑了区域内的教学点，促进了教育均衡发展，增强了综合发展实力，解放了农村生产力，成为农村教育改革的实验区、示范区和教研教改创新区，是扎实推进教育精准扶贫的一次有益尝试。其主要成效有：

### （一）解决了住行问题，让农村教师收获了职业幸福感

陇城教育园区是一个学区管理多元化的功能小区，共有教职工159人，其中98人是陇城镇人，目前已有140多名教职工住进了园区。一是安居乐业真正变成了现实。全学区有13对夫妻双方均在陇城镇工作，园区内体育活动设施齐全，园区周边商贸市场发育饱满，购物方便，孩子上幼儿园、小学、初中都在家门口，平时还可去食堂刷卡就餐，舒适安静的食宿条件，使教职工全身心投入到教书育人的工作中，从根本上解决了教师“分不来，来了留不住”的问题。二是教师身份实现了华丽转身。在优化教师基本生存环境的同时，教育园区将全学区小学教师统一纳入管理，依据“县聘校用”的原则，打破校际界限，对山区教学点和小规模学校实行按需设岗，但不按岗定人，学区可以按照学校的地理分布让学生就近划片入学。针对各小学教师的余缺情况，对教师进行统一调剂调配，取消了教师身上的学校标签，教师由“学校人”变成了“园区人”。三是减轻了教师的课业负担和心理压力。由于学区教师数量不足，尤其是小规模学校专业教师短缺，小规模学校教师包班上课、多头上课现象非常普遍，教师教学任务繁重，工作量超负荷，精神生活贫乏，自卑感强，心理压力大，出现心理倦怠现象。教育园区运转以来，通过“六统一”管理模式的实施，尤其是“走教”教师和师范院校实习学生的补充，最大限度地减轻了小规模学校教师的工作量，开齐开全了课程，使那些长期在教学点一人工作的老教师消除了孤独感，重新焕发出教学激情，和同事们相互分享教学的快乐，收获了职业的幸福感。

### （二）激活了教学点，减轻了城镇学校大班额的压力

由于陇城镇教学点多且分散，教师资源短缺，办学条件差，导致学生及家长纷纷择校，学生流动频繁，形成了山区教学点“空壳”、中心小学和大规模学校“大班额”的现象。教学点的质量也参差不齐，差距较大，教育园区运行后，“走教”教师补充了教学点的师资力量，在规范课堂教学和课外活动的同时，还巧借学生少的优势，对学生进行“一对一”的辅导，激发学生的学习兴趣。11个教学点都附设了幼儿园或学前班，一个孩子可以连续在教学点上学三年以上，在本村上学，既便于大人管理，减少了安全隐患，又减轻了城镇学校“大班额”的压力，缩小了山区教学点和城镇学校之间的差距，体现了教育公平原则，确保了义务教育“控辍保学”。学校生源趋于合理分布，目前全园区小学生人数1907人，相比2015学年的1954人减少了2.4%，远低于全县同期12.06%的比率。

### （三）优化了队伍，实现了优质教育资源共享

陇城教育园区教师的组成结构为：在编教师119名、代课教师10名、幼儿教师10名。其中，55岁以上的男教师11人，50岁以上的女教师2人。89个教学班，教师平均周课时量19节课。园区运行后，按照“校点一体化”的管理模式，根据各校开齐开全课程的需要，先后统一调配老师36名，调整校长7名，使全学区校长的平均年龄为33岁，其中，本科以上的达到13名。选派“走教”教师24名，服务11个教学点、4所小学，实现了除中心小学以外学校的全覆盖。通过这些调整，按照国家“班师比”的要求，全学区应配备教师190名左右，进一步优化了教师的年龄结构和学科结构，放大了优质教育资源。尤其是各校接通了互联网，配备了电子白板、一体机、实验仪器，以及手风琴、图书、体育活动器材和课程资源的流动交互使用，使教育园区变成了一个大家庭，学校成为家庭成员，每一所学校既是优质资源的输出单位，又是更多优质资源的共享单位。通过优质教育资源的共建共享，使各学校在相同的管理模式之下，找到了独具自身特色的发展路径，校际之间的差距不断缩小，薄弱学校特别是教学点的生源出现“回流”现象。

### （四）发挥了教研特色，助力教育教学质量的提升

陇城学区过去一个教学点只有一名教师，一所完全小学的同一门学科一般也只有一两名教师。学校虽然设有教研组，但每年要制定教研计划，加上教师整天连轴转，教研活动根本没办法开展；即使较大规模学校的教研活动，也只是停留在听课评课的低层次、低水平上，教研效果不明显。教育园区教研教改中心成立后，每周二、四把教师集中在园区一起学习交流，开展集体备课和专题教研活动，进行集中培训。青年教师都要充当主备人，老教师不仅要进行二次备课，还要写课后反思，还要定期举办青年教师公开课、示范课和优质课大赛。这一举措使教研工作的每一项任务靠实了学校和教师，发挥教师的群体智慧，培养教师的团队合作精神，通过互学互帮，以老带新，通过浓厚教研氛围的营造，形成的聚集效应有力地推动了教育教学质量的提升。教学成绩的比较可以用全县质量监测考试的名次说明：从2018年全县的质量监测考试成绩与建设园区之初相比，陇城学区小学六年级的成绩名次上升2个名次，四年级上升3个名次，二年级上升5个名次，这种成绩上升的金字塔式分布充分反映了教学点教学质量的明显变化；从学区内部来看，山区的张湾小学、许墩等小学的成绩高于镇中心小学成绩，其他小学及教学点成绩和镇中心小学成绩差距已不明显。

### （五）便利了群众，降低了山区学校的办学成本和家长的教育成本

通过整合教育资源，实行“学生不动老师动”的巡回“走教”模式，农村学校的教育成本将得到进一步降低。原来边远山区教学点学生撤并到规模较大的小学上学，每天接送学生387人，共需校车14辆，每天费用为4200元。现在改为接送教师，只需校车4辆，每天费用为1200元，比接送学生节约3000元。每年在校时间按200天计算，一年可节约开支60余万元。据抽样调查显示：山区教学点家长陪一个孩子到陇城镇上小学，一年租房子、生活费、往返交通费需1万元，加上家长误工费，大体花费2万元；如果到县城陪读，费用将会达到3万元。现在教学点办好后，群众的这些费用可以完全省下来，即使以后教学点的孩子升到镇中心小学上三年级，学校有舒适的食宿条件，家长既不用支付这些额外的费用，也不用为孩子的安全和学习担心。园区一体化管理的模式不仅降低了教育成本，提高了办学效益，而且在很大程度上解放了农村的生产力。相关领导深入园

区调研时指出，陇城镇教育园区的运行确实为农村学校办了一件好事，有效破解了农村教育的难题，促进了精准扶智与稳定脱贫。

**（六）强化了管理，充分发挥出学区一体化管理的职能**

由于传统机制对学区的职能定位比较模糊，学区只是处在乡镇一级最基层的教育管理机构，其职能只是处理一些上传下达的行政事务，管理教师的职称工资晋升、评优选先、业务培训、项目建设等，教育教学的策划组织和指导能力严重弱化。陇城教育园区建成后，秦安县对陇城园区的管理职能重新进行了定位，园区管理除了“六统一”之外，还对学校布局、文化建设、学科建设、校长后备队伍建设等进行了中长期规划，同时参与陇城镇美丽乡村建设和文化古镇发展规划的制定，并逐步付诸实施。学区管理职能的发挥，为西北欠发达地区推行学区一体化管理探索出了本土化的路径，积累了有益的经验。有专家评价道：“秦安县陇城教育园区的‘走教’模式为我国西部地区9万余所教学点找到了生存和发展的出路。”

（秦安县陇城教育园区　王旭升）

# 集团化办学

——金川总校的创新与实践

中共中央《关于深化教育体制机制改革的意见》指出，要完善义务教育均衡优质发展的体制机制。改进管理模式，试行学区化管理，探索集团化办学，采取委托管理、强校带弱校、学校联盟、九年一贯制等灵活多样的办学形式。金川总校自建校起，就实行集团化办学体制。在五十余年的发展历程中，创新管理机制，积累了丰富的集团化办学经验，创造了优异的教育质量，探索出了一整套集团化、一体化办学的学校管理新体制。2014年8月7日，是金川总校发展史上具有重要意义的一天。这一天，金川总校由企业移交金昌市政府管理。在签字仪式上，金昌市市长给金川总校的评价是："金川公司总校是全省叫得响的品牌学校，管理机制科学，管理水平高，教育质量好。"市长的评价反映了全市人民的心声，是对金川总校教育质量的中肯鉴定。

金川总校是金川集团有限公司所办的学校，原名"金川集团有限公司中小学总校"，下辖5所小学、3所初中、1所九年一贯制学校、2所高中，在校学生15000余人，教师1000余人。2014年，金川集团公司中小学总校移交地方管理，更名为"金川总校"。

金川总校在五十年的办学历程中形成了鲜明的办学特色，取得了十分优异的办学质量。办学特色概括起来有三点：一是集团化办学。11所学校，一个法人(总校校长)，人、财、物由总校统一集中管理。干部由总校任命和调配。教师是"系统人"，不是"学校人"，也由总校统一招聘和调配。办学经费、物资由总校统一调度。全总校一套管理制度。学校要做的事，就是一心一意抓教学。二是一体化办学。小学、初中、高中三个学段，十二年基础教育，每个学段的教育目标由总校统一制定。融三个学段、十二个年级为一体，追求的是十二年基础教育之后的最终成果。各学段高度协调，分工合作，步调一致。校长和教师在校际间良性流动，形成校际之间既有竞争又有协作的一体化管理模式。例如：学生的读书工作，总校根据未来人才发展需求，制定了小学段、初中段、高中段读书目录，并分解到各年级中，要求各校执行。三是企业化办学。企业办学追求的是质量，信奉的是竞争。金川总校跟随金川集团公司建立了一系列人才培养、使用竞争机制。干部能者上，庸者让。教师实行岗位工资和绩效工资，教学岗和管理岗工资有差异，骨干教师和一般教师绩效有区别，这差异足以让教师一心扑在教学岗位上。退休前一天的教师依然在上课，退休后依然坚持把毕业班带完，这种现象在总校比较常见。

金川总校集团化办学新体制，由干部管理制度、教师管理制度、财务管理制度、教学管理制度组成。在干部管理方面，校长没有行政级别，无须组织部门任命。总校采取民主推荐、公开竞聘、择优选拔等多种方式任命。教学突出又有管理能力的优秀教师脱颖而出，走上了管理岗位。干部实行动态考核，连续三年考核不合格，或调整岗位，或免去管理职务。实行定期交流制度，校长在同一所学校任职一般不超过五年。选拔任用务实的干部，培养了一支一心抓教学、带领教师谋求学校发展的干部队伍。在教师管理方面，教师由“学校人”转变为“系统人”，可在集团内部流动。总校统一调配，化解了学校临时性缺员和结构性缺员的问题。建立了一整套人才培养机制，激励教师潜心学术，终身从教。在财务管理方面，经费由总校统一调配，集中经费办大事，极大提高了资金使用效率。在教学管理方面，总校统一制定各校质量目标，确定年度重点工作，各校围绕重点工作抓落实。教学实行精细化管理，工作全程计划周密，目标任务清晰，点评督导准确，考核评价细致。

集团化办学获得了优异的办学质量，学生也得以全面健康发展。德育方面，总校的学生是社会文明的践行者和推动者，教学质量更是优异。中考成绩总校平均分高出全市100分之多。两所高中每年毕业不到1500人，一本率超过50%，二本率超过70%。其中，第一高级中学一本率超过80%，其各项教学指标稳居全省前5名之列。一个以企业职工子女为主要生源的学校，取得如此优异的成绩，实属难得。这是集团化、一体化办学结出的丰硕成果。

## 一、集团化办学的优势，集中体现在德育、教学、教师队伍建设三个方面

以现代德育理论为指导，系统构建各学段相互衔接、贯穿于基础教育全程的德育目标和课程体系，做到全程育人不错位，不缺位。

德育教育普遍存在的问题是目标错位，内容缺位。金川总校发挥一体化办学优势，全面系统地构建了德育目标和课程体系，做到“全程目标科学，学段目标明确，年级目标清晰”，围绕目标开设德育课程体系。

全程目标：培养全面发展的社会主义国家公民。

学段目标：小学阶段主要进行道德启蒙教育和行为习惯养成教育，引导学生逐步认识自我，认识社会；初中阶段培养良好品德，加强健康人格和公民意识教育，引领学生逐步认识个人和他人、个人和集体、国家和社会的关系；高中阶段进行中国特色社会主义理论基本常识和世界观、人生观教育，引领学生逐步发展自我，刻苦学习，励志成才，服务社会，报效祖国。

年级目标：长期以来，德育教育缺乏科学系统的理论指导是造成德育针对性不强的重要原因。金川总校引进了埃里克森人格发展理论，科学规划德育内容。依据埃里克森人格发展理论，我们制定了各年级教育内容。

在1~3年级实施以下6项主题教育：

①入学适应性教育；

②良好学习习惯教育；

③发展注意力品质教育；

④发展观察力品质教育；

⑤人际交往能力教育；

⑥发展想象力品质教育。

在4~6年级实施以下6项主题教育：

①人际交往技巧教育；

②发展思维品质教育；

③诚实守信教育；

④乐观自信教育；

⑤发展记忆力品质教育；

⑥小学高年段自我意识教育。

初中阶段实施以下6项主题教育：

①初中适应性学习教育；

②自我意识教育；

③青春期教育；

④元认识能力教育；

⑤再次自我认识教育；

⑥自我同一性教育。

高中阶段实施以下6项主题教育：

①高中适应性学习教育；

②人际关系教育；

③爱情与婚姻教育；

④深入自我意识教育；

⑤生涯规划教育；

⑥考前心理教育。

在具体实施上，我们引进了由钟志农教授开发的《心育教育36例》教材，由班主任和心理健康教师授课。每个主题6节课，全程24个主题，144节课。在青少年发展的6个关键时期，及时进行人格发展教育，全面系统地构建起了现代德育教育体系。

埃里克森人格发展课程是总校德育教育的主干课程。德育教育，认识与实践同等重要。我们在小学、初中、高中三个学段开发了大量德育实践课程。主要有励志课程、养成教育课程、仪式教育课程、主题教育课程、心理健康教育课程、班会课程、活动类课程、社会实践课程和特色教育课程等。总校定期组织德育精品课程评审和德育优质课竞赛，推动各校德育课程建设，提升教师育人能力，推行以学生为主体、以活动为载体、以情景为中心、以体验为方式的主题教育课程教学模式。实施体育、艺术、科技“2+2”工程，要求学生在小学、初中学段掌握2项体育锻炼技能、1项艺术技能、1项科技技能。书法、绘画、器乐、声乐、舞蹈、播音与主持、刺绣、剪纸、科技实验、篮球、排球、足球、乒乓球、花样跳绳、抖空竹等项目在校园内广泛开展。总校的民乐团、管乐团、少儿合唱团受邀参加当地各级各类演出活动，受到社会各界高度称赞。自开设游泳课程以来，总校学生人人都会游泳。集团化、一体化办学模式，有利于从整个基础教育阶段系统设计德育教育，达成立德树人的教育目标。

## 二、系统设置各学段教学目标，构建贯通基础教育阶段的教学体系

课程标准对小学、初中、高中三个学段的教学目标有很清晰的界定。但是具体到了学校，就有许多具体问题。例如英语，小学段英语各校差异很大。小学英语教材有一年级起始和三年级起始两种版本。有的小学从一年级起始，有的小学从三年级起始。到了初中有起始版本的，有衔接版本的。如果没有系统衔接，要么断档，要么重复。再如，小学升初中，初中升高中，各学科都有许多需要衔接的内容。衔接不上，高中抱怨初中，初中抱怨小学。金川总校发挥集团化、系统化办学优势，系统设置各学段教学目标，开发学段衔接课程，构建贯通基础教育阶段的教学体系，有效解决了上述问题。

### （一）各学段教学目标

小学段：保持浓厚的学习兴趣，广泛阅读，高质量完成课程标准要求，补充初中学段需要的教学内容。

初中段：高质量完成课程标准要求，具有扎实的基础知识，深入阅读，补充高中学段需要的教学内容。

高中段：高质量完成课程标准要求，培育丰厚的学科基础，在高考中取得优异成绩。

总校每学年设定各学段教学质量目标，依据质量目标对学校进行绩效考核，确保各学校质量目标达成。

### （二）设置学段衔接课程

总校对课程改革后的初中和高中、小学和初中的教材内容进行了系统分析，列出了教学衔接模块，要求小学、初中在教学中补充衔接模块。例如语文学科，小学语文增加了古诗词积累模块，初中语文增加了古诗文积累模块。课程改革以来，初中语文删去了语法知识，而高中又需要，因而在初中语文增加了语法知识模块。同时，分学段制定了学生课外阅读必读书目，强化了课外阅读的系统性。再如数学学科，课程改革后，初中数学降低了二次函数的教学要求，删去了十字相乘法。根据高中教学要求，补充了相应的教学模块。通过对各学科教学内容的

梳理，科学合理地补充了教学衔接内容，强化了基础教育阶段教学内容的系统性。

### （三）统一英语教材和教学起点

金川总校各小学从一年级起开设英语课，选用人教社PEP教材。初中选用人教社新起点教材。人教社新起点教材是非“零起点”教材，而是和PEP教材紧密衔接的教材。中小学英语教材和教学起点统一后，解决了中小学英语教学断档重复的问题，学段目标，内容清晰，英语教学质量迅速提升。

### （四）统一教学管理

建立学段间高度协调、学校间高度协同的一体化教学管理模式。总校统一制定教学管理制度，对各学段、各学校备课、上课、辅导、作业、质量管理、课程管理、学生管理、教学研究工作做出精细化的制度规定。由于学校的人、财、物均由总校统一管理，所以学校最主要的工作就是教学管理。校领导每天必做的一件事就是听课，和老师探讨教学问题。总校每年制定统一的教学工作计划，每月进行督导考核。每月召开校长会议，对上一个月工作进行考核，对下一个月工作进行安排。各校互相通报本校的重点工作和管理经验。总校统一各校的教研活动时间，设立学会，各学科教学研讨活动由学会统一组织，各校同学科教师全部参加。高度协同的一体化办学模式，确保了教育集团高质量发展。

## 三、变“学校人”为“系统人”，教师在集团内合理流动，通过有效的激励竞争机制激发教师队伍活力

金川总校作为一个教育集团，实行高度集团化管理模式。所有员工都是“系统人”而非“学校人”。教师由总校统一调配。金川总校实行一系列行之有效的管理制度，激发了教师队伍的活力，培育了一支优秀的教师队伍。

### （一）实行绩效工资制度，激励教师争当优秀教师

2005年，金川公司开始实行绩效管理制度。作为金川公司的下属单位，金川总校开始实行绩效工资制度。每月进行绩效考核，年终进行总评，绩效考核与当月绩效工资挂钩，将教职工绩效工资赋予一定分配系数，拉开各层级人员的绩

效奖励分配档次，教师收入差距最高可达近一倍。实行绩效工资以后，教师争着上教学一线，努力钻研业务，提高教学质量。有的教师甚至在退休的前一天还坚守在课堂。绩效管理激发了教职工队伍活力，对提升总校办学水平起到了重要作用。

**（二）建立教师梯级培养机制，引领教师专业发展**

总校建立了“教学能手—骨干教师—学科带头人—领军人才”梯级培养机制。

教学能手。要求青年教师在参加工作五年内，掌握较扎实的学科基础理论和基础技能，教学成绩良好，在省、市级优质课评比中取得优异成绩。

骨干教师。要求在教学能手的基础上，达到教学技能精湛，有较强的教育教学研究能力，能够培养、带动、指导青年教师。

学科带头人。要求骨干教师成为某一学科领域的专家，能够带领、指导和组织教师开展某一学科的研究，能够支撑总校学科教学和教学研究工作。

领军人才。要求骨干教师成为本地区或省内具有一定影响力的优秀教师。

按照以上培养思路，明确了各梯级教师的评选条件和工作职责，引导教师明确职业发展规划，为教师提供了职业晋升的通道。总校每两年评选一次骨干教师、学科带头人。建立骨干教师津贴制度，按不同级别每月享有200～500元的津贴。领军人才每月最高享有2000元津贴。支持骨干教师参与高层次学术研究和研修。各层级教师待遇上有提升，名誉上有尊重。健全的人才培养机制，激励教师人人争做优秀教师。

**（三）建立教师合理流动制度，激发教师内生动力**

适度的竞争是积极进取的动力。金川总校实行教师选调交流制度。选调是指小学、初中优秀教师可以选调到初中、高中任教。交流是各校每年按5%的比例，把教师交流到总校，再经双向选择，聘任到其他学校。选调交流制度，为优秀教师提供了更大的职业发展空间，为教师队伍注入了正向的竞争活力。一些原本默默无闻的教师，因交流后奋发有为，成为新学校的骨干教师。部分不适应高中、初中教学的教师，交流到初中、小学后，找到了适宜的职业环境，成为优秀教师。为促进各校优质均衡发展，总校还适时选调各校骨干教师到薄弱学校，加强薄弱学校师资队伍建设。教师队伍全总校“一盘棋”，既有效避免了学校结构性缺员的问题，又促进了教师合理流动，有利于教师保持积极进取的工作状态。

**（四）建立区域性教学研讨机制，为教师搭建展示学术的舞台**

为鼓励教师潜心学术，成名成家，金川总校组建了教学研究会。教学研究会按学科设立分会。每个分会设会长、副会长和秘书长，分别由各学科带头人和骨干教师担任。教学研究会独立开展工作，总校予以经费支持。教学研究会研究的主题既有教学改革、教材教法、课标研讨等理论内容，也有章节教材研究、课例研讨、中小学教学衔接等实践内容。教学研究会定期举办学术讲座、示范课等研讨活动。一批长期潜心学术研究的教师，在这个舞台上向全总校同学科教师汇报研究成果，他们对学术研究的高度指引着青年教师前进的方向。优秀青年教师在这个舞台上进行教学展示，获得同行的认可，是他们脱颖而出的印记。获得同行的广泛认可，教师实现了自己的人生价值，获得了职业幸福感。

近几年，集团化办学方兴未艾。各地组建教育集团，主要是为了化解“择校热”问题，推进区域教育均衡发展。目前的教育集团，大多由政府牵头组建，有几种模式。协作模式，互不隶属，法人各自独立，共享教育资源。联合模式，学校间建立松散的合作关系。帮扶模式，名校接管或托管薄弱学校。无论哪种模式，因运行时间短，效果尚未彰显。金川总校高度集团化的办学模式在长期的实践中证明是可行的，科学的。金川总校的实践，为教育体制机制改革提供了一条可复制、可推广的新途径，总结出了一整套制度体系。在干部管理、教师管理、财务管理方面开拓创新，建立了现代教育管理体制，为集团化办学提供了一条新模式。

（金昌市教育局 张加明）

# 农村小规模学校建设和发展的“平凉实践”

目前，平凉市100人以下的农村小规模学校占较大比重。随着全国城镇化的迅速发展，农村外出务工人员增加，农村生育率降低，农村学龄人口不断下降，农村学校的学生数量大幅减少，如何解决农村学校长期存在的优质教育资源匮乏与学校规模小的矛盾，破解农村学校教育质量提升缓慢以及加快缩小城乡教育差别、实现教育均衡发展等问题，成为农村教育发展的焦点问题。

从2014年起，平凉市坚持“为振兴乡村教育，办好每一所农民家门口的学校”的理念，通过全力政策扶持、创新管理模式、优化教学方式、开发特色课程、提升教师素养、开展阅读推广、转变评价方法、强化保障机制等有效措施，推进农村小规模学校建设和发展，在理论研究和实践探索中取得了显著成效。一大批示范性农村小规模学校脱颖而出，较多典型案例在国内产生深远影响。国家及省、市主流教育媒体也纷至来沓，探究平凉农村教育异军突起的缘由。

2014年12月，平凉市关于推进农村小规模学校发展的案例被评为“第四届地方教育制度创新奖”，并由此进入全国视野；2016年10月23日，第二届中国农村小规模学校联盟年会在平凉市举办，“平凉共识”备受关注；2017年7月，在兰州举行的全国打赢教育扶贫攻坚现场会上，刘延东副总理对平凉教育扶贫高度关注，相关领导对平凉农村小规模学校建设给予了充分肯定；2017年12月，教育部在山东省青岛市召开全国统筹县域内城乡义务教育一体化改革发展现场推进会，平凉农村小规模学校建设和发展受到了教育部和各省、市教育厅领导与专家的重视；2017年年底，全国第三届农村小规模学校联盟年会上，平凉市教育局局长以《为了农民家门口的学校——平凉农村小规模学校内涵发展探索之路》为主题的主旨演讲，即“平凉实践”再次进入全国视野，为国内农村小规模学校走出困境，为农村孩子创造优质教育资源，促进教育公平发展，提供了探索、试点、推广的有效经验。

## 一、现状及问题

### （一）基本情况

甘肃省平凉市地处陕、甘、宁三省交汇处，是典型的西部内陆地市，全市辖泾川、灵台、崇信、华亭、庄浪、静宁6县和崆峒区，以及1个工业园区，共102个乡镇，1470个行政村，9个街道办事处。总人口为242.8万人，常住人口为208.67万人，以回族为主的少数民族占总人口的7.3%。布点多、规模小、分布散的小规模学校分布特征代表了很多地区的情况，具有很强的普遍性。当前，全市农村小学915所（含141个教学点），占小学总数的87%。在校学生8917人，占小学学生总数的60%。100人以下农村小规模学校618所，占小学总数的56%。在校学生29712人，占小学学生的20%。“小班小校”已经成为目前我市农村学校教育的主要特征。

### （二）主要问题

办学条件相对薄弱。学校规模过小，办学经费不足，难以保障校舍维修、设施养护、教学管理等办学需求，也影响到校本培训、教学研讨、课程改革等各类活动的有效开展，“小而弱”“小而差”的现象比较普遍。

课程开设面临困难。小规模学校师资配置难以保证，部分学校音体美、信息技术和英语等课程难以开齐，个别学校由一两个教师包教所有课程，教师负担较重，素质教育和课程改革的教学实践活动较难落实。

学校管理相对弱化。由于办学规模所限，小规模学校在教育督导、质量评估、活动安排等方面容易被忽略，小规模学校教师在教学交流、专业培训、职称晋升、评优选先等方面的机会相对较少。

短期内学生人数不会有大幅增长。根据年报数据分析，这些小规模学校在未来较长时期内，学生人数会维持在当前水平或者更低水平，而不会有大幅增长。因此，小规模学校将会长期存在。

均衡发展难以推进。小规模学校在生均校舍、教学设备、生均图书、师生比等办学指标上存在的差异性，客观上制约着县域义务教育的均衡发展。少部分小规模学校由于生均校舍面积等偏高，导致县（区）在城乡差异系数测算中出现“倒挂”现象。

## 二、解决问题的过程和方法

### （一）解决问题的过程

我市扶持办好农村小规模学校，主要经历了课题探究、行政推动、教研引领和内涵发展等四个阶段。

**1. 以“农村小规模学校小班化教育”为突破口的课题探究阶段（2013—2015年）**

2013年，由平凉市崇信县教育局主持的“农村小规模学校小班化教育”申报，2105年优秀省级规划课题结题，受到甘肃省教科所的高度重视，并提供10万元的专款以支持继续开展研究。正是这些能立足学生、着眼教师、扎根课堂的典型乡村学校进行着点点滴滴的本土化研究，为平凉农村小规模学校建设和发展开辟了一条新路。

**2. 以“办好每一所农民家门口学校”为目标的行政推动阶段（2014—2015年）**

2014年6月，在泾川、崇信两县召开了全市扶持办好农村小规模学校现场会，出台了《关于扶持办好农村小规模学校的意见》，并在全市确定15个扶持小规模办学试点学区和100个小规模学校先行开展工作试点。要求各县区加强对小规模学校的规划管理，加大经费和教师统筹力度，推广小班化教学方式改革，实行百人以下学校“学区走教”制度，真正解决农村小规模学校课程开设不齐和教学质量不高的问题。

**3. 以“小班化教育，共建小而美”为主题的教研引领阶段（2015—2017年）**

2015年，在崆峒区、静宁县、庄浪县召开了平凉市办好农村小规模学校推进义务教育均衡发展工作会议，就“抬高底部缩小差距，提高质量稳定规模，彰显特色促进均衡，方便社会助推扶贫”，以及扶持办好农村小规模学校的成功做法进行了总结，在改善办学条件、稳定教师队伍、强化课程管理、加强学区统筹、融入农村社区等方面做了全面安排部署，全市现有的915所农村小学全面实施小班化教育改革。同时，为了全面、有效推动农村小规模学校的发展，紧抓教师素养提升的关键环节，各级教研部门依托学科教育学会、学科基地、“陇原名师”“金钥匙导师团”等优质平台开展研讨会、同课异构、送教下乡等活动，发挥名师的示范带动作用。在乡村学校开展多元化教研的方式，全方位创设以“促进农村小规模学校发展”为中心的“教、研、训一体化”的教科研机制。

**4.以“个性化教学，共襄小而优”为主题的内涵发展阶段（2017年至今）**

2017年2月，市教育局组织召开全市农村小规模学校教学研讨会，并印发了《关于在全市农村小规模学校试点推行个性化教学的指导意见》，深入推进教育均衡发展及农村小规模学校建设，切实转变教学行为，破解内涵发展的瓶颈，创新开展个性化教学。在全市范围内正式启动了农村小规模学校个性化教学工作，并确定120所学校作为试点重点推进。同年底，举办全市“个性化教学课堂教学讲赛”活动，标志着全市推动农村小规模学校建设进入新一轮内涵发展阶段。

### （二）解决问题的方法

**1.整体安排与分步推进相结合的方法**

农村小规模学校建设是一项复杂的系统工程，是一个渐进的、持久的改革过程。坚持以点带面，先试点开展，后整体推进；特别是办学基本条件达标、师资队伍较强、教学质量进步快的农村小规模学校可以作为首批试点；小班化教育、复式教学、个性化教学等试点可开展同步实施。

**2.教育效益与成本效益相结合的方法**

创新农村小规模学校的办学模式需要一定的资源投入。各校在实施过程中要保证人员、资金的投入，加强师资培训，狠抓学校教育教学管理，确保农村小规模学校建设的整体推进。

**3.科研引领与校本研究相结合的方法**

各级教研部门要适应新形势，加强农村小规模学校建设的理论和实践研究，做到重心下移，加大对学校的教学指导与服务力度，使学校逐渐形成民主、开放、高效的农村小规模学校建设研究氛围，及时解决教学实际中的困难和问题。提高开展农村小规模学校建设的能力，实现教师专业化发展。

**4.开拓创新与课程改革相结合的方法**

农村小规模学校建设是一项创新性探索和实践，需要充分发挥校长、教师的主动性和自主性，努力探索，大胆实践，创造性地寻找解决问题的办法和途径。在创新探索中也要承接和贯穿新课程改革的好经验与好做法，不断提高建设农村小规模学校的能力。

## 三、成果及主要内容

### （一）问题解决的主要方案

1.实施“联校走教”，优化管理模式

为了解决部分学校音体美、信息技术和英语等课程难以开齐的问题，在大多数乡镇学区实施“组建发展联合体，实行一体化管理”的“联校走教”模式的好处在于：一方面，学区内实行音体美专业教师分片包干、“联校走教”，确保全乡小学音体美课程开足开齐，并且能根据学生兴趣爱好发掘培养特长生，促进学生全面发展。另一方面，依托学区中心学校的优势，捆绑3~4个小规模学校组建联合体，实施“三联”管理，就是以中心校为依托，实施“联管、联教、联动”一体化模式。“联管”主要是管理同步，示范引领，共同提高；“联教”就是教师共用，定向帮扶，以强带弱；“联动”就是活动同体，培训同题，快乐同享。

2.落实新课改理念，创新教学方式

（1）以“魅力教室、活力课堂、个性课间、轻松课外”为特征的“小班化教育”模式。2013年，崇信县基于“小班化教育研究”课题取得了阶段性成果，经反复论证与调研，决定在全市范围内推广实施“小班化”教育模式。其主要内容和目标确定为：一是通过精致教育和个性张扬来实现学生整体素质和谐发展与个性品质的独特发展，真正把素质教育落到实处；二是通过改善师生关系和关注个性差异来造就学生阳光自信、健康快乐的心理品质，为学生终身发展奠基；三是通过构建“魅力教室、活力课堂、个性课间、轻松课外”，把快乐童年还给学生。魅力教室是前提，活力课堂是保证，个性课间是补充，轻松课外是延伸，快乐童年是目的。

（2）以“同动同静”特征的复式教学模式。在华亭、崇信和灵台等县内的部分学校开设复式课堂教学，可将相邻年级或教学内容相近年级的音体美、信息技术课调到一起开展课堂教学。在华亭县的8个乡镇内的小规模学校开展语文、数学、英语等科目的复式教学，神峪学区、马峡学区和安口学区等3个学区已经形成典型复式教学经验。还可依据师资力量将教学年级人为进行割裂，以校为单位实行"走班制"，强化教学的针对性，进一步发挥教师的特长和潜能。兰州大学西部基础教育研究与市培训中心将我市华亭县建设为"同静同动"复式教学的研究基地，通过研讨会、现场会和赛讲课等活动连续五年为我市培训农村小规模教师约1000人次。同时，部分县区学校积极落实"一帮一带"活动，从理念辨析、优化教学环节、评价方式等方面做指导，农村教师的"同动同静"复式教学实现了从"落地生根"到"茁壮成长"的阶段。

（3）体现"个性化学，定制化教"理念的个性化教学方式。2017年，全市推进农村小规模学校个性化教学方式，旨在推进课程改革，转变教师角色，改变学习方式，着眼学生个性特点和个体差异，依据各科课程具体内容，推行"一生一策、精准施教"的教学策略。要求任课教师从每个学生的个性特点和学习现状出发，从学段培养目标、学期提升计划、月度成长措施、学习成长评价等四个方面制定精准施教策略，促其个性发展。任课教师要动态掌握学生成长状况，翔实记录学生学段培养目标、学期提升计划和月度成长措施的完成情况，及时调整和改善工作方法和教育策略。同时，通过课堂观摩教学、精准施教策略展评、专题研讨培训、外出交流学习等形式加大个性化教学师资培训力度，积极培养适应个性化教学的教师队伍。

**3.推行"教、研、训一体化"机制，促进教师专业发展**

2015年，省教育厅分别在我市召开了全省基础教育课程改革工作现场会及推进县域义务教育均衡发展工作现场会等会议，通过"以会代训"的形式对校长、教师进行培训。全市100人以下的乡村学校的教师人数3603人，有70%参加了省教育厅"国培""省培"农村骨干教师培训计划。2016年、2017年暑期，分别有112名骨干教师、105名乡镇学区校长、108名青年校长、120名个性化教学骨干教师等参加了全市农村小规模学校教育教学的"定制化"培训。至此，全市农村小规模学校教师至少参加过一次市级以上专业能力提升的培训活动，实现了乡村教师培训工作的全覆盖。

**4.整合优质资源，开发特色课程**

鼓励农村小规模学校率先发展整合优势学科和发展班级特色课程或者校级特色课程。一是构建课程改革研究机制。形成市、县、学区、学校四级研究平台，建立定期研究、定期交流等制度，保证四级研究的正常开展；利用QQ群等网络平台，保证研究成果及时分享，研究问题及时得到反馈解决。二是依据课标梳理整合教材。语文、英语、数学等学科要进一步加强单元整体备课和综合性学习。科学、品德、环境教育、安全教育等学科要找出活动性、体验性、探究性强的内容，将各学科中内容相关、相似的有关章节归类到一起，进行教学资源重组，并根据内容特点作为主题课程的研究和学习专题。三是以校为本统筹课程。课程整合后，必然要打破原有的课程体系，建立新的、能满足主题课程学习要求的课程体系，对学校的全部课程进行通盘筹划。包括在整合、统筹国家课程、地方课程和学校课程的基础上，因地制宜地开发实施校本课程，保持学校课程文化的独特性和延续性，凸显学校课程特色。

**5.瞄准实际问题，开展校本研修**

一方面，以农村小规模学校为基地，以乡村教师为研究主体，以教师在教育教学中存在的问题为研究对象，以促进教师的专业发展。突出“以校为本”“以教师为本”“以学生为本”和“以解决具体问题为本”的原则，通过改善教研机制、设置专业引领、倡导同伴互助、强调自我反思等方式，实现促进农村小规模学校内涵发展为主要目的的教研活动。另一方面，通过QQ群、微信群、微信公众平台等网上交流平台发布教研信息，汇集教研成果，指导教研工作，积极搭载搭建，融合发展，探究创新，并有效整合各种掌上教研平台，汇集各类平台提供的优质教育教学资源。这些举措不仅充分调动和激发了农村教师参与教研活动的热情，而且提升了教师的教学研究水平，拓展了教学研究视野。

**6.搭建读书平台，开展阅读推广**

从2014年起，平凉市坚持连续举办了四届中小学读书节，通过多种活动，如，制定《平凉市读书活动实施方案》，开展读书节启动仪式，国学经典进校园，读书知识竞赛，朗诵比赛，课本剧展演，读书活动成果展等等，丰富读书载体，提升活动效益，从而有效地开展了全市范围内的阅读推广工作。尤其侧重于农村小规模学校开展了具有较强针对性、指导性和实效性的读书活动。其主要特征表现为：一是通过营造读书氛围推动阅读，推广“主题化”；二是通过开展读书活动促进推广阅读“常态化”；三是通过课堂教学推动阅读工作“课程化”；四是通过专家引领使教师指导阅读“专业化”；五是通过公益助力来倡导阅读推广“全民化”。

7.**改革评价制度，激发办学活力**

评价制度的改革是促进农村小规模学校发展的重要保障，也是学生全面发展的重要保证。因此，改变以分数高低评价教师教学、学生学习状况的方法，重新设置教育教学评价制度，让教师在课堂上有个性发挥的空间，使学生真正成为学习的主人，最终实现师生共同成长，学校健康、持续发展。具体做法包括：建立区域教育质量综合评价制度，改革学校校长评价制度，健全学生综合素质评价制度。坚持要素多元、形式多样、素质导向、程序科学原则。尤其通过综合素质评价细化评价内容，优化评价重点，严格评价程序，健全评价体系，使综合素质评价衡量学生的全面发展和个性成长。

8.**完善推进机制，强化实施效果**

近年来，市教育局将农村小规模学校建设作为每年的重点工作之一，将学校发展成效纳入当地年度教育教学综合考核范畴；市教科所、县教研室、学区教委把农村小规模学校建设作为核心的本职工作，切实做好研究、服务、指导、监督工作；各学校主要领导把农村小规模学校建设作为学校的中心工作，是第一责任人。主要做法有：一是政策保障。市教育局围绕进一步推进农村小学课程改革和课堂教学改革，制定相关政策，创设良好的政策导向。二是统筹师资。各县、学区要根据小规模学校实际需求调配人事，统筹解决小规模学校音体美、信息技术和英语等学科教师短缺的问题。县局和学区对承担“走教”任务的教师在绩效考核、职称晋升和评先选优等方面给予恰当的倾斜和奖励，以便引入激励机制。三是教学研究。市教科所有效搭建区域现场教研和网络教研平台，把教研工作重心真正移至学校。积极开展以校为本的教学研究活动，落实学科集体备课制度，提高教研活动的实效性。四是资金保障。提供专项经费，用于教师培训、教学研究和教育科研工作。建立奖励机制，对农村小规模学校建设和发展中有突出贡献的学校和个人进行奖励。五是督导检查。建立市、县两级扶持农村小规模学校的督导监测机制，将“控辍保学”、师资配备、课程开设、办学条件和学校安全等列入督查内容，通过现场检查和网络平台反馈的多种方式，建立农村小规模学校建设和发展的督导机制。

### （二）成果

#### 1. 理论研究成果

(1) 基于问题研究与解决的教研方式创新。市教科所把教研引领、课题研究、专著编写和论文撰写等有效途径作为“新支点”撬动农村小规模学校的内涵发展。就参与本成果申报的5人而言，相关农村小规模发展主题的成果有：国家立项课题1项、省级重点课题结题2项、市级课题结题2项、微课题20项，专著编写3本、案例集2本，论文发表国家级2篇、省级以上6篇。

(2)“教、研、训一体化”的农村教师培训模式。“研训一体化”就是围绕农村教师能力提升，建立市域层面的教学、研究、培训的一体化运行机制，教育主管部门、培训中心、学校等机构独立存在，但可按照各自工作体系和结构主体的不同，包括“训研两立”下的松散联合、“研训一体”下的初步整合、“研训一体”下的学科全面融合等方式，通过各种教学、研讨、培训、观摩活动实现“培训教研化，教研培训化”的效果。避免传统教研与教师培训模式在培训内容上将教育理论、教学实践间存在不同程度、不同类型的割裂，从而实现资源的有效整合。

(3) 构建“魅力教室、活力课堂、个性课间、轻松课外”为特征的小班化教育理念。通过精致教育和个性张扬来实现学生整体素质和谐发展与个性品质独特发展，真正把素质教育落到实处；通过改善师生关系和关注个性差异来造就学生阳光自信、健康快乐的心理品质，为学生终身发展奠基；通过构建小班化教育理念，把快乐童年还给学生。

(4) 开展“个性化学，定制化教”理念的个性化教学方式。坚持以学生为中心，体现“个性化学，定制化教”教学理念和“一生一策，精准施教”教学策略，实现“面向每一个，关注每一个，发展每一个”的培养目标，试点推行以个性化教学为载体的农村小规模学校课堂教学改革，全面推进农村小规模学校内涵发展和提高农村教育教学质量。

(5) 推行“联管、联教、联动、一体化管理”的“联校走教”模式。为了解决部分学校音体美、信息技术和英语等课程难以开齐的问题，在大多数乡镇学区实施“组建发展联合体，实行一体化管理” 的“联校走教”模式，依托学区中心学校的优势，捆绑3～4个小规模学校组建联合体，实施“三联管理”，就是以中心校为依托，实施“联管、联教、联动”一体化模式。

（6）开展“同动同静”的复式教学模式。“同动同静”模式是指相邻年级连续式组合编班，同科目搭配，教师根据对知识点的整合，采用同动或同静搭配的方式授课，有利于不同年级学生之间相互的学习、交流、展示、对话活动，有效提高共同学习的效率，并能克服“一动一静”复式教学中不同班级学生间声波和行为互相干扰的弊端。在教学过程中，能解决农村小规模学校普遍存在着的“一多两少”（教学班级多、单科教师少、班级人数少）的问题。

2. 实践成果

（1）有效促进义务教育的均衡发展。截至2017年，全市有6个县通过了国家县域义务教育均衡发展评估认定，均衡发展水平居全省前列。同时，通过全国学籍系统监测，2014学年度至2015学年度、2015学年度至2016学年度，全市自省外、市县中心城区转回农村学校的学生分别有1908人、3897人，全市农村学生呈“回流”趋势；2015年、2016年、2017年全市农村小规模学校招生人数分别为3601人、4662人、4250人，农村小规模学校学生数量基本稳定。

（2）激活农村小规模学校的教育资源。以学区（教委）为单位，以中心校或其他规模较大的学校为支撑，实施“联校走教，一体化管理”模式，实现优秀教师、教学资源、教学成果共享，为薄弱学校注入新的活力。

（3）推动农村小规模学校教师的专业成长。通过多种途径搭建发展平台，激活教师专业成长的热情，广大农村小规模学校校长、教师积极参与实践探究，改革创新教学方法，扎根农村，充分体现自己的人生价值。

（4）解决了农村学生上学难的问题。经过多方努力，使农村小规模学校得以保留，确保了农村适龄儿童的按时就近入学，从根本上解决了农村学生上学难的问题，既保证了他们在家门口便利上学，又提供了较好的上学条件。

（5）降低了农村广大群众的教育投入，缓解了城区学校的办学压力。部分农村孩子的“回流”，促使城区学校学生人数相对减少，从而减少了“大班额”和“择校热”现象的发生，既有效缓解了城区学校的办学压力，又节省了之前农村孩子到城镇学校读书所要承担的额外生活费用。

### （三）问题思考

当前，农村小规模学校的建设和发展过程中依然存在着瓶颈性问题：一是生源流失问题、小班小校问题有增无减，二是分散教学与小班教学难度有增无减，三是稳定教师和提高质量的难度有增无减。针对这些困难和问题，平凉农村小规模学校将继续立足“三个结合”，着力推进内涵式发展。该内涵式发展的内容是：一要把办好农村小规模学校与课堂教学改革有机结合，在精准施教上持续发力，全力推进个性化教学；二要把办好农村小规模学校与持续推进基础教育课程改革有机结合，在学段融通上持续发力，着力推进农村初中整体改革和农村学前教育发展；三要把办好农村小规模学校和“美丽乡村”建设有机结合，在村级社区学习中心建设上持续发力，延展农村小规模学校建设和发展的链条，着力推进“乡村振兴计划”的有效实施。

（平凉市教科所 曹宁子）

# “平凉好课堂”

## ——平凉区域课堂教学模式的构建与实践

### 一、问题的提出

从2001年到2015年间，平凉市的教学模式经历了模仿、立模、推广三个发展阶段，全市的1600多所学校在新课改的过程中产生了上百种适合当地区域课堂发展的教学模式。平凉市教育科学研究所通过对其中80余种典型模式进行研究，确立了50余种模式进行跟踪指导，对其中的19种模式进行了重点剖析。我们发现，任何教学模式、方法，都不是机械的、教条的，而是灵活多变、富有个性、充满灵性的，必须根据学校条件、教师状况、教学内容，更重要的是根据学情合理地选择适合学生的方法，教无定法，不同的教学内容本应采取不同的教学方法。通过五年的研究和实践，形成了“平凉好课堂”理念。

“平凉好课堂”是我们在课堂教学改革实践中提出的课堂教学改革的理想和目标，是在“以人为本，学教融合”的“平凉课改理念”指导下，对课堂教学的基本特征、基本内涵、基本要素和基本条件的总结和概括。“平凉好课堂”具有简约性、生命力、幸福感三个维度的基本特征，分别指向课堂教学设计、学生思维锻炼、师生情感共鸣，体现新课改关注学生发展、强调教师成长和重视以学定教的基本理念。

在平凉市区域课堂教学模式的探究实践中，我们深刻地体会到“教无定法、教定有法、贵在得法”的道理，所以我们提出了符合平凉实际的基础教育课程改革的基本理念。倡导“以人为本，学教融合”，在课堂教学改革本土化、学科化、人本化方面进行了一系列探索，倡导上“最课改的语文课”“最语文的语文课”

“最学生的语文课”“最教师的语文课”(当然还有“最数学”“最英语”“最物理”“最化学”等最学科),把课改基本理念、学科教学特点、学情实际和教师教学实际相契合,从中总结提炼出了“平凉好课堂”的教学经验。

“平凉好课堂”是平凉教研人对理想课堂不断追寻的结晶,是平凉教研人的不懈努力和坚守与推动,通过四年的持续推进,有效地促进了平凉市基础教育质量的提升。

## 二、解决的主要问题

“平凉好课堂”在课堂教学模式创新发展中,充分抓住激发学生、厘定原则、巧设形式、调配要素、组建机制、培养习惯、共画愿景、培育文化和积极反思九大要素内核,以“自主、合作、探究”课堂教学先导性原则带领后续“教学模式是灵活多变、富有个性、充满灵性”的形式,对内在要素做合理安排牵动外在机制。

一是解决了“为模式而模式”的问题。很多的县区和学校都热衷于建构各种各样的模式,简单地将树立“新模式”作为一种创新的途径,导致“教学模式”某种程度上的泛滥。为了标新立异,每个地方的教学模式命名各不相同。但事实上,仔细分析目前不同学校建构的教学模式,无外乎强调几个因素,比如先学后教、目标明确、小组合作、探究学习、当场反馈、尊重差异等。导学稿也得到广泛应用,都有不同的提法,如,讲学稿、导学案、助学案、学习单、活动单、启学案等。这些教学模式基本都是在洋思中学、杜郎口中学、东庐中学教改模式基础上的改造与超越,属于一类教学模式。

二是解决了理解存在过于具体和单一的问题。仔细分析一下各学校提出的教学模式会发现,其中大量的只是一种纯粹的教学程序或结构的描摹,这从某种程度上说明了模式建构者对“教学模式”理解的简单化。许多对其背后的支撑性教育理论了解甚少,而把过多的注意力集中在具体的运作流程和操作步骤上,仅取其“形”而舍其“神”,忽视了从深层次领会模式思想精髓的问题。

三是解决了认识有失偏颇的问题。由于人们对教学模式的功能和定位处于比较混乱的状态,对教学模式的认识片面而肤浅。要么夸大其词,放大某一种教学模式的功能,期待用它来“包治百病”,要求在一个区域整齐划一地推行某一种模式;要么不分青红皂白,充满了抵触和批判,认为模式具有机械化、统一化的嫌疑，不利于学生的个性发展和教师教学风格的彰显。

四是解决了教学中偏重知识和技能的问题。在实践中推行最广、大家争相模仿的还是“先学后教”类教学模式，因为实践证明这一类模式在考试中能够大幅度提升学生的成绩。因此，教育者们在热衷建构各种教学模式的时候，其实还是相对偏重有利于知识、技能掌握的教学模式，对培养学生学习兴趣、情感、态度、价值观等提升学生综合素养的教学模式的关注还是远远不够的。

## 三、解决问题的过程与方法

“平凉好课堂”的提出是逐步的。借助全市课堂大讲赛的平台，通过对平凉各学段各学科广泛的课堂观察和课堂评议、县域之间和校际之间的相互学习借鉴与典型引路，形成了课堂教学模式的本土化协作发展机制。在吸收和借鉴外地先进经验的基础上形成了富有特色的、符合本区域、本校特点的课堂教学新模式，再予升华超越，达到“以学定教”的目的。

### （一）借助课堂教学讲赛的平台，进行现场教研

2013年组织开展全市首届课堂讲赛，包括12个学科。323名参赛教师按照学科分17个赛段参赛。2014年，中小学课堂教学讲赛活动共设置23个学科，341名参赛教师登台讲赛。2015年，中小学课堂教学讲赛活动增加管理人员组，共332名选手参加讲赛活动，其中，中小学校长、副校长、教务主任、教研主任65名；大赛在评价方式上，除传统的评委观课议课外，将学生评教评学引入到评价之中，每节课后随机抽取10名学生对老师的课堂进行评价，从而真正达到课堂教学有效性的目的。2016年，中小学课堂教学讲赛包括管理人员五组、高中八组、初中八组、小学六组，360名选手参加了讲赛活动。讲赛将教学设计及其推进情况纳入到评价体系之中，专设评委对教学设计及其执行情况进行量化评价，真正实现了行政层面推进课改、教师专业成长需求和为教研搭建平台的目的。2017年，全市课堂讲赛全域立体开展，涵盖幼儿教育、义务教育（含小规模学校复式教学和个性化教学）、普通高中教育和职业教育4个层次5个学段430名参赛教师，观摩评课430节次，观摩教师达18000多人次。

为组织好教学讲赛，教科所组织各县推荐的各学科评委210多人，开展了评委观课议课能力提升培训活动，邀请成都大学师范学院陈大伟教授担任主讲，针

对观课议课“议什么”“怎么议”的实践要求，在理论探讨、实践应答和案例分析等方面，提出了可操作的对话模式和范例，对建设“平凉好课堂”给出了深刻解读。

教科所全体成员全程参与并组织了五年的课赛工作，人均听课660节，每天课赛结束后召开说课议课，每组课赛结束后召开总结会，形成了较高质量的课赛工作总结。针对各学科情况，充分肯定了课改取得的成功经验，对课堂教学中的不足提出了改进意见和建议。讲赛充分展示了全市学前教育、义务教育、高中教育、职业教育各阶段“平凉好课堂”的基本风貌，一批课堂教学拔尖人才脱颖而出。

**（二）召开各类教学研讨会，进行全域教研**

2014年，召开初中语文、数学、英语课堂教学改革研讨会，开展初中语文、数学和英语学科课堂教学能力提升培训活动，在平凉一中（文综）、静宁一中（理综）、庄浪一中（文理数学）、华亭一中（语文）、灵台一中（英语）组织召开了高考试题与考试情况分析研讨会及2014年全市高中教育质量工作会。

2015年，按照“三年行动计划”的要求，依托平凉市教育培训中心，先后组织和参与组织了初中学校教学管理人员课程改革执行能力建设培训活动，以及全市农村初中物理实验室管理人员培训活动和全市农村小规模学校校长培训活动。组织开展了平凉市高中英语教学研讨会。在华亭皇甫学校、平凉四中、静宁阿阳实验学校召开了初中数学、语文和英语学科研讨会。召开2015年普通高中教育教学研讨会。成立了平凉市初中数学、语文、英语教学研究会。成立了平凉市初中课程改革学校联盟，为持续推进初中课程改革建立了长效机制。

2016年，组织平凉市中小学教研能力建设培训班。在平凉十中举行“中心城区优质学校教学改革共同体初中阶段学校教学观摩暨2016年中考复习备考研讨”活动。在平凉一中举行“中心城区优质学校教学改革共同体高中阶段学校的高考备考教学观摩和研讨”活动。在平凉市实验小学举行“中心城区优质学校教学改革共同体小学阶段学校教学观摩研讨”活动。在华亭县西郊小学举办“平凉市新教育实验启动仪式暨现场培训会”。开办平凉市农村小规模学校骨干教师高级研修班，全市乡镇学区校长（教委主任）高级研修班，平凉市农村小规模学校青年校长领导力提升高级研修班。

按照“三年行动计划”的要求，为了持续推进全市基础教育课程改革，发挥陇原名师、平凉名师等优秀教师的示范带动作用，平凉市初中理科综合教学研讨会暨“名师三个一”活动在庄浪县第三中学举行，平凉市初中文综教学研讨会暨“名师三个一”活动在平凉十中举办，平凉市小学语文学科教学研讨会暨“名师三个一”活动在市实验小学举行。会后，分别成立了平凉市初中理科综合教学研究会、平凉市初中文科综合教学研究会、平凉市小学语文教学研究会。

2017年，组织召开了全市农村小规模学校教学研讨会，联合21世纪教育研究院和青童教育研究院开展平凉市农村小规模学校骨干教师个性化教学高级研修班。在华亭县举办了“同动同静”复式教学研讨会。在崇信县举办平凉市农村小规模学校特色阅读观摩研讨活动。在平凉十中成功举办平凉市中心城区初中语文与文科综合学科教学研讨会，举办市区一体化高考备考研讨会。借着我市创办陕西师范大学平凉实验中学的重要契机，200多名来自陕西师范大学锦园国际学校和万科中学的骨干教师与平凉城区15所学校的优秀教师同上一堂课，同评一堂课，立足课堂教学展开深入广泛的研讨交流。举办平凉市农村小规模学校个性化教学骨干教师高级研修班。在静宁县德顺小学组织平凉市小学数学学科教学研讨会。成立小学数学教学研究会。在华亭县召开平凉市2017年普通高中教育教学研讨会。在平凉四中召开全市义务教育课程改革与考试招生制度改革研讨会。

2014年至2017年，深入基层学校开展各类调查研究工作42次，组织召开各类研讨会116次，邀请美国专家及全国知名专家、学者、教授（含台湾地区）现场指导87人次。通过专题讲座、分享交流、自主建构、实践探究等形式进行系统研修，采用多样化小组学习，包括自我探索、小组讨论、论坛沙龙、游戏体验、案例分析和课程设计等丰富多彩的探究活动，突出了研讨学习的参与性、互动性和可操作性。共计参与培训人员达到2.317万人次。在研讨中总结出“定制培训”经验，采用问卷、访谈和现场视察等方法，对平凉市村小的教育教学基本状况、教师培训需求进行调研。对不同受训主体进行专业能力和素养的培训。“定制培训”紧紧围绕提升教研员教研能力和助力教师的专业成长高效开展，有效保证了培训效果。

### （三）搭建网络平台，开展网上教研

市教科所总结近年来持续搭建教师教研平台、持续推进基础教育课程改革和

基于“互联网+”的教师素质提升等成功实践，提出了“一改三研”的平凉课改教研的基本思路并开展广泛实践，即精准课改、全域教研、现场教研、掌上教研活动，优化了教研方式，促进了区域教研活动的有效开展。

2014年至2017年，在组建网络教研队伍，即建立“平凉高中课改群”“平凉初中课改群”“平凉小学课改群”“平凉教研员之家”等QQ网上教研平台的基础上，搭建了“平凉教科研”“平凉课改”微信公众平台及约30个涉及各学段各学科领域的微信群，充分发挥了网上微信移动平台方便、快捷、互动性强的作用。为了进一步创新教研形式，共同尝试以微信公众平台为载体进行有效区域教研，在平凉市教科所的引领下，泾川县的“泾川教研”、灵台县的“灵台教育”、静宁县的“静宁教育”、庄浪县的“庄浪教育”等微信公众平台通过发布教研信息、汇集教研成果、指导教研工作等方式，成为指导和开展教研教改工作的重要载体。

2017年初，平凉市教科所注册了“平凉课改”微信公众号，根据发布的内容、面向的对象及功能，主要有八个板块：教研动态、教育论坛、课程改革、教学案例、校本教研、课题研究、师生文苑以及通知公告等。通过微信公众平台，使教研部门和学校、教研员与教师能够及时发布信息，汇总想法，传播经验，促进交流。打破了时空界限，有效提升了教研活动的效率。之后，又申请注册了“平凉教科研”微信公众平台，传递教科研信息，推送教科研方式方法等方面的文章。同时，各学科各学段的30个微信群也发挥着积极作用，尤其是链接了21世纪研究院、青童学院、亲近母语研究院等教育机构及北京、上海、杭州、扬州、成都等发达地区诸多专家、名师参与的微信群，已经实现了跨时空的名师对话和成果分享。网络教研氛围浓厚，交流讨论热烈，在暑假期间激起了教师研修学习的热潮，一批青年教研新秀和教学能手如雨后春笋般地应运而生。

### （四）借助学科论文参赛对模式进行理性分析和研讨

2012年，组织参加全国、全省教师论文大赛、优秀课例比赛、教学设计征集、录像课评比等活动，共有240人次获奖。2012年全省学科教学论文比赛的获奖作品，以及一等奖中的部分作品被汇编为《新课改·新课堂——平凉市2012年学科教学论文获奖作品集》出版发行。

2013年，组织参加全国、全省教师论文大赛、优秀课例比赛、教学设计征集、录像课评比等活动，共有541人次获奖。2013年甘肃省教育学会论文·案例、数学优秀教学论文、信息技术与课程整合论文、教学设计等评选活动中的平凉市获奖作品，一等奖中选编62篇，被汇编为《课改探微——平凉市2013年学科教学论文获奖作品集》出版发行。

2014年，组织参加全国、全省教师论文大赛、学科竞赛、优秀课例比赛、教学设计征集、录像课评比等活动，共有760人次获奖。2014年甘肃省教育学会评选论文、案例、数学优秀教学论文、信息技术与课程整合论文、学科教学论文和教学设计评选活动中的平凉获奖作品有500余篇，一等奖共计58篇，被汇编为《为了生命成长的课堂——平凉市2014年学科教学论文获奖作品集》出版发行。2014年通过省级和市级鉴定的优秀课题58项中的部分内容被收录进《一枝一叶总关情——平凉市2014年省市级课题成果报告集》出版发行。

2015年，组织参加全国、全省教师论文大赛、学科竞赛、优秀课例比赛、教学设计征集、录像课评比等活动，共有826人次获奖。

2016年，组织参加全国、全省教师论文大赛、课题阶段性成果评选、学科竞赛、优秀课例比赛、教学设计征集、录像课评比等活动，共有933人次获奖。

2017年，组织参加全国、全省教师论文大赛、课题阶段性成果评选、学科竞赛、优秀课例比赛、教学设计征集、中小学校体育教育优秀论文、优质课（录像课）评选等活动，共有1072人次获奖。华亭三中陶晓刚荣获全国“第十届初中青年数学教师优秀课展示与培训活动”一等奖。华亭一中魏志军获第十届全国中小学外语教师园丁奖。

研究期间撰写的平凉市高中、初中、小学课堂教学调研报告120篇，总结出了平凉市比较成熟的课堂教学模式50种，并对其中36种模式进行了剖析，对19种模式进行了重点研究，对课堂教学模式实施情况进行了小结。研究期间撰写了36篇课堂教学模式实施情况小结。编著出版相关专著5本，撰写发表相关论文14篇。当“平凉好课堂”理论体系成熟后，在全市范围内借助实施“三年行动计划”和课堂教学讲赛的契机，行政发文19份，推动“以人为本，学教融合”的平凉课改理念和“平凉好课堂”建设。从国家课程校本化实施、课堂教学改革、评价机制建设和评价方式转变、教研转型发展、学段融通衔接等各个方面重点进行突破，使得平凉各学段各学科教学质量有了明显提高。

## 四、“平凉好课堂”的主要内容

### （一）“平凉好课堂”的基本特征

“平凉好课堂”具有简约性、生命力、幸福感三个维度的基本特征，分别指向课堂教学设计、学生思维锻炼、师生情感共鸣。

### （二）“平凉好课堂”的基本内涵

“平凉好课堂”的基本内涵体现在“自主、合作、探究”课堂教学总原则下的“一二三四五”理念。“一”指的是一个核心，即“以人为本，学教融合”的平凉课改理念。“二”指的是两个关键，一个是教师角色转换，另一个是学生能力提升。“三”是新课程所倡导的三维目标。“四”是学生核心素养和能力提升方面应该体现的四种表现，即相信学生、解放学生、引导学生、发展学生。“五”是“五课教研”活动，即集体备课、有效上课、经常观课、学会说课、反思议课。

### （三）“平凉好课堂”的基本要素

“平凉好课堂”包含五个基本要素：一是有思想，二是有问题，三是以学为主，四是口眼手脑并用，五是现代教育技术深度融合。

### （四）“平凉好课堂”的基本条件

条件之一：作业做到“四精四有”。即精选、精炼、精讲、精批；有发必收、有收必改、有改必评、有评必纠。条件之二：环节上做到“四抓”。即抓细集体备课，抓活课堂教学，抓实课外辅导、学科拓展延伸和学生社团及社会实践活动，抓精优化训练和反馈交流。条件之三：要求上做到“三严”。即严谨、严格、严明。条件之四：课堂上做到“准活优清”。“准”即准确传授知识、准确传达党和国家方针政策、准确理解未来发展趋势；“活”即灵活选择教学方法、灵活处理课堂突发事件、灵活把握课程标准；“优”即优化课堂教学结构、优化学生分组、优化教师课堂语言；“清”即课堂教学语言清晰、课堂板书清晰、课堂要求清晰、学生训练清晰、习惯养成要求清晰。

### （五）“平凉好课堂”的基本构成

“平凉好课堂”在课堂教学模式创新发展中，充分抓住激发学生、厘定原则、巧设形式、调配要素、组建机制、培养习惯、共画愿景、培育文化和积极反思九大要素内核，以“自主、合作、探究”课堂教学先导性原则带领后续“教学模式是灵活多变、富有个性、充满灵性”的形式，呈现九大因素的内外层关系。即反思→文化→愿景→习惯→机制→要素→形式→原则→学生。各要素之间的关系千丝万缕交织在一起，但主干仍是牵引性关系，即始终要以学生为主体。

### （六）“平凉好课堂”的基本原则

一是拓展行动目标，二是超越知识教学，三是扩大选择空间，四是科学性与可行性相统一，五是继承、借鉴与创新相统一，六是普及与提高相统一。

### （七）“平凉好课堂”的基本运用

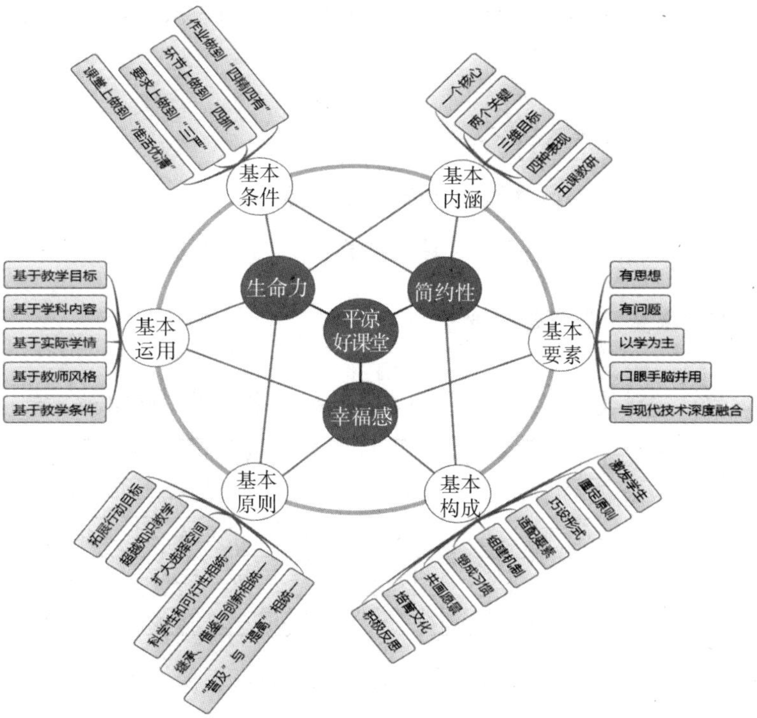


“平凉好课堂”思维导图

一是基于教学目标，二是基于学科内容，三是基于实际学情，四是基于教师风格，五是基于教学条件。“平凉好课堂”要求教师在选择教学模式时，应全面地、综合地考虑这些因素，要权衡利弊，择善而从，灵活运用，彰显模式弹性。

## 五、取得的主要成果

“平凉好课堂”推进四年以来，平凉的课堂教学发生了显著的变化，主要体现在以下五个方面：

### （一）教师的教学行为发生了变化

一是创新了教学模式，二是重视了学生“学”的过程，三是细化了教学设计。

### （二）学生学习方式呈现多样化

一是新课程倡导的“自主、合作、探究”的学习方式基本实现；二是通过对学生进行学习方式的训练，提升了学生的学习品质和精神；三是教师能遵循学生认知规律，拓宽多种学习渠道。

### （三）形成新型的课堂教学文化

“平凉好课堂”依托新的教学理念、新的操作技术，呈现出一个真诚倾听、平等对话、合作成长、愉悦高效的课堂教学文化。

### （四）有效提高了课堂教学质量

**表1　全市2016—2017年“小升初”平均分、合格率、优秀率统计表**

| 学科 | 人数 | | 平均分 | | 合格率(%) | | 优秀率(%) | |
|---|---|---|---|---|---|---|---|---|
| | 2016 | 2017 | 2016 | 2017 | 2016 | 2017 | 2016 | 2017 |
| 语文 | 29566 | 23952 | 83.44 | 88.55 | 89.71 | 90.12 | 46.22 | 47.77 |
| 数学 | | | 86.73 | 81.78 | 74.89 | 72.17 | 41.58 | 42.28 |
| 英语 | | | 77.81 | 80.2 | 67.19 | 70.28 | 34.85 | 35.08 |

**表2　2015—2017年中考平均分、合格率、优秀率统计表**

| | 平均分 | | | 合格率(%) | | | 优秀率(%) | | |
|---|---|---|---|---|---|---|---|---|---|
| | 2015 | 2016 | 2017 | 2015 | 2016 | 2017 | 2015 | 2016 | 2017 |
| 语文 | 98.05 | 97.02 | 103.86 | 74.76 | 70.22 | 85.78 | 4.22 | 5.92 | 9.08 |
| 数学 | 77.41 | 85.73 | 80.99 | 44.48 | 54.35 | 49.95 | 12.31 | 18.48 | 14.73 |
| 英语 | 72.57 | 80.76 | 83.06 | 32.75 | 41.9 | 45.15 | 7.54 | 12.05 | 14.65 |
| 物理 | 44.12 | 48.21 | 41.38 | 46.27 | 54.62 | 39.12 | 15.3 | 25.11 | 12.11 |
| 化学 | 39.68 | 38.51 | 39.58 | 47 | 44.07 | 47.1 | 16.38 | 17.76 | 21.95 |
| 政治 | 33.94 | 35 | 35.4 | 77.07 | 82.11 | 75.96 | 20.35 | 24.8 | 38.49 |
| 历史 | 29.45 | 30.71 | 30.8 | 51.76 | 58.24 | 56.12 | 22.42 | 26.28 | 27.75 |

**表3　2011—2017年高考上线率统计表**

| 年份 | 考生数 | 一本 | | 二本以上 | |
|---|---|---|---|---|---|
| | | 上线率(%) | 增减 | 上线率(%) | 增减 |
| 2011年 | 18855 | 6.0 | | 24.2 | |
| 2012年 | 19334 | 7.2 | ↑ | 28.5 | ↑ |
| 2013年 | 19870 | 9.2 | ↑ | 33.0 | ↑ |
| 2014年 | 20824 | 11.3 | ↑ | 34.2 | ↑ |
| 2015年 | 19396 | 10.7 | ↓ | 34.8 | ↑ |
| 2016年 | 17342 | 13.5 | ↑ | 38.9 | ↑ |
| 2017年 | 15564 | 16.1 | ↑ | 41.8 | ↑ |

从2012年至2017年，除2015年一本上线率相比上年有所下降外，其他统计指标都较前一年稳步提升。

### （五）明显促进了学生发展

在2017年"平凉市持续推进基础教育课程改革三年行动计划"的调研中，分学段（小学、初中、高中）抽样调研平凉一中、崆峒区实验小学、平凉七中、崆峒区峡门乡白坡小学、崆峒区柳湖镇八里小学、泾川一中、泾川二中、泾川太平中学、泾川东街小学、泾川汭丰三十梁小学、泾川丰台张观察小学、灵台一中、灵台城关中学、灵台二中、灵台独店中学、灵台独店姚李小学、崇信一中、崇信二中、崇信铜城中学、崇信城区一小、崇信野雀小学、华亭一中、华亭皇甫学校、华亭东华小学、华亭神峪初中、华亭神峪草窝小学、庄浪一中、庄浪水洛中学、庄浪南坪中学、庄浪实验小学、庄浪水洛文沟小学、静宁一中、静宁威戎中学、静宁威戎小学、静宁三中、静宁新城小学等36所学校作为样本校，在每校随机抽取三个年级（小学为4～6年级）的学生各15～50名，集中进行问卷调查。共发放学生问卷1500份，在参与问卷调查的学生中，其中小学生占48.3%，初中生占24.4%，高中生占27.3%，回收率即有效问卷为100%。再每校随机抽取各科教师5～15名，集中进行问卷调查。共发放教师问卷475份，在参与问卷调查的教师中，其中小学教师占38%，初中教师占27%，高中教师占35%，回收率即有效问卷为100%。再每校抽取中层以上管理人员3～5名进行集中问卷调查。共发放问卷135份，在参与问卷调查的管理人员中，校长占7.5%，副校长占20.9%，教务主任占24.7%，政教主任占25.3%，教研室主任占8.9%，其他中层以上管理人员占12.7%。回收率即有效问卷为100%。该问卷与2014年问卷对比，现截取教师、教育、教学层面的三个问题进行分析：

1.**教育理念的变化**

**表4　您对课堂教学改革的认识怎样?（教师问卷表）**

| 时间 | 选项 | A.突出学生的主体地位,让学生真正参与教学的全过程,是课改的要求,是提高教学质量的必由之路 | B.把课堂还给学生,必须有精细的教学目标、精细的教学设计和精细的落实措施做保障,并在课堂上做适时引导 | C.课堂上多让学生动脑、动手、动口,会影响教学进度,影响教学效益 | D.传授式教学是当前提高考试成绩最有效的方法 |
|---|---|---|---|---|---|
| 2014年 | 人次 | 109 | 121 | 35 | 21 |
| | 百分数 | 38.1% | 42.3% | 12.2% | 7.4% |
| 2017年 | 人次 | 208 | 223 | 36 | 3 |
| | 百分数 | 43.7% | 46.9% | 7.7% | 0.6% |

问卷显示，多半教师认为课堂教学改革中应该突出学生的主体地位并把课堂还给学生，只有较少数的教师仍不相信学生，担心学生活动太多会影响教学效益和考试成绩。同时数据显示，选择B项的教师人数最多，由2014年的42.3%上升到2017年的46.9%，说明大部分教师认识到把课堂还给学生，必须有精细的教学目标、精细的教学设计和精细的落实措施做保障，并在课堂上做适时引导；也说明大部分教师开始从课程的执行者转化为课程的设计者。近半数以上教师备课时

最关注教学设计，而且课改使教师在教学专业水平方面最大的收获也是教学设计能力。

**表5　您现在实施的授课方式与新课程教学理念结合的程度怎样？（教师问卷表）**

| 时间 | 选项 | 结合紧密 | 结合较好 | 基本运用新课程理念教学 | 结合程度一般，有差距 | 力不从心 | 传统教法为主，结合不够 |
|---|---|---|---|---|---|---|---|
| 2014年 | 人次 | 36 | 102 | 87 | 38 | 11 | 11 |
| | 百分比 | 12.6% | 35.8% | 30.5% | 13.3% | 3.9% | 3.6% |
| 2017年 | 人次 | 76 | 182 | 160 | 36 | 9 | 12 |
| | 百分比 | 15.9% | 38.5% | 33.7% | 7.5% | 1.9% | 2.5% |

问卷显示，当前教师在实施的授课方式与新课程教学理念结合程度而言：15.9%的教师结合紧密，38.5%的教师结合较好，33.7%的教师在基本运用新课程理念教学，也就是说88%的教师已经能将教学理念基本运用到教学实践中，采用新课程理念来指导教学；只有近12%的教师由于主观或客观原因仍然在落实方面有差距。

**2.教与学关系的变化**

**表6　老师上课经常鼓励学生提问吗？（学生问卷表）**

| 时间 | 选项 | A.总是 | B.经常 | C.偶尔 | D.不 |
|---|---|---|---|---|---|
| 2014年 | 人次 | 232 | 307 | 37 | 24 |
| | 百分比 | 38.7% | 51.1% | 6.2% | 4% |
| 2017年 | 人次 | 1316 | 108 | 50 | 26 |
| | 百分比 | 87.7% | 7.2% | 3.3% | 1.7% |

在该学生问卷中，当问及“老师上课经常鼓励学生提问吗?”，结果显示由2014年的38.7%上升到2017年的87.7%，说明如今大部分学生认为老师总是在鼓励他们提出问题，说明教与学的关系在发生变化，教师把学生放在了主体地位上，正在“以学定教”“为学而教”的理念下践行着探索教学改革。

### 3.学生学习层面

(1) 学生对学习的认识

表7 您对现在的课堂教学形式的认识怎样?(学生问卷表)

| 时间 | 选项 | A.很有兴趣 | B.比较有兴趣 | C.感到一般 | D.迫于无奈 |
|---|---|---|---|---|---|
| 2014年 | 人次 | 446 | 140 | 9 | 5 |
| | 百分比 | 74.3% | 23.3% | 1.5% | 0.8% |
| 2017年 | 人次 | 1202 | 267 | 21 | 10 |
| | 百分比 | 80.1% | 17.8% | 1.4% | 0.7% |

问卷显示，由2014年的74.3%上升到2017年80.1%，说明大部分学生对现在的课堂教学形式很感兴趣，感受到了课堂教学的新意和趣味性，对新型课堂仍然充满期待、求知的欲望和好奇心；只有占2.1%的学生不感兴趣。

表8 通过学校的教学改革，您觉得自己收获最大的是什么?(学生问卷表)

| 时间 | 选项 | 解题能力更强了 | 学会了与同学的合作交流 | 学会了学习方法 | 学到了更多的知识和技能 | 学会了搜集、分析、处理和运用信息 | 更喜欢学习了 |
|---|---|---|---|---|---|---|---|
| 2014年 | 人次 | 95 | 83 | 86 | 130 | 85 | 112 |
| | 百分比 | 15.8% | 13.8% | 14.3% | 21.7% | 14.2% | 18.7% |
| 2017年 | 人次 | 257 | 154 | 203 | 375 | 216 | 295 |
| | 百分比 | 17.1% | 10.3% | 13.5% | 25% | 14.4% | 19.7% |

问卷显示，通过学校的教学改革，部分学生认为解题能力更强了，部分学生认为学到了更多的知识和技能，说明新课改过程中学生的学习能力和学习效果均得到了提升；但在“学会了与同学的合作交流”和“学会了学习方法”两个方面的百分比有所下降，表明学生仍然在合作学习和学习方法方面有困惑，还有待于教师对学生合理组织合作学习和有效的学习方法进行指导。

（2）学生的学习方式

**表9　您目前主要的学习方式是什么？（学生问卷表）**

| 时间 | 选项 | 听老师讲课 | 自习和作业 | 与同学讨论交流 | 自己预习、复习 | 社会调查 |
|---|---|---|---|---|---|---|
| 2014年 | 人次 | 354 | 44 | 85 | 103 | 17 |
| | 百分比 | 59% | 7.8% | 14.2% | 17.2% | 2.8% |
| 2017年 | 人 次 | 765 | 186 | 240 | 269 | 40 |
| | 百分比 | 51% | 12.4% | 16% | 17.9% | 2.7% |

问卷显示，目前大多数学生的学习方式仍是听老师讲课，教师讲授依然占据着课堂一半以上时间，学生自主学习、合作探究、训练提升的时间相对比较少。由此说明，“教师讲，学生听”的注入式教学法在课堂教学中长期占主要地位。所谓启发式的教学法，虽经多年提倡，也主要是以一种“教师提问，学生回答”的方式在课堂教学中居于辅助地位。

（平凉市教科所　曹宁子　曹亚东）

# “e+艺”教育为农村艺术教育注入源头活水

［摘要］张掖市临泽县作为教育部国家教育资源公共服务平台规模化应用试点县之一，多年来，始终致力于以教育信息化推动教育现代化，促进教育向高位优质均衡发展。针对农村艺术教育缺师资、无资源、水平低等短板，临泽县以艺术教育与信息技术手段的深度融合、应用为核心，以体制机制创新和建设覆盖全县的信息化环境为基础，着力构建资源一体化聚合网络、师资一体化研修网络、校园质量一体督导网络，为师生搭建展示艺术特长的云平台，开创了以“231”融合体系为重要实施途径的“e+艺”（互联网+艺术教育）教育模式，实现了农村乃至全县艺术教育“课有源、学有师、教有翼、研有组、管有方、show有台”的理念，为师生处处学习、时时提高构建了良好的艺术教育生态系统，对于促进以艺术教育为引领的美育工作发展，教师专业成长和学生个性化学习，推动区域教育优质均衡发展，以及率先实现教育现代化提供了良好助力。

［关键词］艺术教育、信息化、融合

## 一、背景及实践意义

在绵延逶迤的祁连山下，历史悠久的古丝绸之路上，人称“塞上江南”的临泽县遍布着94所学校，其中农村学校就有82所。近年来，虽然在全县上下的共同努力下，临泽县先后通过全国义务教育发展基本均衡县及全国中小学校责任督学挂牌督导评估，被确定为国家教育资源公共服务平台规模化应用试点县，但是全县农村教育的短板仍然是艺术教育。农村艺术师资短缺，艺术课程资源匮乏，孩子们享受优质艺术教育的渴望变成泡影；研修方式单一，培训机会少，现有专职艺术教师提高专业水平的理想也化为梦想，艺术教育发展成为了制约全县教育优质均衡发展的痛点。特别是《教育部关于推进学校艺术教育发展的若干意见》和《国务院办公厅关于全面加强和改进学校美育工作的意见》相继颁布后，临泽县认识到学校艺术教育是美育的核心，是实施美育的重要内容和有效途径，只有加强和改革艺术教育，切实补齐短板，才能让全县教育实现高位均衡。此时正值“国家数字资源公共服务平台规模化应用试点县”和“网络学习空间人人通”项目深入实施之际，临泽县抓住机遇，顺势而为，借信息化教育东风，开启了农村“e+艺”教育之路。

“e+艺”教育模式实施结构示意图

## 二、“e+艺”教育模式实施的基本思路

“e+艺”教育模式中的“e”为“Internet Explorer（互联网）”的标识，也是“Education Informationized（教育信息化）”的首字母。“e+艺”教育，简而言之就是“互联网+艺术教育”，就是利用现有信息化工作优势，整合现有的互联网资

源和信息化手段，与艺术教育的再融合及再应用，从而培养学生艺术素养，提高教师的专业能力，服务于学生现在学习的“高质量”和未来发展的“高成长性”。该模式着力解决三个方面的问题：

一是“谁来教”的问题。由于临泽县地处西北，属于经济欠发达地区，艺术院校毕业生不愿意到这里从事艺术教育工作，艺术教师招聘工作屡次因“无人报名”而“搁浅”，全县艺术教育专业师资极为匮乏，农村学校艺术师资队伍更是如此。“e+艺”教育模式，构建起了师资一体化研修网络，通过信息化手段将网络名师和县域艺术教师优质课程资源引入农村课堂，采用网络和县域名师主讲，农村兼职艺术教师现场指导的方法，将专业的理论、技法教学交给网络名师，基础的课程指导、课堂管理留给兼职艺术教师，互补不足，取得了目标一致、手段分层、指导有效的良好效果，切实改善了农村学校，尤其是农村教学点艺术教师缺乏的问题。

二是“用什么”的问题。面对海量资源，大部分学生和教师面临“找不到”和“不知怎么找”的困惑，“e+艺”教育模式构建起了资源一体化聚合网络，把网络资源通过归类、汇总、补全的方法供师生使用，把优质资源送到每一位师生手中，实现了教师堂堂课程有资源，学生随时学习有资源。

三是“效果怎样”的问题。“e+艺”教育模式主体是教师和学生，质量监测和结果运用至关重要。我们构建起了“纵向到底、横向到边”的艺术教育质量一体化督导网络，让“e+艺”教育模式的实施可控可查。艺术教育成果是需要公众共鉴共赏的，我们搭建了师生艺术教育展示云平台，把师生的艺术作品、教学成果放到公众平台之中，激发了教师提高艺术教育专业水平和学生努力学好艺术课程的积极性。

“e+艺”教育模式通过夯实基础、构建学习和督评网络、搭建展示平台的方法，使农村乃至全县艺术教育“课有源（课程资源）、学有师（艺术教师）、教有翼（教学手段）、研有组（教研组织）、管有方（管理机制）、show有台（展示平台）”的目标得以实现，有效提升了全县艺术教育的整体水平。

## 三、主要做法及推进措施

### （一）夯实两个基础

**1.政策指引，为“e+艺”教育指明发展方向**

面对短板，思变是出路。在冷静分析艺术教育现状后，临泽县确立了“e+艺”推进艺术教育发展的工作思路，先后出台《关于进一步加强中小学艺术教育工作实施意见》《关于深化“互联网+教育”融合创新 推进信息技术教学应用的指导意见》，以及《关于加强信息技术与教育教学深度融合的安排意见》等指导性文件，为艺术教育和信息化的深度融合指明了发展的方向。

**2.设施建设，为“e+艺”教育提供基础条件**

搞“e+艺”教育，资金是关键。临泽县累计投资2310万元，大力实施宽带网络提速工程和教学终端覆盖工程，全县中小学、幼儿园及村教学点全部实现千兆光纤接入，班均出口宽带达到5M以上，实现了校园有线无线“双网”全覆盖，交互式“班班通”教学终端覆盖率达100%，镇中心小学、城区小学和中学全部建成录播教室和云计算机教室，专任教师全部配齐了笔记本电脑。同时，下拨100多万元艺术教育专用设施建设经费，结合校园自筹120多万元，规模学校全部建成校园电视台，建成配备教学终端的标准艺术专用教室70多个，为推进“e+艺”教育提供了硬件保证。

### （二）构建三个网络

**1.资源一体化聚合网络**

把艺术名师和资源带到每一个农村孩子身边，是“e+艺”教育的最终目标。临泽县整合优质艺术课程资源，补充师生需求资源，把网络资源归类，汇总，完善后供师生使用，把优质资源送到每一位师生手中。一是聚合课程资源。利用网络资源精品课堂，购买国家教育资源公共服务平台教学应用软件或教学资源18570个，积极使用畅言、鸿合、希沃、铭师堂、飞天E教等企业教育云平台的优质资源，探索使用中音在线、乐器学习网、我爱画画网等网络视频课程开展教学，让孩子们“零距离”跟着全国名师上课，提高了艺术课堂的专业化水平；建立县域精品专递课堂，建成“临泽教育资源录播平台”，平台下设18个校级子平台，与18个高清录播教室互联互通，结合全国“一师一优课，一课一名师”活动、全省“交互平板课例大赛”和各级“微课大赛”等活动，在全县中小学开展同步课堂直播，有计划地安排学校艺术骨干教师录制精品课，利用云平台将课堂引入村教学点和本校课堂，实现了县域内优质艺术资源的共享共用；打造需求供给课堂，针对教学点艺术师资不足的问题，安排城区中小学教师根据学科计划，录制微课180多节，县级评审后输入教育资源库，方便农村孩子自由开展网络学习，对标补足艺术教育资源。二是整合课外学习资源。将优质网络资源通过班级QQ群、微信群推送到学生手中，引导学生利用网络资源根据个人爱好进行自主学习，通过“作业盒子”、微信平台等，展示个人学习成果，学生、教师、家长可以进行互动交流，在交流中提升学生的学习兴趣和学习质量。

**2.师资一体化研修网络**

提升现有艺术师资专业水平是实现“e+艺”教育的根本之道。临泽县成立了一批艺术名师网络工作室，与周边校园艺术教师结成网络研修共同体，定期远程开展专业交流、教学方法、资源选择、科研项目和管理手段方面的“传、帮、带”活动，引领全县艺术教师专业发展。组建了全县音乐美术学科教研联组，通过国家、省级网络教研平台、教育社区，开展网上授课、解惑答疑、教研互动等形式的在线交流、在线学习，向薄弱学校推送优质教育资源，开展网络互动教学、远程培训等多种形式的教学帮扶活动，共享教育智慧，促进团队艺术教师专业整体发展。创新教师研训模式，引导艺术教师选择使用国家和省级平台的同步课程资源、数字教育资源和“教育云规模化应用示范”项目提供的微课资源，广泛开展艺术学科网上示范课、网络优课评选、网上协作研讨、区域网络教研，形成了“网络研修+现场研讨”的研训新模式，推动教师教学方式转变。一些教师还加入了“微课创新教学社区”“电子白板教学应用社区”等教育社区，参与教育社区的互动交流，分享全国各地教育专家、优秀教师的先进教学方法和教育理念。拓宽校本研训方式，大力开展农村小学教师“QXY”培育工程（全员信息技术+艺术），通过网络将名师课堂、教学案例带到村教学点中，有组织、有计划、有措施地开展培训、说课、评比等活动，让农村每一位教师都有了一定的艺术专业素养，成为上得了启蒙艺术教育课的合格教师。

**3.质量一体化督导网络**

有效的督导机制是实现“e+艺”教育的最佳推手。临泽县整合县域空间、校园空间、教育OA系统、“智慧校园”终端、工作QQ群和微信号以及学生综合素质评价平台等网络手段，从教师管理、校园安全、试卷评阅到课堂教学、学生评价，实现网络管理、可控可查，建立了信息化督导网络。将农村学校分为7个学区，与城区校园划片结成9个督学责任区，每学期安排责任督学深入责任区学校对“e+艺”教育情况进行督导检查，逐校“问诊把脉”，进一步完善网络督导机制，构建起“纵向到底、横向到边”的校园艺术教育质量一体化督导网络。

### （三）搭建师生才艺展示云平台

艺术教育，成果展示为重要手段。以教育云平台为核心，将开展日常艺术教育活动、校园艺术节作品、学生艺术社团活动等教育成果上传至教育云平台进行展播，师生互相观看，评论，点赞，成为师生搭建展示自己艺术特长的舞台，为艺术教育注入活力。一是搭建县级平台。充分利用“临泽教育资源录播平台”，举办全县幼儿园教师优质课评选、中小学教师微课大赛、中小学幼儿园信息技术与课堂教学深度融合十佳课例评选及校内的各类优质课评选活动，平台成为专业教师展示个人专业特长和教学水平的舞台。坚持每年举办艺术展演、校园艺术节、青少年才智大赛、主持人大赛等精彩活动，将活动实况通过县级平台进行展播，促使学校之间、教师之间、学生之间互相学习与共同提高。二是搭建校级平台。规模以上学校均建成校园电视台，开设校园新闻、才艺展示等多个栏目，对校园发生的新鲜事进行全方位报道，节目策划、新闻采集、播音主持、视频展播均由学生参与完成，校园空间同步展播校园电视台栏目。如今，观看校园电视台的节目已经成为农村小学每天必备的休闲娱乐项目。三是建成班级平台。在教师群体中开展“微文化”展播活动，教师利用手机将日常艺术教育课、活动剪影等内容随手拍照留念，上传班级空间，通过“班级相册”“班级问吧”“班级留言”“班级论坛”等模块开展师生交流互动，打破了师生交流和班级管理的时空局限。

## 四、实施效果及案例

宽敞明亮的音乐教室里，《走进新时代》的旋律在师生乐队的指尖流淌；宽敞舒适的舞蹈教室里，孩子们婀娜的舞姿张扬着他们的个性；高雅大气的美术教室里，一幅幅剪纸、绘画作品在孩子们的手中创作完成……“三年前，这样的场面是想也不敢想的，现在农村的孩子也享受到了和城里孩子一样的艺术教育。”

临泽县平川镇中心小学校长张洪敬难以按耐心中的激动，如是说道。“e+艺”（互联网+艺术教育）模式使农村学校艺术教育发生了翻天覆地的变化。

临泽县新华镇中心小学按照国家课程有质量、地方课程开设齐、学校课程有特色的三级课程管理要求，立足学校教师特长和学生兴趣爱好，整合网络视频课程资源，开设“星魅力”拉丁舞、“彩虹”手工小组、绘画兴趣小组、科幻画、神奇的七巧板、乾坤园、星星墨苑、翻转世界等14门选修校本课程。网络课程中标准的技巧演示、精准的示范讲解、高超的操作经验是本校艺术教师无法比拟的，加上艺术教师的悉心指导，让每一位学生学习兴趣都更加浓厚。每年一届的才智大赛，设体育、舞蹈、器乐、绘画、益智活动五个项目，鼓励学生特长发展，给具有特殊才智的学生搭建展示平台，使同学们在活动中感受美，创造美，体验积累进步、热爱生活的快乐。

在不断的探索努力下，临泽县艺术教育工作取得了一定的成效。全县各中小学艺术课程开课率和艺术教育校本课程开设率均达100%，完善的设施设备满足了艺术教育的需要，先进的教学方法和现代化的教育手段使得艺术教学质量稳步提升，面向全体学生的丰富多彩的课内外、校内外艺术活动常态化开展，全县中小幼各学段相互衔接，课堂教学和课外活动相互结合，普及教育与特色教育相互促进，城乡、校际艺术教育水平均衡优质发展，艺术教育工作格局已初步形成。截至目前，全县义务教育阶段14所规模学校已建成省级快乐校园11所、市级艺术特色示范校10所。艺术教育经验《这里的孩子有了艺术的乐园》在《中国教育报》《未来导报》和中国教育新闻网等媒体刊登报道。《“e+艺”教育为农村艺术教育注入源头活水》入选甘肃省2017年基础教育信息化应用典型示范案例。

“e+艺”教育的实施，正改变着师生“教”与“学”的方式，农村孩子也能享受城里孩子一样的优质艺术教育，农村教学点的教师由原来的艺术教育“门外汉”变成了“内行人”，几年前可望不可即的艺术教育让农村家长们吃了一颗“定心丸”。

（张掖市临泽县教育体育局 顾文涛）

# 清泉学区“三段五环四模式”校本研修助力农村教师专业成长的实践探索

## 一、概述

### （一）源自于新课程改革对教师提出的严峻挑战

新课程强调教师与课程、学生、学校共同发展，教师知识体系建构要不断优化，专业技能要不断提高。学校教学质量的提升，要求有一支乐于教育科研、善于教育科研的教师队伍。

### （二）源自于对校本教研现状的思考

清泉镇中心小学是一所六年制完全小学，下辖双桥、北滩、南湖三所完全小学，教师平均年龄46.4岁，趋向老龄化，教师个人研究兴趣淡漠，能力不足，安于现状，学习被动。下辖三所小学地理位置比较分散，学校规模小，无平行班级，教师周课时多、兼科多，无法开展集体备课、研课活动，研修方式单一，缺乏教研动力。针对新课程改革和人民群众对教育的需求，需要教师与课程、学生、学校共同发展，教师知识体系的建构要不断优化，专业技能要不断提高，学校教学质量要不断提升。因此，构建与新课程相适应的具有本土特色的校本教研方式并促进学科教师的专业发展是我们亟待解决的关键问题。

### （三）“三段五环四模式”校本研修模式的提出

通过理论学习和对学区的现状调研，我们清醒地认识到校本教研是教师成长和专业发展的载体，也是适合我学区教师专业成长的必由之路。为此，通过分析我镇教研现状，我们为全镇教师搭建了“四校携手互动分享”的校本教研平台。

以清泉镇“骨干团队”为主要组织形式，先从提高各学科教师某一方面的素质入手，确定主题进行“三段五环式”模式的校本研修。为更好地整合优质资源，我们扎根于实实在在的教学之中，以“四模式”校本教研活动策略为抓手，2013年9月，开始了“三段五环四模式”校本研修的实践探索。

## 二、发展

“三段五环四模式”校本研修是助力我镇教师专业成长的实践过程，大体经历了以下四个阶段：

| 阶段 | 完成的主要任务(含方法) |
| --- | --- |
| 探索起步阶段<br>(2013.9—2013.10) | 1.开展问卷调查,初步了解情况。<br>2.通过课堂观察,了解具体细节。<br>3.制定研究方案,提出提高教师素质的“三段五环节模式”校本研修模式的研究,提出“四模式”校本研修活动策略的研究。 |
| 全面实践的<br>研究阶段<br>(2013.11—2016.8) | 搭建“四校携手互动分享”校本教研平台:<br>1.以全镇“骨干团队”为主要组织形式,采用“三段五环式”校本研修模式,实现自我反思、同伴互助、专业引领。<br>2.采取行动研究法,通过“单元集体备课”“主题式沙龙研讨”“多层次课堂实践”“问题式课题研究”活动策略提升教师素质和教学技能。<br>3.以“常态教研、专题教研、课题教研、四校教研”为主要形式,以本校教研为常态,与学区大校本教研紧密结合,采取“两条腿”走路的措施,相互协调,共促发展。<br>4.同步以建设“学习型团队”为抓手,为提升教师基本研究能力奠基。 |
| 优化提升与<br>梳理阶段<br>(2016.9—2018.1) | 1.通过专题学习和行动研究,借鉴学习型组织理论,在建设“学习型团队”的过程中,梳理出锻造“学习型团队”的教师管理策略和促进教师主动发展的四大要素:团队氛围—个人目标—问题导引—网络学习,为教师自主成长提供理性思考的方向。<br>2. 在课堂教学实践方面,采用“多层次、全方位”的课堂模式,呈现出“研中学、做中思”的实践性特点,形成了“课堂—问题—课题—研究—实践”的校本研修脉络。 |
| 凝练总结与<br>推广阶段<br>(2018.2—至今) | 1.采用自下而上和自上而下相结合的方式,系统梳理了之前所有的研究成果,总结梳理出“三段五环四模式”校本教研体系。<br>2.正式凝练出锻造“学习型团队”的教师管理策略,让每一位教师都获得长足发展。<br>3.“三段五步四模式”校本研修实践体系,已在我县部分农村中心小学进行推广应用。 |

## 三、成果

### （一）探索出“三段五环四模式”校本研修体系

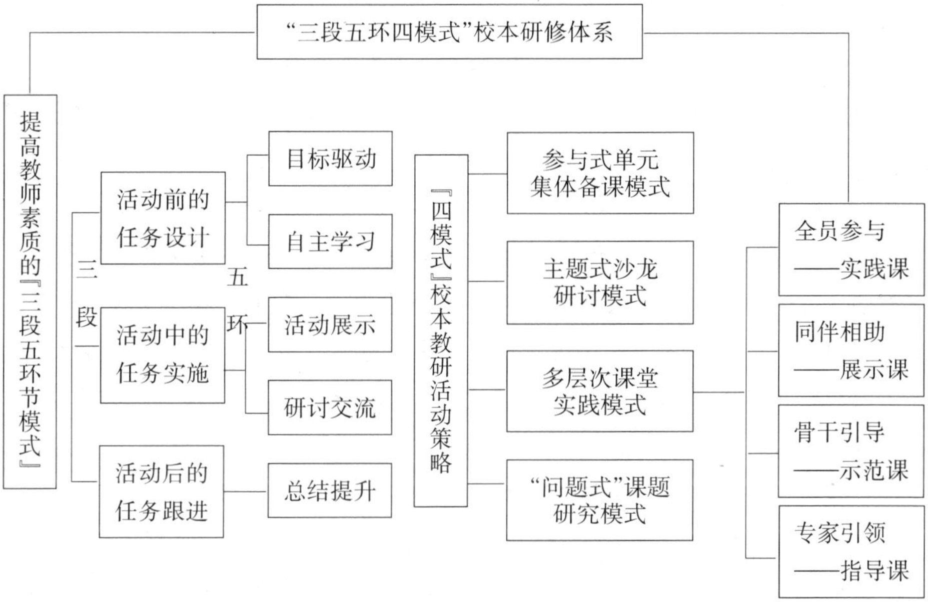


“三段五环四模式”校本研修体系是“提高教师素质的三段五环节模式”和“四模式”校本教研活动策略的结合体，是在我学区大校本教研活动中逐步推行并完善形成的校本教研体系。

**1.提高教师素质的“三段五环式”校本研修模式**

校本研修活动中我们力求把握三个阶段、五个环节（“三段”“五环”）。“三段”，即活动前的任务设计、活动中的任务实施与活动后的任务跟进。“五环”，即目标驱动、自主学习、活动展示、研讨交流、总结提升。

（1）研讨活动前：力求目标明确，主题清晰，精心设计活动前的任务

一是目标驱动，解决教师工作中的困惑，激发教师主动学习的欲望，让教师在活动中感受和体验到获得专业成长、实现自身价值的乐趣。

二是自主学习，教师根据每次活动的不同任务，结合自身实际，有选择、有针对性地借助网络阅读书籍并研究相关案例，与专家、优秀教师对话，纳其精华，提高教育教学能力，做创新型教师。

（2）研讨活动中：做到活动展示主题明确，研讨交流重点突出，力求活动开展有序实效

一是教给教师观察课堂的方法。确定观察点，让他们观察教师的课堂用语及新课改理念的渗透等，引导教师有意识地就研讨主题关注讲课教师的个人素质和课堂设计。

二是做到研讨交流重点突出。展示课后，教师以研究课为载体，围绕主题开展研讨活动，教师就自己的观察点发表看法，同时进行纵横向比较，问题在思维的交锋和碰撞中越辩越明，教师的素质在互动交流中不断提升。

（3）研讨活动后：总结提升，形成文字材料，巩固研讨成效

为了避免以往“教研活动随着活动的结束而结束，缺乏延续性”的现象，每次活动之后，我们都力求做到“两总结”“两反思”。首先，中心校从管理者、组织者层面进行反思和总结；其次，要求教师通过写教育日志的方式，对活动做出评价反思；再次，要求教师将活动总结、反思上传到清泉学区校本教研中心QQ群，以便教师之间能够更好地开展后续研讨，同时形成资源共享。

**2.提高课堂实效的“四模式”校本研修活动策略**

在“高效课堂建设年”实践活动中，我们从倾听“学生喜欢什么样的课堂”入手，捕捉“好课堂”的要素，确立了“高效愉悦”的课改目标。多角度透视课堂，发现课堂的无效或者低效环节，从备课、上课、沙龙研讨、课题研究四个方面开展研究，从实践中探索出提高课堂实效的“四模式”校本研修活动策略。

（1）参与式单元集体备课模式

我镇有四所完全小学，由于没有平行班级，每所学校的教师备课总是“孤军奋战”，缺乏同外界的交流与沟通。因此，我们想到搭设并借助“单元集体备课”这个平台，对教师实现专业培训与引领。具体备课活动操作流程是：四校同年级同学科教师轮流主备，集体研讨→个性修改，形成个案→教后反思，二次修改→滚动备课，资源再用。

“单元集体备课”革新了我镇教师的备课工作方式，实现了教师之间的相互交流，加强了相互合作，提供了专业支持，实现了同伴互助。对于缺少“专家引领”这一条件的农村教师而言是经济的，更是可行的途径。

（2）主题式沙龙研讨模式

除了以教材为中心的集体备课，近几年，清泉镇学区还通过“四校携手”校

本研修平台，为教师自我发展提供支持和保障。围绕课改主题定方案，定时间，定地点，开展系列主题式沙龙研讨，引导教师自觉以研究者的眼光审视、分析教学中出现的各种问题，树立起“主题来自问题”的意识，把一个又一个教育教学中有意义的实际问题，经过“设计”转化为富有个性特色的校本研究主题。让不同学科的教师相互分享精彩的教育智慧和宝贵的教学经验，让他们在分享中共同成长。

(3) 多层次课堂实践模式

多层次课堂实践模式，是指主要围绕“主题”上研究课，进行课堂观察，主题研讨，课堂反思。其过程充分发挥同伴互助效应和骨干引领作用，通过四个不同层次逐层推进，螺旋上升，从而实现循环往复不断提升的目的。

一是全员参与——实践课。对教师来说，课堂是教师立足之根本，改进和促进自己的发展必须从反思自己的教学实践入手，教师参与教研最容易入手、最有效、最具可行性的形式就是教师自身在自己的课堂环境中，对自己的课堂进行自我反思实践，进而改进自己的教学行为，提高教学效果。基于这样的思考，我学区各校每学期一直采用和坚持以个人研究为主的教师全员实践课来提升课堂教学水平。

二是同伴相助——展示课。教师间相互协作关系的形成是校本研修活动取得实效非常关键的一环，教师在相互间的交流与沟通中可以获得相互支持，交流新的想法，通过共同努力，减轻自己的负担，共同营造轻松愉快的研究氛围。这种研究形式有效地建立起以教研组为主体的共同体，教师在共同体中交流，研究，合作，使各自能从不同的层面得到很好的发展。

三是骨干引导——示范课。我学区现有各层级骨干教师32人，我们将这部分教师组织成专家组，吸收有培养前途的中青年教师参与。每学期在四校研修中均安排1～2次示范课，课程由校专家组充分准备，对全镇教师进行授课，然后组织专家组讨论，反思，形成意见，对示范课进行点评，指导。教师观摩整个过程，在这样较高水平上的示范和引导，能使教师站在较高的平台上反思自己的教学实践，找出差距，以便改进、提高自己的教学水平。

四是专家引领——指导课。我校每学期都会积极参加县教育局组织的教学观摩课、研讨课。近年来，我们先后参加了暑期培训专家指导课（“南京名师课”）、“京陇名师面对面”主题教研活动、联盟教研展示课等。这些活动，每次均有名师亲临课堂上指导课，这是全校教师学习的好机会，我校总是有针对性地安排教师参与学习观摩。每一次这样的活动，都会给学校带来新的理念，促进学校教学水平的提升。

(4)“问题式”课题研究模式

教师在学校、课堂具体的教育教学实践中会遇到很多问题、疑难和困惑，解决这些问题，可以帮助教师转变观念，提高教学实践能力，促进教师的专业成长。

每学期初，我们都会组织教师通过实践反思，梳理并反馈在教学实践中遇到的各种疑难问题，将问题转化为课题进行“草根研究”，并展示分享研究成果。现已结题的课题研究成果“提高课堂效率的‘八优化’操作策略”“‘三遍读’预习法”“‘以学定教’的三段式语文高效课堂教学模式”等已在全镇四校广泛推广，并且反响良好。

**(二)形成“学习型团队”的教师管理策略，实现教师主动成长**

第一，开展集体认同感培训，促进教师共同愿景的形成。我们引进团队训练方法，借助县教育局教研室外聘专家的指导作用，依靠“学术引导”转变教师理念，提升教师素养。捕捉好教师的关键因素，调研学生心中的好教师、一节好课的标准等，用榜样的力量、学生的需求推动教师转变，使教师通过研讨达成共识。

第二，鼓励教师不断学习，建设“学习型团队”。我们以建设“学习型团队”为目标，以书香校园活动为依托，鼓励教师多读书，多听课，多实践，通过自学、教育论坛、专题讲座等形式建设“学习型团队”。

第三，分层确定个人发展目标，引领教师进入自我成长的智慧世界。我们根据每位教师的“最近发展区”，采取了不同的培训方式，为教师提供相应的成长平台。

一是给年轻教师一个支点。采用“模仿秀”的形式，让他们在师傅的带领下，仔细琢磨优秀教学案例，进行教学展示，书写教学反思。

二是给骨干教师一个助力。在名师的助力带动下，让骨干教师取得长足的进步与发展，实现双赢。

三是给全体教师一个舞台。每两周安排一次“教师讲坛”，让有不同教育教学长处的教师讲述自己的经验、故事，也让年轻教师讲述教育教学中的困惑。以此方法力图激发教师的智慧，并让全体教师自然并自觉地在日常教育教学中得以运用。

第四，以有效的教学竞争机制，促进教师业务水平提升。我们定期以学科为单位举行不同类型的课堂大赛，不断激发教师的进取精神。

## 四、效果

在“三段五环四模式”校本研修体系的研究实践中，我们致力于教师队伍的培养和打造，构建教师学习共同体，形成教师“抱团”发展的方式，以部分教师的学习自觉，推动整个教师群体的学习行动，促进教师专业素质的整体提高，该做法已使教师步入专业发展的快车道。

教师的基本功和教学技能、科研能力得到极大提高。课题组成员实现了从“教师”到“导师”，从“独奏者”到“伴奏者”，从“教书匠”到“研究员”的转变。教师队伍充满激情与活力，在不断创新中的教学成绩喜人。近年来，有6项课题被省、市教科所鉴定，其中1项课题获甘肃省基础教育教学成果一等奖。有34人次分获省、市、县优质课一、二、三等奖。有六成比例的教师荣获省、市、县各级论文、案例大赛一、二、三等奖。学校连续多年被山丹县教育体育局授予“目标责任书”考核先进集体、教学质量检测先进集体、教科研工作先进集体、“高效课堂建设”先进集体等荣誉称号。

## 五、创新与反思

五年的历程，我们认为“三段五环四模式”校本研修实践体系的创新价值主要体现在以下两方面：

一是实践范式上的创新。“三段五环四模式”校本研修，真实地改变了校本教研的方式，让每一位教师都置身于教学研究的现场，直面问题，调动和发挥教师的积极性和创造性，让教学研究成为教师自己的事情，教师的参与度大幅提升。共同愿景下的学习型团队得以构建，教师教研能力的提升有了一个真实的可操作、可展示的平台。校本研修不再是少数教师的专利，以往认为自己不会“研究”的教师也来做研究了。

二是模式上的突破。“三段五环四模式”校本研修，集中学区优质资源，突破了中心校下属小学缺乏专业引领难于教研的现状，突破了本校的局限，实现了跨校、跨区域研修，推进了校际联动，成功实施了“大校本教研策略”。一定程度上解决了农村小学校间、区域间发展不均衡问题，建立了优质教研资源的共享机制，为部分教师提升专业能力提供了可能。

多年的校本研修，我们也一直在思考，在实施的过程中应努力摆脱校本研修中形式化的东西，切实解决教师在教学中遇到的问题，让校本研修成为教师真正的内需，从而得以可持续发展。如何让每一位老师都能在校本研修中得到收获呢？比如，为避免研讨活动成为“萝卜烧萝卜”式的同水平反复，我们还缺少适时的专业引领，今后还要想办法有计划地聘请专家参与研讨，还要着力培养各年龄段骨干教师，使其成为“引领人”，切实推进校本教研的有效开展。这条研修之路，我们还需要思考很多，学习很多，工作很多。

（山丹县清泉镇中心小学 赵红霞 山丹县教育体育局教研室 杨志勤）

# 深化“互联网+”教育改革 开启智慧教育新时代

## ——肃南裕固族自治县教育信息化“223模式”应用案例

### 一、政策依据

根据《国务院关于积极推进“互联网+”行动的指导意见》(国发〔2015〕40号),进一步推动云计算、大数据、移动互联等新技术在教育领域的发展和应用,将“互联网+”教育改革转变为促进教育公平、提高教育质量、推动教育改革的有力抓手和有效手段,成为肃南裕固族自治县开展教育改革的重要路径。

### 二、实施背景

肃南裕固族自治县现有各级各类学校(园)18所。其中,县城有完全中学、中职学校、完全小学、幼儿园各1所;各乡(镇)有九年制学校5所、乡村小学4所(其中1所为非完全小学)、乡镇幼儿园5所。在校学生3627人,有教职工529人,其中专任教师482人。目前各学校(园)配有计算机958台,师机比1∶1,生机比为4∶1,建有计算机教室15个。全县义务教育阶段所有教学班配齐“班班通”多媒体触控一体机设备,建有全自动高清录播教室6个,全县8所九年制以上学校均建起了校园网站,运行状况良好,光纤接入宽带覆盖率达100%,县城学校及九年制乡镇学校带宽为100M以上,村小学带宽达到50M。中小学信息技术开课率达100%,全县所有一线教师均在甘肃省基础资源网注册,初步实现了教育资源网上共享的局面。

## 三、思路分析

长期以来，肃南县各级各类学校对教育信息化助推教育现代化发展的认识不足，功能挖掘不够深入，对信息化设备的应用不够充分。“网络学习空间人人通”工作没有达到真正的“通”，目前大多数教师、学生只是在平台上完成注册，对空间、平台的应用水平较低。为此，我县深入探索“223”信息化应用模式，深化“互联网+”教育改革，努力步入开启智慧教育的新时代。“223”模式：即实施2个项目。实施“互加计划——美丽乡村公益课堂”项目和“乡村青年教师成长计划公益项目”。用好2个平台，用好甘肃省基础教育公共服务平台和肃南县基础教育云平台。抓好3个促进。一是抓好利用城域网促党建。开展中心组学习、支部书记上党课等党建活动的直播，扩大影响范围。二是抓好利用城域网促教研。包括开展名师课堂直播、骨干教师示范课、青年教师过关课、网络推门听课、名师讲座培训、互动研讨交流等活动。三是抓好利用城域网促督导。利用校园监控平台开展教育教学、食品卫生、校园安全等方面的督导检查活动。

## 四、具体实施

### (一)搭建网络教学直播平台与校园监控平台

利用网络直播平台开展名师网络公开课、网络推门听课、专递课堂等活动，充分发挥心理健康、小学数学、初中英语、学前教育等学科网络教研室作用，努力提升教师信息技术应用能力水平，积极构建网络教研活动新模式。近三年来，共选送362篇信息技术论文、328件课件、52节课例参加省、市评选活动。其中，有12篇论文获得国家级一、二等奖和省级一等奖，2件课件获得国家级一等奖。在2016年国家及省级“一师一优课，一课一名师”活动中，共上报优课306节，获批县级优课92节，市级优课21节，省级优课16节，有7节入围部级优课。

### (二）推进网络学习空间“人人通”

一是利用网络学习空间的集体备课、名师工作室等模块开展“线上”集体备课、集体评课、研讨交流等互动教研活动。二是积极组织教师参加各级各类网络学习空间应用培训，举办网络空间“人人通”应用大赛，推动平台应用工作。三是从实际出发，有计划地开展教师信息技术全员培训和技术骨干、教学骨干提高培训，培训率达到100%。四是要求每所学校每学年举办2次以上信息技术全员培训。通过边建设、边培训、边普及的方式，以管促建，以培促用，为每所学校培养了1～2名设备管理员和骨干。

### （三）开通肃南教育公共资源服务平台

以“晒优课、看教研、找资源”为目标，充分挖掘该资源服务平台功能，实现肃南县优质教育资源共享普及，满足教育创新的需求。2017年，在“一师一优课，一课一名师”活动中，该县参加晒课教师385人，占专任教师的98.7%，晒课428节，有实录课220节，占晒课节数的51.4%。其中，评出县级优课196节，评出市级优课63节，评出省级优课20节。

### （四）实现视频会议全覆盖

为破解乡镇学校分布广、交通联系不便这一实际困难，通过架设高清视频会议系统，积极开展视频会议、党员学习、联校教研等活动，实现了城乡学校“面对面”无障碍交流。

### （五）“互加计划”助力小规模学校发展

以“互加计划——美丽乡村公益课堂”和乡村青年教师社会支持公益计划为平台，建立了村小教学共同体，统一了课程设置，初步实现了教学研究同步，为全县中小学生配备了电子书包等移动学习终端，同时，适合牧区实际的智慧课堂新模式逐步形成。2017年，全县9所乡镇学校及村小学加入了“互加计划——美丽乡村公益课堂项目”，有效解决了全县乡村学校音乐、美术等学科师资力量不足和教学质量不高的问题，使乡村的孩子也享受到了来自大城市的优质教育资源。为保证“互加计划”项目扎实有效推进，邀请沪江计划项目负责人及省内参与沪江计划的学校代表来我县对项目进行现场指导和经验分享。

此外，经过多方沟通协调，肃南县第一中学同成都四中成功“联姻”，实现了网络远程直播同步课堂。

## 五、实施效果

近年来，肃南县积极争取扶持少数民族县优惠政策及薄弱学校改造项目，县政府加大配套资金投入，先后投资880余万元，更新计算机729台，新建触控一体机教室119个、网络教研室5个；投资125万元新建集录播、视频会议、标准化考场于一体的“三合一”多功能录播教室5个；投资36万元为全县所有学校安装了数字高清校园视频监控系统；投资90余万元，对全县各学校的网络设备进行了升级改造，并实现了校园无线网络的全覆盖。硬件条件的持续改善，为我县教育信息化“三通两平台”的建设打下了坚实基础，收到了良好的效果。

该县自实施“223”信息化工程建设以来，得到了上级教育部门的认可，《未来导报》等媒体也给予了报道，引起了广泛关注。

## 六、保障措施

### （一）组织保障

成立肃南县教体局“三通两平台”建设领导小组。领导小组是平台建设与管理的领导决策机构，由局长担任组长，分管副局长担任副组长，教室、电教中心等部门负责人为主要成员。主要职责：一是负责平台建设规划等重大事项的审批，二是负责建设经费、管理制度的审批和监督。

### （二）机制保障

一是明确责任。要求各学校（园）的校（园）长为第一责任人，负责本学校“三通两平台”建设的规划、协调和监督。业务校长负责管理本单位教学平台的管理与应用指导，及时反馈学校平台管理与应用情况。教导处及任课教师负责具体的平台课程资源建设以及利用平台有效开展教学教研创新工作。各学校设平台管理员一名，负责本单位平台建设的技术指导和日常维护工作。二是建立评价机制。建立学科组、学校、教体局三级评价机制，加强对平台建设与应用的管理。学科组主要面向每一位教师对数字化平台应用数量和质量进行评价，促进学科教师数字化平台应用能力的整体提升。学校主要是对全校每一个学科组平台建设与应用进行量性和质性评价，促进学校数字化平台应用能力的全面提升。教体局对全县各学校（园）平台建设与应用进行量性和质性评价，进行督查，反馈，指导，并纳入教育督导考核中，促进平台应用水平的提高。

**（三）经费保障**

通过制定下发《肃南县教育信息化及教育技术装备管理应用考评标准》《肃南县各学校关于进一步发展信息化工作的实施意见》《肃南县教育信息化考核管理办法》等政策性文件，落实每年从学校公用经费中拿出15%用于信息化“三通两平台”建设的经费保障要求。

实现教育信息化是在新的历史条件下社会经济发展对教育提出的必然要求，也是推进教育现代化的基础和重要条件。尽管我县的教育信息化工作取得了一定的成绩，但还存在许多问题和不足，一些做法还有待进一步探讨与论证。肃南县将进一步加大工作力度，做好教育信息化建设、管理、应用这篇“大文章”，为推进肃南教育现代化进程、推动义务教育优质均衡发展做出更大贡献。

（肃南裕固族自治县教育体育局 王斌峰 宋培明 贺天文）

# 以EURT协同创新机制驱动普通高中学科课程发展的实践研究

## 一、问题的提出

课程改革是一项长期的、艰巨的系统工程。随着普通高中新课程实验工作的深入推进，学科教学作为课程实施的核心载体和主要阵地，其重要性更加凸显。甘肃省自2010年秋季实施普通高中新课程实验以来，组织实施了一系列教师培训，但在新课程实施过程中，仍然存在教学改革成效不高、教师课程理念陈旧、新课标执行能力不足、校长和教育管理者教育治理能力和课程领导力不高等突出问题。因此，课题组提出立足于我省深入推进新课程实验的实际与教师专业能力发展不足的现状，以我省普通高中新课程学科教学改革中普遍存在且突出的教育教学问题为研究对象，运用先进的教育思想和理念，借鉴国内外学科教学的研究与实践成果，研究普通高中新课程有效实施的策略，总结促进教学质量提升的教学模式与方法，旨在指导和引领甘肃省新课标的有效实施，切实提高广大教师执行新课标的能力，形成适合甘肃实际需求的可操作与可推广的成果，为进一步深化我省普通高中课程改革，提高教育教学质量，促进普通高中多样化、特色化发展服务。

## 二、解决问题的过程与方法

### （一）成立领导小组与专家评审委员会，为基地建设提供保障与指导

成立以甘肃省教育厅分管厅长为组长，教育厅相关处室负责人、各市（州）教育局局长为成员的基地领导小组，负责对基地的领导，落实专项经费并协调相关部门积极为团队创造良好的工作条件提供各项保障。领导小组下设基地建设办

公室。领导小组办公室设在甘肃省教育科学研究院，具体负责团队的组织、协调、评审、检查、评估等日常管理工作。

成立学科基地评审委员会，从高中课改专家组中抽调部分专家组建评审委员会，对“学科教学改革研究与实验基地”进行综合评审，并在建设过程中给予指导。

### （二）开发学科课程平台及资源，搭建良好的交流与学习平台

委托西北师范大学教育技术学院研发“甘肃省普通高中新课程教学改革研究与实验基地网络工作平台”，为各学科基地和广大普通高中教师提供新课程改革的服务平台和学科教师专业发展平台。

### （三）聚焦课程教学改革，促进教师专业发展

各学科基地深入研究普通高中新课程标准、教材、教学内容、教学方法、教学模式，开展课题研究，在课题中反思，实践，研究普通高中新课程有效实施的策略，通过教学、教研、教改和教师培训，促进学科教研发展，提升教师的教学能力。在实施过程中，省教科院定期组织“学科教学改革研究与实验基地”工作会议，各基地总结和交流建设经验，发现基地建设中存在的困难和问题，开展工作中期督查，并对部分学科基地进行奖补。

### （四）构建EURT“四位一体”的协同创新机制，形成系统化的学科教学改革综合体

构建以教育行政部门为主导（E），高等师范院校（U）、教育研究机构（R）和一线教师（T）“四位一体”的协同创新机制，推进不同类型的教学研究单位联合建立教学改革与实验基地，形成兼有学科教学创新、教研、优秀课程资源共享、教师发展研修、学科课程建设的教学改革综合体。

## 三、主要成果

### （一）协同创新 促进高中课改深入发展

依托甘肃省普通高中、高等院校、教学研究单位，组建引领全省高中新课程

教学质量提升的各个学科基地。不同类型的教学研究单位联合建立教学改革研究与实验基地，跨区域合作开展基地建设工作，引进发达地区新课程实施的经验，引领和助推甘肃省普通高中新课程改革向纵深发展与协同发展。

### （二）互动共生 促进学科教研发展

构建了EURT“四位一体”的协同创新机制，统筹教学、教研、教改和教师专业发展，采取“自上而下”与“自下而上”相结合的策略，聚焦普通高中课程教学改革，基于实践，开展行动研究，探索有效的高中新课程改革的模式、策略及方法的同时，深化教研活动，促进教师专业发展，提升教师新课标的执行能力。

### （三）学科基地成为高中课改的教学改革综合体

学科基地是兼有学科协同创新、教育教学研究、教师发展研修、优质课程教学资源建设、学科课程建设五大功能的教学改革发展综合体，聚焦于“教改实验、目标取向、行动研究、协同创新、示范引领”，初步探索建立了低成本、高效益推进高中课改的“甘肃模式”。

## 四、取得成效

高中学科基地为我省高中学科教学研究、骨干教师培养、课程资源开发等工作发挥了重要作用，得到了省内外有关专家的关注与好评，成为我省引领高中学科发展的主力军。

### （一）培养了一批骨干教师

每个高中学科基地在三年一个周期内系统指导不少于10所普通高中的23名以上的学科教师，采用网络研修与集中培训相结合的方式，积极开展多种形式的教学研究活动，指导学科教师进行系统学习与实践活动，使理论与实践研究成果在学科教师所工作的学校的学科教学中得以推广应用，提高教与学的质量。目前已培养了至少600名骨干教师，下一个周期的高中学科基地建设中，将继续发挥培养骨干教师的职责。

### （二）发表多项学科课程教学研究成果

近年来，各学科基地共出版专著29本，发表论文813篇，撰写学科分析报告666篇，开展“线上”网络教研活动234次，组织教师“线下”开展教研活动438次，组织开发地方课程197本。比较有特色的有西北师范大学李建珍教授主持的“信息技术学科基地”，将高中必修的部分内容组织学科基地成员制作成微课，供全省信息技术教师参考使用。

### （三）高中学科基地网络指导平台建设

通过甘肃省普通高中新课程“学科教学改革研究与实验基地”网络工作平台中的示范、引领、辐射作用，各学科基地主持人不仅获得了大量鲜活的本土化优质数字教育资源，而且形成了全省广大高中教师积极参与的实践社群。通过平台建设，构建了以教育行政部门为主导（E），高等师范院校（U）、教育研究机构（R）和一线教师（T）“四位一体”的协同创新机制，形成合力，发挥各自优势，统筹了教学、教研、教改和教师专业发展，发挥合力最大效益。目前平台共开展网络教研活动234次，产出了大量的优秀录像课例和微课课件。通过网络平台开展的主题论坛、专家讲座吸引了大量教师，平台资源共建共享的良好氛围初步形成。

### （四）建立学科课程教学改革研究机制

我省建立的高中学科基地，在全国为首创，也是我省对高中学科课程教学改革研究机制的一种创新机制。我们需要把基地教研活动中的合作与交流看成教研系统的集体行为，而不是基地某个单位和教师的个体行为。对于基地整体校本教研来说，“请进来、走出去”是基地对外开放、交流的重要合作方式。“请进来”是指聘请全国学科教学专家、优秀教研员、中学名师等来基地讲座，指导教研活动和上示范课；“走出去”是指将基地核心成员和学员送出去参加培训学习。作为基地校内部的各单位也彼此开放，合作与交流，促进基地向有序高效的方向发展，提升基地的教研水平。因此，高中学科基地是一个全省学科教研共同体，教师成长共同体、研究学习共同体。

“一花独放不是春，百花齐放春满园”，高中学科基地机制的构建，已逐渐成为我省高中学科发展的中坚力量。此项研究成果获得2018年甘肃省基础教育教学成果特等奖，2018年教育部基础教育教学成果二等奖。

本研究目前已建立了普通高中语文、数学、英语、物理、化学、生物、历史、地理、信息技术、通用技术、体育与健康、音乐、美术、综合实践活动等23个课程学科基地。各学科基地积极开展活动，整合学科教研力量，挖掘潜在的学科研究优势，在课程改革、教学研究、高考备考、骨干培养等方面做了大量工作：

第一，培训互动研讨，加强学科交流。

北京师范大学暑期教师志愿服务团的九位专家来天水一中开展了主题为“理想教育、知识服务、专业帮扶”的高端培训。天水一中邀请了甘肃省普通高中地理教学改革研究与实验基地实验学校的教师以及甘肃省高校联盟的教师共300多人参加了培训。培训以研究性学习活动的开展、教师如何做研究、现代信息技术与课堂教学的融合等普通高中新课程改革和教师专业化发展中亟待解决的问题为主题。专家的培训高屋建瓴，深入浅出，内容切合实际，针对性强，效果良好。此次培训是一次高水平的学术交流活动，通过这次活动，将积极推动学科基地教师的专业化发展，开拓教师视野，使基地校和实验校的校本教研质量得到进一步提升。

白银市物理学科基地中心组邀请了第四届全国物理课堂创新大赛一等奖获得者，哈尔滨师范大学附属中学优秀青年教学新秀孙桂伟老师做了题为《普通高中新课程背景下的课堂教学改革》的学术报告。他从当前教育改革的大背景入手，通过大量的教学案例和自己的教学研究、教学体会，使每一位参训教师开阔了眼界，真正认识到了普通高中物理学科教学改革的重要性和紧迫性。之后，孙桂伟老师还与白银市物理学科骨干教师、学科带头人进行了互动研讨交流。

第二，研究考纲命题，服务高考备考。

为了全面发挥学科基地的作用，指导高考备考工作，语文学科基地在靖远一中召开了中心组成员会议，来自白银市教科所、平川实验中学、景泰五中及靖远一中的基地中心组成员通过对考纲的研究，结合白银市考生的实际情况，讨论并制定了白银市每年高考语文二、三轮复习计划，并提交给白银市教科所，下发到白银市各普通高中，对白银市高考语文学科的备考起到了积极作用。

白银市一中数学学科基地从每年秋季开始提前谋划，采取划分小组、分解任务、明确要求、明确责任、限定期限等措施，组织中心组成员及骨干教师为培养对象，着力研究近三年新课程高考数学全国卷、考试大纲及说明，近八年高考数学全国卷命题走势，并结合白银市高三学生的学情实际，对白银市普通高中数学学科二、三轮高考备考提交了书面指导意见和建议，为高考备考发挥了导向作用。

物理学科基地兰州二中聘请了西北师范大学附属中学、兰州三十三中的2名教师进行了高三复习研究课，探索高三复习课的教学模式；并围绕《有效进行高考指导，提高课堂教学效益》的课题开展了研讨。通过研讨，参会人员对理解考试说明、把握高考难度、有效指导高考、提高高考成绩的实施等有了更为清晰的认识。

第三，培养教学骨干，引领专业发展。

为全面提升广大高中数学教师的单元教学设计能力，西北师范大学数学学科基地多次举办高中数学新课程单元教学设计培训活动。参训人员主要是本基地实验学校的学科专家及待培养的青年教师，还有全省其他普通高中学校的数学教师等共计120余人。培训的主题是“高中数学新课程单元教学设计理论分享与案例研讨”，基地特邀了首都师范大学博士生导师、国家高中课标研制组核心成员、基地咨询专家王尚志教授及北京育英学校的高级教师关健老师作为培训专家，对参训教师进行了高中数学新课程单元教学设计的专题培训活动。通过本次培训，大部分参训教师初步掌握了高中数学单元教学设计的基本流程及方法，这对当前进行的高中数学新课程改革具有积极的推动作用。

信息技术学科基地部分专家、西北师范大学附属中学（实验校）的信息技术学科教师、基地研究生参加了甘肃省民族地区34名中学信息技术教师的培训活动。本次培训内容广泛，通过课堂观摩（兰州三十四中）、同课异构（西北师范大学附属中学）、专题讲座、角色扮演、主题探究、小组合作、任务驱动、案例教学、讲授等多种方法，从信息时代的教师能力、有创意的微课、信息技术课程教学、教师网络研修活动的设计与组织、教与学评价、信息技术学科教学改革反思、信息技术与学科课程整合、信息技术学科网站设计与实现、信息化教学案例设计等方面，对信息技术学科教师进行了培训。

数学学科基地制定了“骨干教师培养对象三年一周期”的培养计划，并组织开展了数学学科课堂教学改革研讨活动，为新课程改革实验和课堂教学研究发挥了积极的推动作用。通过聆听专家讲座、名师教学示范，使骨干教师培养对象们切身体会到先进的教学理念及改革思路，也给学科基地注入了新的思想、新的活力，对推进课改和提高数学教学质量起到了积极作用。同时，在专家的引领和帮助下，白银市一中成立了数学建模社团，制定了社团章程和计划。

第四，强化课题研究，促进教师发展。

各学科基地研究的课题有：由地理学科基地天水一中李晓亚老师负责的省级课题《普通高中地理教学“翻转课堂”实践研究》，王丹老师负责的《促进学生地理学习过程最优化的实践研究——以天水一中学习“五环节”为例》；由化学学科基地陇东学院焦晓梅老师负责的《甘肃省高中化学教师新课程教材适应性研究》，尹丽娅老师负责的《基于问题驱动的高中化学教学案例研究》；由化学学科基地兰州一中金东升老师负责的《化学教学中思维加工的策略研究》（陇原名师专项课题）；由生物学科基地韩萍老师在《中学生物教学》上发表的《高中生物实验教学中学生创新思维能力的案例研究》；由语文学科基地霍军、尤丽霞、马少军三位老师负责的《新课程理念指导下高中语文教师文本解读对课堂教学质量提高及教师专业成长之作用的研究》，崔强、王秋珍、吴雅丽、周翠霞、曹明福五位老师负责的《在新课程理念引领下高中语文教师个性化文本解读和课堂设计风格的实践研究》；由英语学科基地刘建伟老师负责的《提高高中英语教师素养的途径与方法研究》，陈斌老师负责的《提高高中学生英语写作能力的方法与途径》等，以课题促研究，以研究促教师专业发展，也成为基地培养教师成长的重要举措，吸引了广大青年教师的积极参与。

## 五、项目实施反思

### （一）加强基地自身的建设

第一，认真领会相关文件精神，进一步完善基地组织建设、制度建设，形成有效的运行机制。

第二，进一步明确基地建设的任务，将焦点聚集在新课程、学科教学改革的研究和实验工作上，真正把基地建成“五个中心”。

### （二）深入开展新课程学科教学改革的研究和实验工作

第一，认真研究普通高中课程方案和课程标准，为我省顺利进入新高考做好准备。

第二，研究当前正在使用的学科课程标准、教材、教科书及其他课程资源，提高国家课程校本化的实施水平。

第三，对影响学科课堂教学质量的因素进行剖析，研究各个因素之间的关系，进一步优化学科课堂教学模式，促进教师形成个性化的教学风格和特色。

第四，加强学生学习过程及方法的研究与指导。

第五，加强学生选课指导的研究，促进学生形成个性化的课程修习方案。

第六，加强学科内部、跨学科的关联性研究。

第七，通用技术与学科间的融合是通用技术走出当前困境的途径之一，需要进一步研究并推广。

第八，基地的研究与实验不能仅限于基地内部的实验学校，需要进一步吸纳全省其他非基地学校的研究成果。

第九，考试研究不能停留在把握大方向上，需要各方配合找出学校出现负偏差的根源，指导学校采取切实可行的对策。

第十，加强成果的总结与推广工作。

（甘肃省教育科学研究院 靳建设 冯继）

# 幼儿园主题式阳光户外体育游戏活动的实践研究成果报告

## 一、问题的提出

长期以来，我国幼儿园户外体育游戏活动局限在幼儿园内，以教材为中心，户外体育活动内容、形式单一。2012年国家教育部颁布《3～6岁儿童学习与发展指南》，使广大教育工作者对各年龄段幼儿健康领域发展目标有了更加清晰的认识。在实践工作中，幼儿园户外体育游戏内容逐渐丰富，教师的指导与建议日趋科学，这些都对幼儿的身心发展起到了一定的促进作用。山丹县幼儿园作为我县唯一的一所省级示范性幼儿园，对全县18所城乡民办幼儿园的发展起着引领、辐射和带动作用。在督导、帮扶、联盟活动中，我们发现大部分幼儿园户外体育活动存在一些问题，经过课题组翔实的抽样调查分析，梳理如下：

第一，一些幼儿园户外场地创设不科学，户外器械利用不充分，体育游戏活动组织形式较为单一。

第二，一些本土的、民间的户外体育游戏被现代电脑游戏和动画片所取代，影响了幼儿知识、技能、情感等方面的发展。

第三，大部分幼儿园出于安全考虑，不愿带孩子走出幼儿园，基本不开展亲自然、多元化的体育游戏活动，不敢组织幼儿进行野趣、研学等开放性、拓展性较强的户外体育活动。

第四，家长在孩子体能发展方面有潜移默化的影响，但在参与孩子体育游戏活动时表现较被动。家长资源得不到有效利用，影响了家园双向互动效果。

第五，教师在体育游戏活动中很难得到有针对性、实效性的指导，指导的专业性和连续性也得不到保障。

因此，开展以主题为统领，以幼儿为核心，以内容为依托，面向幼儿、教师、家长及社会，集系统性、连贯性和综合性为一体的主题式阳光户外体育游戏活动就显得尤为重要。

法国著名的启蒙学者卢梭曾指出，教育必须适应儿童自然发展，反对压抑与摧残儿童的天性，号召“回归自然”的教育观点等，都与“阳光教育”息息相关。近年来，我国幼教界也开始关注主题式阳光体育活动，2012年江苏省常州市新北区河海幼儿园郝卫锋老师的论文《主题式热身运动在幼儿园体育活动中的应用》指出，主题式热身运动不仅仅给老师们的体育活动带来了新的活力，更重要的是激发了孩子们的创造力。陈岚老师在《智慧体育：争夺冠军赛——幼儿园主题活动与体育运动的整合》一文中指出，教师可从幼儿的实际认知能力、生活经验来创设主题，充分发挥幼儿的主体性，有效促进幼儿身心和谐发展。

基于对上述问题的思考，山丹县幼儿园园长提出：“主题式阳光户外体育游戏活动，是将一颗颗散落在幼儿园体育活动场上的‘珍珠’，以主题的方式巧妙汇集，通过创新体育活动形式，丰富游戏活动内容，使幼儿在锻炼身体、掌握技能的同时，增长知识，强健身心，并将其内化于心，外化于行，固化于常，让孩子们形成受用一生的良好习惯。”

幼儿园主题式阳光户外体育游戏活动的实践研究，着力解决幼儿健康领域的实际问题，通过全面开展幼儿户外体育综合的、系列化活动，促进幼儿在体能、智力、情感、创造力、价值观等方面的发展，使强健幼儿体魄与促进幼儿个性心理发展并驾齐驱，回归教育本位，凸显教育价值，真正为幼儿的可持续发展奠基。这既是一种理念和文化，也是一种方向和目标。

## 二、解决问题的过程与方法

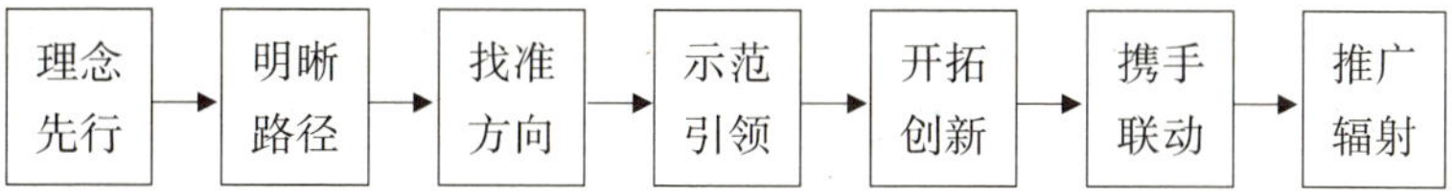


为深入推进主题式阳光户外体育游戏活动，切实发挥幼儿园户外体育游戏活动的作用和效果，并能常态化进行深入持久的开展，我们立足园本实际，采取文献资料法、行动研究法、经验总结法等，确定了“理念先行—明晰路径—找准方向—示范引领—开拓创新—携手联动—推广辐射”的七步发展思路，紧紧抓住

“幼儿—教师—教学—活动—创新”五个关键环节，有序、保质、高效实施我园主题式阳光户外体育游戏活动。在“设计、实施、推进、完善”的方针指导下，我们的具体过程与方法如下：

**（一）理念先行，科学规划研究主题**

首先，采用文献研究法，收集整理课题相关文献、资料，了解国内外体育活动的先进理念和研究动态，结合当地实际，提出研究思路，对确定的主题、目标进行由表及里的分析。其次，分析反思以往体育游戏活动的弊病，总结经验，创新方法。再次，在全园范围充分开展研讨，集思广益，制定科学的发展愿景规划、活动主题内容和分层实施步骤，形成开题报告，邀请专家对课题进行开题论证。

**（二）明晰路径，精心创设游戏环境**

一是创建科学合理的外部环境和以人为本、和谐温馨的浸润式心理环境，为户外阳光体育游戏顺利开展提供重要的支撑。二是科学划分户外区域，配足配齐运动设施，家园动手自制器械，将幼儿园户外活动场地变成立体化、多层次、全视角的“运动场”，实现器械重组、资源共享，为幼儿提供科学、合理、开放的游戏环境。

**（三）找准方向，着力培养幼儿发展**

一是不断进行传承创新，营造浓厚的运动氛围。充分挖掘民间游戏素材，进行拓展与创新，配上童谣、音乐改编成民间游戏特色早操、创新型民间游戏大赛、爸爸妈妈小时候的游戏展等，深受孩子们的喜爱，幼儿游戏兴趣浓厚，成为我园一大亮点。目前，我园已编撰出版《幼儿园主题式户外体育游戏活动集锦》，里面收录了206个师幼共同传承改编的民间游戏。

二是分层开展混龄联动，打破原有固定模式。采用行动研究法，改变按年龄编班的线性框式，采用混龄活动方式，打破幼儿班级、年龄界限，协同合作游戏，并在同一活动区创设适合不同年龄幼儿的游戏情境和活动材料，满足不同年龄段幼儿的需求。这一办法既扩大了幼儿之间的广泛接触和交往，满足了幼儿与不同年龄同伴交往的心理需求；又为幼儿选择活动和创造性地锻炼提供了充分的条件，使其活动动机更为强烈，参与意识、自主意识得到鼓励。同时，教师及时、多元的评价，也促使幼儿在自己的最近发展区不断进步。

三是积极拓展研究内容，不断挑战获得自信。陶行知先生说过，“把我们学校的范围扩展，海阔天空便是一所学校。”我们带孩子去亲近自然，锻炼体能，在研学旅行中增长知识，尽情释放天性。利用周边自然环境、季节变换，在家长的大力配合下开展丰富多样、富有挑战性的野趣运动，并将红色教育、绿色军营教育等内容渗透进去，返璞归真，顺应天性，增强幼儿参与活动的自信心。

### （四）示范引领，聚力打造师资力量

一是专家实地与网络指导，助推教师专业成长。我园特聘学前教育专业的幼儿园体育游戏教师，从内容、设计、方法、组织与实施方面，给予示范引领与科学专业的指导帮助。与外地学前教育专家则通过网络、视频、电话等方式保持联系，及时请教有困惑的问题，并定期将幼儿园体育游戏活动摄像、图片、文字等资料通过网络传送给专家，与专家互动交流，请专家指导点评，提升活动的质量。同时还通过听取专家网络讲座、网络案例学习、网络联片教研等专业引领，扩展研究内容，创新研究方法，提升研究质量。

二是互相学习，博采众长，拓宽教育思路的眼界。在幼儿园体育活动实践中，我们不仅邀请姐妹园所的园长教师来园学习，同时也“走出去”，到南京、四川、北京、兰州及周边姐妹园所观摩学习交流，博采众长，吸取各园有益的经验做法，取长补短，打造出更多的魅力课堂，绽放出更多的阳光体育之花，在合作交流中学习，在同伴互助中成长，在教育活动中收获精彩。

### （五）开拓创新，纵深推进教学改革

一是搭建合作交流平台，整体推动教学改革。从主题统领的角度出发，采用由外而内、由表及里、由浅入深、渐进式梯次推进的方式，将体育游戏活动的主题、内容和方法进行巧重组，精设计。采用“以点带面，点面结合，分层推进”的课改整体思路，紧紧抓住游戏本质，鼓励教师发表自己的见解，形成自己的思想，在活动中做孩子的支持者、合作者、引导者，让孩子成为学习的主人，切实保障体育游戏活动的质量。

二是运用多种指导方式，灵活调整活动过程。在组织幼儿活动时，教师要注

意精讲多练，讲练结合，多采用同时练习法、巡回练习法等方法保证幼儿有充分活动的机会和时间。采用“多峰式”教学，科学调控运动负荷，调节幼儿在活动过程中既不过量运动，又能保证适宜运动量，符合机体承受能力，体现了体育活动中“动与静、激与缓”的结合。同时，灵活机智地指导每个幼儿的活动，既做到面向全体，又注意个体差异，因人施教。教师还要密切注意观察幼儿的生理和心理现象的变化情况，及时指导，多元评价。

**（六）携手联动，积极开展家园共育**

一是创设科学合理的亲子活动场地。合理划分户外区域，综合利用运动器械，感受游戏带来的乐趣以及蕴涵的教育意义。二是开展形式多样的亲子游戏活动。幼儿和父母在这些形式多样、活泼有趣的亲子活动中融为一个不可分离的共同体，增进了亲子关系，在潜移默化中使幼儿变得勇敢且更加喜爱体育运动。三是参与内容丰富的亲子共练游戏。帮助家长们发现孩子的兴趣爱好和闪光点，寻找孩子们的个性差异，相互借鉴育儿之道。四是构建务实高效的亲子活动纽带。家长通过精神支持、主动参与等方式，变被动互动为主动参与，成为幼儿体育活动的合作者与支持者。

**（七）推广辐射，带动区域蓬勃发展**

一是实践带动引领提升，共享成功经验做法。通过观摩学习、专题讲座、教学研讨、教研活动、交流互动等方式，转变县域内“联盟发展园”“双联教研园”“督导帮扶园”园长与教师陈旧的教育观念。采取“同课异构、同物异玩、同游戏异组织”等形式，展示我园户外体育活动魅力，彰显童趣，激发兴趣，增添乐趣。积极开展联片体育运动，采取教学支持、园所帮扶、引领发展等方式，将成功的经验和做法在县域内进行实践应用和推广辐射，分享优质资源，共享经验成果，丰富幼儿活动载体，增强幼儿身体素质，提升联片园所幼儿户外体育运动质量，使幼儿园主题式户外体育活动百花齐放，各具特色。

二是不断拓展研究成果，区域带动璀璨绽放。在我园的引领带动下，山丹县蓓蕾幼儿园、山丹县陈户中心幼儿园等8个园所又逐步探索出“宝贝跆拳道”“快乐武术操”“创新娃娃乐”等集教育、科学、创新、趣味性为一体的内容丰富、形式多样的阳光户外特色体育游戏活动，进一步丰富了我们的项目成果。我们还通过互联网平台，进一步延伸、拓展、共享我们的研究成果和特色亮点，向全市50多所幼儿园推广应用，使我们的成果在全市范围内落地生根，开花结果。

## 三、成果的主要内容

### （一）理论成果

第一，确定了运动、快乐、阳光、健康的教育理念。

第二，幼儿园主题式阳光户外体育游戏活动确定了“理念先行—明晰路径—找准方向—示范引领—开拓创新—携手联动—推广辐射”七步发展思路，紧紧抓住“幼儿—教师—教学—活动—创新”五个关键环节，以五大主题为统领，创新开展“511”模式户外体育游戏活动，使强健幼儿体魄与幼儿个性心理发展并驾齐驱，回归教育本位，凸显教育价值，真正为幼儿的可持续发展奠基。

### （二）实践成果

幼儿园主题式阳光户外体育游戏活动，创造性地将各类体育活动以主题的方式巧妙汇集，并以“511”模式纵深推进，以主题为统领，以内容为核心，以幼儿为对象，着力构建幼儿园主题式阳光户外体育游戏活动综合、系统的主题网络，全面有效整合了户外体育游戏的优势和资源，创新了幼儿园体育游戏内容和教学方法，促进了幼儿健商、智商、情商的同步发展。

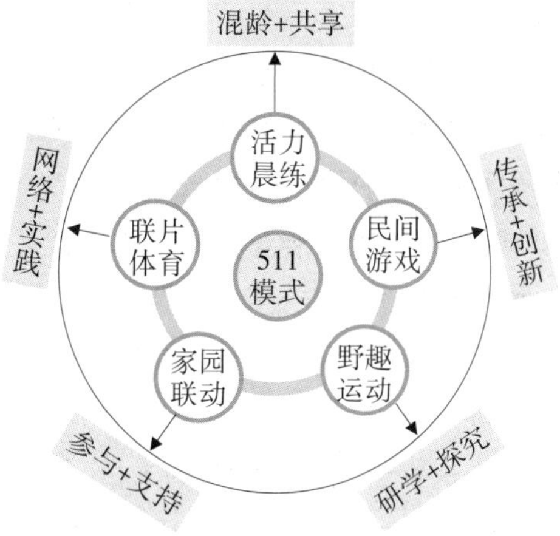


“511”模式图

一是阳光活力晨练，联心联动资源共享，实现“共享+混龄”，重点体现探索性。充分利用园所环境及体育运动设施，划分户外区域，把幼儿园户外活动场地变成立体化、多层次、全视角的“运动场”。自制器械、探索创新，实现逐层投入、自由拼搭，达到资源共享。通过“大带小、一带多”混龄游戏的有效开展，鼓励幼儿自主选择、自由结伴、自主合作，强健幼儿体魄，增强交往能力，提高教师的指导水平。

二是民间传统游戏，创新创想彰显特色，实现“传统+创新”，体现创造性。我们在保持乡土民间传统游戏原有风格的基础上，不断进行筛选，改进和创新，赋予老游戏以新玩法，让它跟上时代的发展，使幼儿在民间游戏中发展动作技能，强健体质，培养机智、勇敢、坚韧的品质和规则意识，获得知识，学会交往和合作。

三是拓展野趣运动，归本归真激扬童趣，实现“研学+探究”，体现挑战性。开展研学旅行、野趣运动，为幼儿园户外运动增添自然、生态元素，带领孩子走出幼儿园，亲近大自然，锻炼体能，增长见识，帮助幼儿从“城市”的牢笼中解放出来，结合幼儿兴趣，我们适时加入绿色军营教育、红色教育内容，让幼儿在亲近自然中快乐成长，使他们身心素质等各方面得到发展。

四是家园联动共育，同向同步形成合力，实现“参与+支持”，重点体现趣味性。融合幼儿园、家庭和社区，以共同关注为重心，鼓励家长支持和参与幼儿体育活动，达到“大手牵小手，众人来锻炼”的目的，形成家园联动，将体育活动由幼儿园辐射至各个家庭和社区。

五是联片体育运动，求实求精突现价值，实现“实践+网络”，重点体现自主性。与县域内“联盟发展园”“双联教研园”“督导帮扶园”组建成一个互动交流团体，通过“同课异构、同物异玩、同游戏异组织”等形式展示游戏活动的魅力，定期开展联片观摩教研活动，相互交流，博采众长。同时，通过网络、视频、电话等方式与省内外学前教育专家畅通联系，互动交流，把脉会诊，及时解决教学中的疑难困惑，有效提升活动质量。

至此，我们完成了幼儿园、家庭、社区三位一体的教育，让户外体育活动走出幼儿园，走向社区，走进大自然，对参与的人员、参与的地点、参与的材料等都进行了拓展延伸，形成渐进式、全辐射的“511”户外横贯纵深的体育活动模式。同时，借助网络平台，吸取他人之长，将自己的宝贵经验分享出去，使主题式阳光户外体育游戏活动全面开花，绚烂绽放。

## 四、效果与反思

### （一）研究效果

**1.幼儿游戏的权利在更广的范围内得到了保障，更好地促进了幼儿身心全面发展**

在“运动、快乐、阳光、健康”的理念引领下，以主题的方式开展体育游戏，对幼儿的发展是全方位的。通过器械选择的多元组合、混龄幼儿的自主组合、功能开发的器械组合等方式，激发幼儿参与体育活动的兴趣，增强幼儿运动技能，强健幼儿体魄，培养幼儿坚强、勇敢、不怕困难的意志品质和主动、乐观、合作的态度，多维度、多角度、多层面促进幼儿身心全面健康和谐发展，形成快乐积极、健康向上的个性心理品质，促进幼儿阳光自信的健康成长。通过课题研究前后抽样调查与对比分析，我们看到幼儿在身体运动技能、社会交往能力、自信心等方面有了显著的提高。96%的幼儿参加幼儿户外体育活动兴趣浓厚，92%的幼儿动作协调、灵活，有一定的力量和耐力，98%的幼儿具备基本的安全知识和自我保护能力，93%的幼儿在自信心、交往能力等方面有了较明显的进步。

洋溢在孩子脸上的阳光与自信，展现在孩子身上的健康与活力，体现在游戏活动中的智慧与情感，这些都无不证明我们的研究从摸索到实践，从园内到园外，从幼儿体能培养到综合素质提升都有了长足的进步。

**2.优化了教师的教育行为，提升了教师业务素质和教科研水平**

（1）课题研究引领教师以研究的态度、发展的眼光积极实践，不断更新教育理念，在研究反思中提炼出高质量的理论成果指导实践。课题研究中，教师在师资培训、活动辅导上倾注了更多热情，改变克服了畏难情绪，树立了科学的游戏观念，厘清了思路。习惯于带着问题、带着思考组织体育游戏活动，不断反思提升。教师间相互分享经验，交流体会，激发灵感，实现了从模仿型、经验型向科研型、创新型的转变，提高了教师队伍整体的研究素质。每一位教师都在实践中思考如何更有效地设计游戏，将更多的精力用来关注幼儿的游戏情况，学习游戏理论，提高了观察游戏、指导游戏、丰富游戏、评价游戏的能力和水平。

(2) 在课题研究的引领下，各成员的教育研究能力得到了显著的提升，撰写了一批高质量的科研成果。有21项中期研究成果及论文、课例等已经在专业学术期刊发表或获省、市教科所奖励。课题“幼儿园主题式户外体育游戏的研究”2015年9月通过省级鉴定，2015年12月获得张掖市第十一届基础教育科研优秀成果一等奖。课题“幼儿园年龄班主题活动开展的有效性研究”2016年通过省级鉴定，获得张掖市基础教育科研成果二等奖，2016年2月获得山丹县科技进步二等奖。课题“挖掘本土化教育资源 构建幼儿园大班‘动手乐’特色教育课程研究”2017年通过省级鉴定，获得山丹县科技进步一等奖。2017年11月，课题中期研究报告“以阳光教育创新幼儿园体育活动方式变革的行动研究”参加2017年学前教育优秀论文设计评选活动并获省教科所一等奖。教师撰写的8篇论文：《幼儿园开展形式多样的体育游戏的实践与探索》《浅议幼儿园体育活动中如何有效运用电子白板》《浅谈幼儿体育游戏中的评价内容与技巧》《浅议幼儿园户外体育活动组织的优化途径》《幼儿园开展体育游戏的实践与探索》《刍议幼儿园户外体育活动有效实施的策略》《浅议开展幼儿园户外体育游戏的有效策略》《民间游戏在幼儿园教育活动中的运用》均在甘肃省首届幼儿园、中小学体育教育优秀论文征集评奖活动中荣获二等奖。课例《好玩的布》《看望奶奶》在新媒体新技术教学应用研讨会暨全国中小学互动课堂教学实践观摩活动中荣获二、三等奖。2015年4月，微课《送礼物》荣获第二届“青苹果杯”全省中小学信息技术与课程整合优质课三等奖。以上成果证明我们的研究已经被专业学术机构及研究人员认可，在我县已起到一定的引领、示范、带动作用。4位成员在课题研究过程中成长为张掖市骨干教师，课题组在实践研究的基础上汇编《幼儿园主题式阳光户外体育游戏活动精粹》一书，编撰《幼儿园主题式阳光户外体育游戏活动成果展示册》，制作《推户外体育游戏，助童年精彩绽放》专题片等，为教学研究注入了新的活力，促使我们的研究成果一步步走向成熟，引领辐射更多的幼儿园共享成果，共促发展。

**3. 加强了家园联系，提高了家长素质，使家长成为幼儿体育活动的合作者与支持者**

家长对幼儿游戏态度的认同是幼儿园研发高水平游戏的重要保证。在课题实施过程中，大部分家长转变了教育观念，参与了游戏主题的拓展，收集材料并制作游戏器械，承担了游戏的部分指导任务，参加幼儿的游戏活动等，变被动互动为主动参与，增进了亲子关系，提高了自身素质，转变为幼儿体育活动的合作者与支持者，为幼儿的发展提供了强有力的支持。

4. **大力打造园所文化，全面提升办园品味，实现区域带动、硕果共享**

挥洒汗水，播种的是希望的种子；辛勤耕耘，收获的是丰硕的成果。山丹县幼儿园主题式阳光户外体育游戏活动实践研究日趋成熟，现已结出了丰硕的教育成果，也为创建体育特色园奠定了坚实的基础。在课题的引领带动下，我园先后荣获“甘肃省示范性幼儿园”“张掖市教育工作先进集体”“山丹县教育工作先进集体”“特色学校创建工作先进集体”等20多项荣誉称号。2015年5月，山丹县幼儿园晋升省级示范性幼儿园时，“幼儿园主题式阳光户外体育游戏活动”作为该园的一大特色和亮点，得到了甘肃省教育厅专家组的充分肯定和高度评价。2017年6月，在验收甘肃省“金色教苑基地”时，该成果又绽放异彩，得到了省、市、县各级专家和领导的高度好评。2017年8月，该成果参加第三届中国教育创新成果公益博览会，获得教育部专家及教育同仁的充分肯定和好评，为下一步创新实践提供了平台。

目前该项目的推广应用已辐射张掖市及山丹县周边地区幼儿园，先后通过联盟、督导、帮扶、送教下乡、来园观摩学习以及联盟教研活动、网络视频展示等方式，向全市民办幼儿园推广应用。各幼儿园在主题式阳光户外体育游戏活动研究的基础上，又逐步延伸出“宝贝跆拳道”“快乐武术操”“创新娃娃乐”等集教育、科学、创新、趣味性为一体的内容丰富、形式多样的阳光户外特色体育游戏活动，进一步丰富了我们的项目成果。我们还将通过互联网平台进一步延伸、拓展、共享我们的研究成果和特色亮点，向全市50多所幼儿园推广应用，使我们的成果在更广的范围内落地生根，开花结果。

### （二）研究反思

本课题经过五年的研究，取得了丰硕的成果，无论是孩子的发展，教师的成长，还是家长理念的提高，园本教材的完善，办园品位的提升，均得到了不同程度的收益，证明了课题研究在幼儿教育中的重要性与可行性。我们知道课题研究是一项不断实践、完善，直至成熟的教育探索过程，需要每一位成员在理论上借鉴，在行动上创新，在举措上探究。2017年8月，我们的课题有幸参加第三届中国创新教育公益博览会，在领略了全国教育界海纳百川和博大精深的创新成果之后，我们抓紧难得的与专家近距离请教、交流的机会，拓宽了我们的教育思路和视野，同时也让我们对本课题的研究有了更进一步的思考：

第一，幼儿园主题式阳光户外体育游戏活动“511模式”，不是教育教学活动的具体操作指导，也不是每个幼儿园都按照规定的操作程序来实施，“511模式”应该是一种教学理念或思想。在这个理念或思想下，可以研发出更有针对性、实效性、创新性和发展性的幼儿园主题式阳光户外体育游戏活动模式。

第二，全国第三届教博会为我园教学改革提供了高端引领和高层次的指导平台，我们将以教博会为窗口，进一步深入阳光户外体育游戏活动，在各位专家的指导下，继续丰富、拓展、完善研究成果，为下一步该项目的创新实践指路领航。我们也将毫无保留地把近年来的研究成果向大家展示，以期在更高的层次、更大的平台、更宽的领域共享我们的经验，分享我们的快乐。

课题研究永远在路上，需要我们不断充实和完善。山丹县幼儿园主题式阳光户外体育游戏活动，为师幼搭建了充分展示自我的舞台，让幼儿享受到了阳光雨露的滋润，也为我园幼儿教育的发展推波助澜，它既是一种方向和目标，也是一种理念和文化。面对未来，面对挑战，我们会不忘初心，砥砺奋进，为争把主题式阳光户外体育游戏活动推向更高、更远、更光辉的未来！

（甘肃省张掖市山丹县幼儿园 舒燕芳 曹秀玲 景爱萍 郭 华 王一涵 向迎春）

# 农村小规模学校教学模式创新

## ——“同动同静”复式课堂的建构与实践

### 一、问题的提出

随着城镇化进程的推进，中西部边远农村地区出现了越来越多在校生不足百人的小规模学校。以甘肃省为例，截至2016年底，甘肃省有义务教育学校（机构）13067个（含教学点），其中，农村学校（机构）10993个（含教学点），占84.13%。甘肃省100人以下的学校8387个（含教学点），占总校数的64.18%。在这些小规模学校里，普遍存在着年级多、班级人数少的情况，同时还存在教师资源隐性浪费现象。如甘肃省平凉市华亭县胡家窑小学，24名学生，4个年级，3个教学班，10名教师（如以班师比计算，应该有3名教师），师生比为1∶2.4。

小规模学校因年级多班额小，教师少课头多，教学氛围冷清，课程难以开齐开足开好，教学质量普遍不高。教师不愿意在小规模校任教，家长不愿意送孩子到小规模校就读，很多小规模学校的发展处于迷茫之中。当前农村义务教育已经形成乡村小规模学校、乡镇寄宿制学校、县城大规模学校的基本格局。乡村小规模学校将长期存在，数量甚至还将扩大，其仍然是农村义务教育的主要力量。为此，提高小规模学校课堂教学质量，既是边远农村地区儿童享受较高质量教育的需求，也是义务教育均衡发展的需要。基于此，从2000年起，兰州大学孙冬梅教授领衔的项目组针对小规模学校普遍存在的现状，将着眼点放在了改革小规模学校课堂教学组织形式上，经过十七年的理论和实践的教育行动研究，在继承传统复式课堂教学“动静搭配”模式优点的基础上，逐渐探索总结出“同动同静”复式课堂教学新模式。

## 二、解决问题的过程与方法

### (一)解决的主要问题——教学质量低下

内涵建设是当前我国基础教育改革的核心，提升小规模学校教师教学组织能力，进行课堂建设是内涵改革的重要任务。“同动同静”复式教学新模式，按相邻年级编班、同科搭配、“动静同时”的原则，以小组合作方式，将高低年级学生组织在一起混龄学习，建构语数英三科两级复式教学（小混龄教学），音体美等学科不分级教学（大混龄教学），充分发挥了“大帮小，小仿大，小促大”的学习互动优势，有效解决了小规模学校因年级多班额小、教师少课头多、教学氛围冷清、课程难以开齐开足开好等因素而导致教学质量低下的问题。

### (二)解决问题的过程

**1.接触尝试阶段**（2000—2003年）

借助中英甘肃基础教育项目，在临夏州的和政、康乐、东乡、积石四县的村小和教学点，将参与式教学法应用于传统“动静搭配”复式教学课堂中。

**2.模仿改革阶段**（2003—2005年）

借助成长希望基金会资助的“甘肃贫困山区复式教师培训计划项目”，在平凉市华亭县借鉴国外“垂直组合模式”的做法，变革传统“动静搭配”教学模式，代之于“一个主题，两个打破”（打破动静结合，打破年级界线）的改革。

**3.探索创新阶段**（2007—2009年）

借助乐施会资助的“甘肃农村地区复式教学实践创新与理论研究”项目，在定西市会宁县开展复式教学调研、在职教师培训、下校教学支持活动等行动研究，逐步探索出了复式课堂教学新模式——“同动同静”。

**4.试点推广阶段**（2010—2011年）

借助乐施会资助的“甘肃农村地区复式教学实践创新与理论研究推广项目”，将“同动同静”新模式在定西市的渭源县、临夏州的康乐县进行了推广实践，试点效果明显，受到了一线教师的高度认可。

**5.成果推广阶段**（2012年至今）

应甘肃省教育厅“国培计划”项目办邀请，项目成果借助“国培计划”“省培计划”以“点面结合”的方式在全省86个县区小规模学校得到了推广应用，并应邀参加国内外学术会议交流和经验分享。

**（三）解决问题的方法——教育行动研究**

自2000年起，项目组针对小规模学校课堂教学存在的问题，边思考，边计划，边研究，边行动，边改革，边反思，创建了“同动同静”复式教学模式的实践操作体系和理论体系。

**1.问题——田野调研，厘清问题**

深入小规模学校课堂，对学校教师队伍、教师培训、课堂教学模式、课堂教学行为等方面进行全方位的调查了解，明确影响小规模学校教学质量不高的原因，为项目研究的针对性、有效性做充分准备。

**2.计划——培训方案，明确目标**

通过整理分析田野调查材料，围绕提高小规模学校课堂教学质量这一目标，制定切合小规模学校发展需求的教师培训方案。

**3.行动——培训、支持、竞赛**

（1）教师培训

指导思想：教师是影响课堂教学质量的灵魂因素。教师接纳课堂教学组织形式的变革，掌握“同动同静”模式的技巧是问题求解的关键。具体做法是：

第一，构建由同一县区、学区教研员、教学专干和一线教师组成的学习共同体，在共同学习中树立“提升教学质量必须变革课堂教学组织、成为‘全科型教师’”的意识。

第二，将语数英、音体美课程全部纳入，打造“全科型”的农村教师，满足小规模学校课程“开全”“上好”的双重要求。

第三，采用专题讲座、观摩研讨、案例分析、模拟体验与操作等多元培训方式，让教师领会新模式内涵及操作要领，掌握设计新模式的两级复式教案或多级复式教案的技巧，在演练中形成有效组织复式教学活动的能力，并会用观课指标评价课堂教学成效。

第四，创建“国培”“省培”一体化培训模式。“国培计划”由项目专家培训培训者，培养各县的“种子专家”；“省培计划”由“国培计划”培养的各县“种子专家”对本县教师进行培训，项目专家组做技术支持。促使农村教师培训由

“输血式”转向“造血式”，让教师成长为当地“用得顺”“留得住”的“土专家”。

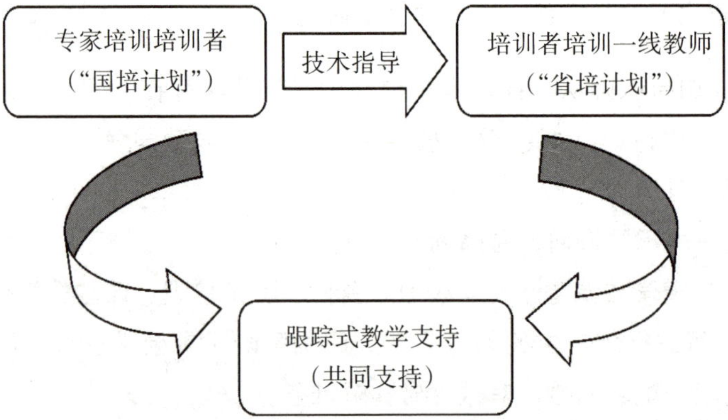


**图1 “国培”“省培”一体化培训模式图**

（2）教学支持

指导思想：教师在实际的教学改革中会遇到各种问题或困难，只有得到技术层面、管理层面、心理层面的有力支持，他们才会乐于坚持改革。具体做法是：

第一，架构了以项目组、县教育局、学区专（兼）职教研员为主的三级教学支持系统，定期走入课堂，及时解决教师实践中遇到的问题。

第二，借助网络、电话等渠道，为教师出谋划策。

第三，发挥本土教研员的专家作用，提升教师专业成长自我“造血”的功能。

第四，引导当地教育管理者将复式教学研讨活动常态化、规范化，为教师的课堂变革提供及时性、持续性帮助。

第五，开展跨县区的复式教学研讨、观摩活动，拓展教师视野，树立教师实践新模式的信心。

（3）教学技能大赛

指导思想：以赛促教，以赛促研，营造合力推进小规模学校课堂教学改革的环境。具体做法是：

第一，由学区教研员、教学专干、一线教师构成的区域学习共同体，在学区内开展复式教学讲赛活动，帮助教师厘清新模式内涵及操作技巧，提升教师实践操作能力。

第二，开展县域范围的复式教学讲赛活动，为整县推进小规模学校的课堂教学改革营造良好的环境。

第三，开展市级范围的复式教学讲赛活动，为小规模学校教师搭建展示自我的大舞台，引导教师从“要我改”转向“我要改”。

**4.反思——经验总结，理论提升**

研究过程中，项目组边反思边总结，写出了《西部农村小学的复式教学调查研究》《复式教学“同动同静”新模式探析》《创新复式教学，提高农村小规模学校教学质量》《复式教学怎样“点亮”乡村课堂》《“单班复教”全面唤醒课堂活力》等20多篇论文并发表，出版“复式教学实践创新与理论研究丛书”（10本），创立了新模式的实践操作体系和理论体系。

## 三、成果的主要内容

### （一）课堂教学组织形式的创新——“同动同静”复式教学新模式

**1.理论基础**

以合作学习理论为基础，依据学生身心发展水平及课程标准，将相邻年级编班、同科目搭配作为基本实现条件，遵循学生为主体的教学原则，以“小组合作、探究学习”为教学方法的核心，满足学生“跨级”学习需求，实现“两次学习”体验。在此基础上，建构出纵向“动静搭配”、横向“同动同静”的复式课堂教学新模式。

依据布鲁姆教育目标分类，复式班“两次学习”体验将学生顺利带入到了深度学习中。即当老师“同时”讲授时，高年级既可以再次复习低年级的学习内容，也可以指导低年级学生学习。此时，“以指导为主”的学习，是“分析—综合—评价”层面的深度学习；对于低年级而言，提前学习高年级内容，也只是“识记—理解—应用”层面上的浅层次学习，当进入高年级再次学习相同内容时，通过“静”环节的自主学习，自然进入到深度学习。

**2.概念界定**

（1）“动静搭配”模式

“动静搭配”模式是指教师的直接教学（“动”）与学生的课堂作业

（“静”）分别在两个年级中轮流交替进行。当教师对一个年级进行直接教学时，另一个年级则完成教师布置的课堂作业。一段时间后，教师安排直接教学的年级完成课堂作业，然后对另一年级进行直接教学。直接教学与课堂作业随复式教师的调控在两个年级之间切换。该模式要求相隔年级编班，异科目搭配，同年级分组，背向式座位安排。参见图2“动静搭配”模式结构图，虚线为教师行走线路，从中可看出教师只关注“动”环节中的学生。

（2）“同动同静”模式

该模式比传统的“动静搭配”模式内涵丰富，较好地解决了“动静搭配”模式中的声浪干扰、直接教学时间短而教学任务完不成等弊端。所谓“同动同静”模式是指两个或两个以上年级的学生在复式教师的合理调控之下同时进行直接教学和间接教学。新模式要求相邻年级编班，同科目搭配。根据教学需要，同年级分组或不同年级分组，座位安排多样。

新模式中，“动”不仅包含教师面向全体学生进行新知识的讲解过程，还包括教学的反馈和指导环节。这是教师和各个年级学生共同参与、共同思考、共同交流的直接教学过程。“静”不仅包含学生的课堂作业，还包括以小组为主的自主学习与合作交流。在这个间接教学过程中，教师随机进入各个年级小组给予引导和支持，以保证各个年级顺利完成任务，达成学习目标。参见图3。

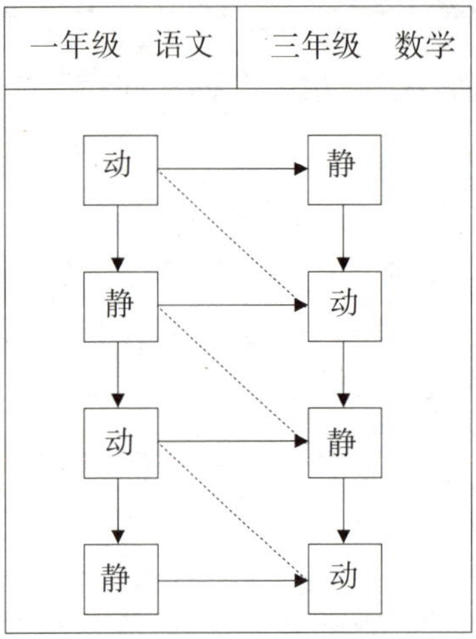


图2　“动静搭配”模式结构图

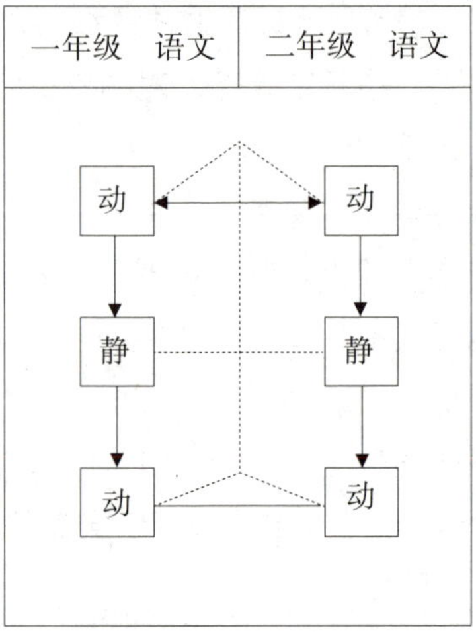


图3　“同动同静”模式

（“两动一静”基本范式）结构图

3.基本程序

从图2得知，“同动同静”复式教学新模式的基本程序为：从横向教学程序看，两个年级的教学是“同动”和“同静”；从纵向教学程序看，两个年级的教学环节是“动—静—动”。可见，新模式纵向程序是继承了传统“动静搭配”模式的“动”“静”交替，在横向程序上有所创新，即两个年级“同时”开展直接教学和间接教学。

教师根据教学需要，可以从“动”环节开始，形成“两动一静”基本范式（见图3）；也可以从“静”环节开始，形成“两静一动”变式（见图4），或“两动两静”变式（见图5）、“两静两动”变式（见图6）。

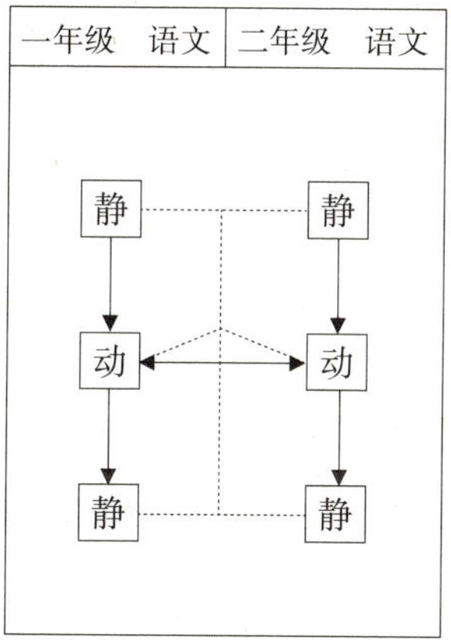

图4　“两静一动”变式

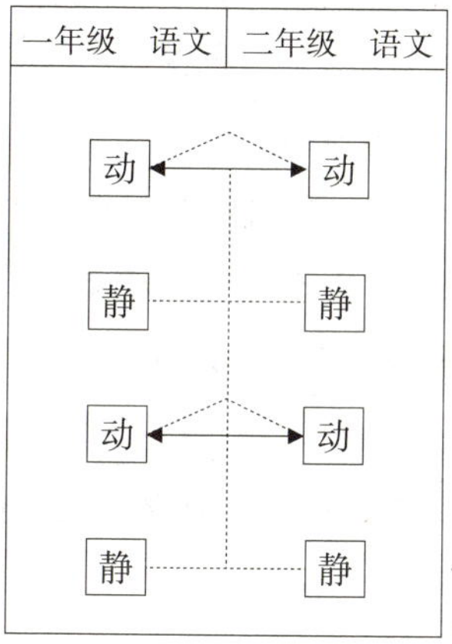

图5　“两静两动”变式

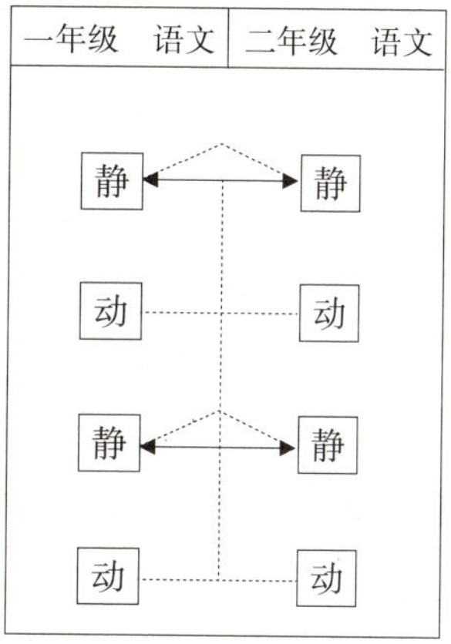

图6　“两静两动”变式

4.基本特征

（1）“动静同时”

“同动”时，教师同时面向各年级传递教学信息，学生在教师指导下积极参与教学活动。“同静”时，各年级分别独立完成学习任务，教师穿梭于年级之间进行个别指导。

（2）“动中有静、静中有动”

“同动同静”模式中的“动”与“静”并不是一个绝对概念，有着其特定的范围。就“同动”而言，强调各年级与教师共同参与；就“同静”而言，强调各年级分别独立完成学习任务。因此，在“同动”的过程中，会出现只有一个年级在“动”的伪“静”状态。即当教师面对一个年级进行讲解时，另外年级的学生则安静地倾听，这看上去像一个年级的“动”状态，实则是其余年级学生思维共同参与的“同动”状态。另外，在各年级独立完成学习任务的“同静”过程中，也会出现学生之间互相交流的伪“动”状态。这实则是一个不包含教师与其他年级在内的自主学习过程，是“同静”过程的一个表现。

(3) 年级互动性

“同动同静”模式强调年级之间的互助与互评。对于高年级学生而言，不仅可以有效巩固旧知识和学习新知识，还可以增强与低年级学生合作的能力；对于低年级学生而言，不仅可以得到高年级学生的及时指导和帮助，还可以涉猎除本年级课本之外的新知识，这对低年级的知识拓展大有裨益。

**5.操作要求**

(1) 要求相邻年级编班，同科搭配

相邻年级学生年龄相近，相同课程知识点有所衔接，可创造年级互动的条件，满足学生“跨级”学习（两次学习）的需求。

(2) 要求以小组教学形式组织课堂活动

教师根据教学目标的要求和教学内容的特点，可以按同年级组合小组，也可以跨年级混合分组。教师要掌握组织小组教学的技巧，保证小组学习活动的有效性。

(3) 要求频繁使用教具

复式教师可利用身边材料制作简易朴素的教具，用于明晰各年级的学习任务。“同动”时，高低年级学生依据教具呈现的内容，获悉对方的学习任务，有效进行年级互动；“同静”时，各年级在小组内借助教学具进行自主学习。教具的应用既可以节省宝贵的课堂时间，又可以辅助各年级完成学习任务，让教师有更多的时间和精力解决学生在学习过程中存在的问题。

**6.操作要点**

(1)“同动”

“同动”环节是面向两个年级的直接教学，教师重点讲解或检查反馈教学中的重点、难点。操作要点如下：

第一，教师站在教室前端，目光面向全体学生，让所有学生都能听到教师的声音，看清所出示的教具。

第二，围绕各年级的教学目标开展教学活动。

第三，组织各年级参与（说、听等）到对方的学习活动中，年级互动，相互学习。

（2）“同静”

“同静”是面向两个年级的间接教学，是学生的自主学习，教师布置的预习、复习、练习等自学任务都要围绕教学重点、难点进行。操作要点如下：

第一，教师提出学习任务后，由小助手（或高年级学生）组织活动。

第二，各年级要有自己的学习任务：低学段安排1个学习任务，中高学段最好安排2个学习任务。

第三，教师要随机进入各小组（一般先低年级后高年级）及时指导帮助学生。

**7.框图式教案**

框图式教案从横向方面交代了教师与各年级学生在“同动”与“同静”环节中应完成的任务，从纵向方面点明了教学过程中“同动”与“同静”环节的交替更迭。框图式教案具有简单明了的特点，便于复式教师的教学操作。参见表1。

**表1　复式教学新模式教案表**

______课时

| 年级（教学课题） | 年级（教学课题） |
|---|---|
| 教学目标： | 教学目标： |
| 教学重点： | 教学重点： |
| 教学难点： | 教学难点： |
| 教具准备： | 教具准备： |

教学过程

↓

| | |
|---|---|
| “同动”<br>（时间） | 教师新授、检查、指导<br>年级互动 |

↓

| | | |
|---|---|---|
| “同静”<br>（时间） | 学生自主学习<br>教师辅导 | 学生自主学习<br>教师辅导 |

↓

| | |
|---|---|
| “同动”<br>（时间） | 教师检查、指导、反馈、总结、布置作业<br>年级互动 |

8.观课评课表

应用复式课堂观察表进行观课、评课，把握“教师的教”和“学生的学”两条主线在“同动”“同静”环节的教与学行为，观察“教”行为下的“学”行为是否发生，以此判断“教”行为的有效性。随后，采用“三明治”评课法，即“先肯定—找问题—再表扬”。其中，“找问题”是主要的，但要遵循由易到难的原则，每次评课只谈1～2个问题，使教师在改革初期信心满满。可根据需求，给予观察指标赋值，进而可为评课排序服务。

**表2-1　复式教学新模式课堂观察表（正面）**

<table>
<tr><td>班级：</td><td>教师姓名：</td><td>评估者姓名：</td></tr>
<tr><td>教学科目：<br>课堂观察时间：</td><td colspan="2">学生人数：<br>学前班男(　　)、女(　　),小计(　　)。<br>一年级男(　　)、女(　　),小计(　　)。<br>二年级男(　　)、女(　　),小计(　　)。<br>三年级男(　　)、女(　　),小计(　　)。<br>特殊教育需求的学生：有(　　),没有(　　)。</td></tr>
<tr><td colspan="3">基本情况：(描述这节课的教学目标、内容和教学设计,课型,教室环境布置)</td></tr>
<tr><td colspan="3">优势：</td></tr>
<tr><td colspan="3">不足：</td></tr>
<tr><td colspan="3">改进建议：</td></tr>
</table>

**表2-2　复式教学新模式课堂观察表（反面）**

<table>
<tr><td colspan="4">判断及证据：<br>在你认为做得好的指标后标上“+”号，在做得不好的指标后标上“-”号，并在右侧栏里写上你观察到的相关证据。</td></tr>
<tr><td colspan="3">观察指标</td><td>相关证据</td></tr>
<tr><td rowspan="2">“同动”</td><td>教师的“教”</td><td>1.熟悉教学内容，语言清晰。<br>2.各年级教学重点突出和难点突破。<br>3.教学方法多样，照顾到不同年级、不同性别的学生。<br>4.教师准备较充分并有效使用教具。</td><td></td></tr>
<tr><td>学生的“学”</td><td>1.掌握了一定的知识或技能。<br>2.男女生敢于积极展示自我。<br>3.各年级之间能够互助互学。<br>4.在课堂上举手得当，行为端正。</td><td></td></tr>
<tr><td rowspan="2">“同静”</td><td>教师的“教”</td><td>1.对学习结果有具体要求。<br>2.学习时间与任务安排合理，照顾到不同性别的学生。<br>3.能够及时进入学习小组指导帮助。<br>4.用有效的方法进行课堂管理。<br>5.学生的座位安排适合教学需要。</td><td></td></tr>
<tr><td>学生的“学”</td><td>1.学习兴趣深厚，男女生参与积极性高。<br>2.能独立完成学习任务，能与同学合作解决问题。<br>3.能充分尊重他人的意见。<br>4.采用多种学习方法。</td><td></td></tr>
</table>

### （二）复式教学资源包的开发——复式教学新模式自学教材

在十多年的复式教学研训活动中，教研组开发了适用“同动同静”新模式的资源包——“复式教学实践创新与理论研究丛书”（10本），为小规模学校教师的专业发展提供了技术支持。

丛书既包括《复式教学新论》《复式教学支持策略》，也包括紧扣现行使用频率较高的小学语文、数学、英语三门课程教材所编写的《小学语文复式教学指南》（低、中、高段）、《小学数学复式教学指南》（低、中、高学段）、《小学英语复式教学指南》（中、高学段）。十本丛书从编班、排课、分组、教室布置、座位摆放、教案设计、教学组织、观课表、教学支持等环节都有详尽的阐述，具有非常强的针对性和实用性，便于教师在自学过程中做中学，学中思，思中做。

## 四、效果与反思

### （一）效果

1.开展省内省外教师培训

（1）省内

目前正以“点面结合”的方式，在甘肃省内86个县全面推广。“点”是指通过对临夏回族自治州七县一市、平凉市六县一区，以及定西市部分县所覆盖的学区校长、教研员以及复式教师开展集中主题培训，以及下校教学支持、教学技能大赛等活动，形成学区级区域学习共同体，整县推进“同动同静”复式教学新模式。“面”是指为各县培养4~5位“种子”教师和教研员，形成县级区域学习共同体，开展本县相关教师培训。甘肃“新教师”和“特岗教师”培训也纳入此新模式内容（西北师范大学，2014年、2015年）。

（2）省外

应邀到省外进行经验交流和教师培训，一是到贵州省贵定县开展为期六天的乡村教师“同动同静”复式教学主题研修活动（贵定县，2009年）；二是参加崔永元“爱飞翔·乡村教师培训”项目（北京市，2013年）；三是参加山东大学实验小学教师培训（山东大学实验小学，2017年）。

2.满足课程开齐开足开好

因缺少教师导致小规模学校的音体美课程常处于有名无实的状态。借助“同动同静”教学模式，小规模学校可以展开针对性的不分级的音体美教学。如2016年，兰州市西固区孟家山小学共有3位教师，4个年级，10名学生。校长陈爱邦将10名学生按能力分组，训练学生掌握“投掷”的基本动作，全校同学一起上了不分年级的体育课。

3.深度学习，提高学业成绩

跟踪研究表明，项目校学生成绩总体呈现逐步提高的趋势。华亭县神峪学区草窝教学点在实施新模式前，学校语数英三科综合成绩最好时在全乡10所小学中排名第6，最差时排名第9。实施新模式后，2015学年度至2016学年度统算成绩在学区10所学校中，语数双科排名第二，语数英三科排名第一；2016学年度至2017学年度统算成绩在全县同类校三科综合成绩排名第一，数学、英语单科排名第一。

4.**促进农村教师专业成长**

小规模学校教师在实践新模式的过程中找到了专业成长的原动力，实现了自我能力的提高。2012年，定西市渭源县项目校尤文丽老师参加全国“高效教学模式”比赛，她所执教的3～4年级语文复式教学课荣获二等奖。2014年，华亭县胡家窑小学李满学老师在全县第六届课堂教学改革大讲赛复式教学讲赛中获得第一名。由于个人成绩突出，他被调往安口学区教研室专职指导学区小规模学校复式教学教研工作。华亭县神峪学区草窝小学积极实践“同动同静”新模式，全校6位教师中的3位同时受到县委县政府“十佳”系列表彰奖励。此类案例不胜枚举。

5.**提升农村学校发展品质**

课堂模式的变革让很多小规模学校走出了发展困境。2013年12月，华亭县神峪学区承办全县复式教学观摩交流现场会。2014年5月，华亭县神峪学区承办全县第六届课堂教学改革大讲赛复式教学讲赛研讨活动。2016年3月，华亭县神峪学区承办全县小规模学校复式教学改革现场会。华亭县神峪学区草窝小学荣获县“十佳文明学校”荣誉称号。寇家河教学点、王家寺小学等校也在短期内成为全县课改和质量提升“明星校”。

2017年11月6日至9日，首届平凉市农村小规模学校复式教学优质课讲赛活动在华亭县展开，200多名小规模学校教师参与了此次活动，宁夏泾源县教育局也派出14名教师观摩了此次比赛活动。讲赛活动有力促进了当地小规模学校的内涵式发展。

6.**促进社会影响力规模化**

借助各种渠道扩大项目成果的社会影响力，让更多人重新认识复式教学，聚焦小规模学校的发展。

应邀参加各种学术会议及相关活动：在中国教育学会复式教学专业委员会第八届、第九届年会进行主题发言；在“公平·质量·效率：农村教育的政策抉择”国际学术研讨会上进行主题发言；在北京农村小规模学校建设与发展论坛进行发言；在第一届、第二届、第三届中国农村小规模学校联盟年会进行主题发言；项目校一线老师参加“第四届中国乡村文明发展论坛”，并进行主题发言。

独家专访：《甘肃日报》刊登《农村教学新模式：“同动同静”复式教学模式》（2013年12月31日）；《教育家》刊登《小规模学校的出路何在》（2016年第3期）；《中国民族教育》刊登《复式教学，路漫漫其修远兮》（2017年第9期）。

学术论文：在《中国民族教育》发表8篇论文；指导数位研究生完成学位毕业论文；在《上海教育科研》《天津师范大学学报（基础教育版）》等期刊发表20多篇论文。

网站报道：甘肃省教育厅以及各市县教育局网站均转载2013年《甘肃日报》刊登的《“农村教学新模式：“同动同静”复式教学模式》报道；历次教师培训、教学支持、学术研讨等活动，各县教育局网站均予报道宣传。

获奖情况：《“同动同静”复式教学新模式》获2009年复式教学第九届年会论文一等奖；2012年定西市渭源县项目校尤文丽老师参加全国“高效教学模式”比赛，其执教的3～4年级语文复式教学课获二等奖。

### （二）反思

#### 1.关注点的升华

之前的研究较多关注于解决小规模学校因“一多两少”“两多一少”带来的教学质量低下问题。今后将深入小规模学校课堂进行追踪和个案研究，了解“同动同静”复式教学对教师职业倦怠、学生健全人格方面的影响因子研究。

#### 2.相关成果吸纳

2014年4月，随甘肃农村校长考察团赴香港考察学习时，看到香港启思小学四年级的一节数学课，数学老师熟练地在单式班里采用复式教学的组织形式组织课堂，按照学生数学的学习水平（根据教学主题）实施全班、小组教学，使不同学习水平的学生都有所收获。之后，项目组着力关注“单班复教”的策略研究，在临夏回族自治州和政县后寨子小学孟桂红老师的数学课堂中实践尝试，取得了显著的效果。今后，要将此方面实践经验整理提升，以包容的研究姿态积极吸纳相关成果，尝试为解决单式教学中学生学习的两极分化现象做出贡献。

#### 3.制度障碍破解

复式教学是一种特殊的教学组织形式，不管是农村小规模学校的教师，还是城区大规模学校的教师，都应该掌握这种教学技能。特别是在“全纳教育”理念下，应该向所有学生提供保证质量的教育。但现实却不尽然，很多教育研究者和管理者较少了解复式教学，大有“谈复色变”之嫌，担心被扣上“贫穷落后”之帽。项目组将着力关注小规模学校制度障碍研究，破解相关问题，积极呼吁将复式教学纳入师范生（特别是小学教师教育）教学的技能培养轨道上来，作为小学教师入职后培训的必修课程，同时借鉴国外在小规模学校管理及复式教学中的制度政策研究，为我国相关支持政策的制定提供借鉴。

（兰州大学 孙冬梅 兰州职业技术学院 曾涛 康乐县教育体育局教研室 马富有）

# 强化文本解读能力研修 提升语文课堂教学品质 促进教师专业成长

## 一、问题的提出

### （一）本成果探索基于主持人霍军近三十年来的语文教学实践

笔者始终坚持用自主文本解读能力的提高来提升个人语文执教能力，在针对经典课文的大量文本解读、批注以及不断探索教学设计和课堂教学技艺形式的过程中，笔者曾经试图用“有我的阅读教学”——强调师生将自我放入文本语境的方式来提升师生阅读能力，从而找到“读写一体”且使语文教学将学习者知识、能力与精神发展融为一体的教学途径。由于理论学习的逐步深入，加之大量教学案例的撰写与工作中“师带徒”活动的实践，逐步认识到使用系统文本解读方法促进教师文本解读能力的强化作用，再加上日常教学设计中对这些解读成果的有效利用，能够较为迅速地促成教师语文教学水平的有序提升。借助2013年陇原名师霍军工作室成立暨2014年酒泉中学申报甘肃省普通高中新课程教学改革研究与实验高中语文学科基地的成功，本人在教师培训研修活动中迅速将二者融合成立“酒泉语文公社”，撰写以文本解读为核心的研修大纲，确立研修主旨，并申报2015年甘肃省基础教育研究课题“新课程背景下教师文本解读以促进语文教师专业成长、促进语文课堂教学质量提高的研究”获得立项。在开题报告中，正式提出本成果针对的问题。

### （二）本成果改革与实践探索着眼解决五个主要问题

第一，语文教师文本解读能力不强，造成中学语文教学质量不高，课堂效率不高。

第二，教师缺少自主的文本解读，使语文课缺少语文学科真味。

第三，教师不进行自主文本解读，使其语文课缺少精神内涵，沦为工具化的机械操练，仅成应试工具，无助于学生的精神成长。

第四，培训内容空泛，缺少针对性和贴合日常教学的系统训练方法，没能抓住语文教师专业成长的根本需求。

第五，中学语文教师缺少对文本解读理论和最新研究成果的学习、梳理和有效吸纳。

**（三）进行这一改革和实践探索的原因**

第一，一直以来，语文课的性质争议较多，教学方法流派众多，名师辈出，教学辅助技术花样翻新，但都没有从根本上解决语文教学质量不高、效率较低的问题。究其原因，语文教师自身在大学汉语言文学专业本科甚至研究生阶段所学均偏重文学史学习研究，阅读偏重学术刊物，而忽视文史哲原典，文选课缺少精读训练，也缺少相关有针对性的文本解读教学指导，更多依赖教参解读文本，教师缺少自主解读文本的能力，缺少自己在文本精读中获得的关于课文的丰富、深切的体验和感触。由此展开的备课和教学，未免浮光掠影，抓不住课文的精华。

第二，相当一些语文课授课缺少语文的本位特征，更多沦为思想教育课、历史课的辅助。课文教学不能突显语文的情味、趣味，即抓不住课文写作的表现精华，学生从课文汲取到的仅仅是信息，而不是文本构成的艺术，因此很难在课堂上获得实质性的语文读写能力的培育。

第三，语文教师不能从自主精读中获取经典作者高超的语言审美能力，捕捉不到其语言艺术表现形式的精妙之处，也就丧失了经典课文通过语言表达方式传递的精神内涵，在课堂上只能机械地照搬教参结论，或在分析课文时忽略要害，更不能由这些形式与内容高度结合的完美文本滋养学生的精神世界，让他们无法得到在语文课上应获得的真善美的全面浸润。

第四，语文教师专业培训频次高，花费时间多，但是缺少针对性，也就是没有抓住文本解读能力提高这个关键性因素，致使多数培训简单重复，泛泛而学，事倍无功。教师对培训持怀疑、抵触或观望态度。

第五，文本解读能力较强的教师对具体课文的解读争议众多，而不及时吸收国内已有的来自高校或研究机构专家的研究成果。究其原因，一是缺少对文本解读理论成果的系统化学习，不明解读的原理，不懂不同解读方法在教学中的应用价值。二是陷入无谓争论，自己的解读又缺少逻辑性和学理指引。

## 二、解决问题的过程与方法——进行改革与实践探索的具体工作

### （一）解决问题的过程——本成果探索的步骤

本成果的探索步骤与“酒泉语文公社”的建设、研修活动步骤基本保持一致。

**1.梳理核心理论**（2013年5月—2014年11月）

工作室启动之前，主持人霍军系统梳理了当今世界文本细读理论，对公认的三种基本解读手法——作者中心论、作品中心论、读者中心论进行了系统理论学习梳理，细致辨析与论证，形成基地和工作室的基本研修主旨、内容、核心学术讲座课程——《文本解读方法阐释》。

拟定《“文本解读与高中语文教师专业成长”研修主题论证纲要》和《给研修学员的一封信》，率先阐明围绕文本解读的研修主旨。

**2.相关著作出版整理**（2013年1月—2016年8月）

主持人霍军撰写并出版中学经典课文文本解读专著《自我的故事——中学语文名师对经典课文的文本解读》、校本乡土诗歌作品解读教材《历代咏酒泉诗歌赏读》（正式出版后书名为《酒泉百咏》）、经典著作导读《教师如何读经典》等。用旧著、课外阅读解读指导专著《论剑——金庸武侠小说的武功世界》作为研修学员参考读本。撰写汇编个人教学案例集《相长斋课话》。

**3.创制研修机制**（2013年5月—2014年11月）

创制工作室和基地建设工作标准。对集中跟岗研修、集中游学研修、网络平台在线研修、校际联谊研修的形式进行探讨，展开学员学情全面调查，根据调查结果撰写相关报告。由此制定各种形式的研修标准工作项目和研修方式。撰写《酒泉中学基地工作室学分认定标准》《工作室首轮研修研究课题方案》，确立研修工作标准，创制“微课题”系列教研写作研究方法等。

**4.依托甘肃省普通高中新课程教学改革与酒泉实验中学高中语文学科基地暨陇原名师语文工作室展开语文教师培训研修**

创制《霍军一级、二级选拔工作室学员选拔办法》，配合各学员所在教育行政部门和学校，选拔来自酒泉市各高中学校的20名青年语文教学骨干和来自甘肃省临夏州和政县33名高、初中语文教师参加研修。

自2014年起至今，举办全体学员参加集中跟岗研修2次（酒泉中学），集中游学研修2次（赴成都、无锡连续观摩《语文周报》全国中青年教师课堂教学大赛），邀请一级工作室全体成员集中录制“一师一优课”晒课研修活动1次（酒泉中学），在岗指导研修2次（主持人分赴临夏州和政二级工作室和瓜州一中、玉门油田一中学员所在校指导研修），校际联谊研修3次（分赴玉门油田一中、酒钢三中），部分学员参加甘肃省教科所组织的全省课堂观摩活动3次（兰州一中、嘉峪关酒钢三中），常年进行网络平台在线研修。期间举办学术讲座、听课评课、同课异构、学员小组研讨、读书沙龙游学观摩等培训活动。特别是主旨学术讲座《文本解读方法阐释》《从文本解读走向教学设计》展开的学习交流，使所有研修有了总目标和研讨方向。3人获得省级专业教学竞赛一等奖。部分学员参加省级晒课活动，获得奖项多个。

围绕研修主旨展开课题研究和省级论文大赛。2015年至2017年，组织学员和导师参加甘肃省基础教育课题申报，亦通过省教科所陇原名师工作室“绿色通道”参加省级课题申报。围绕霍军“新课程背景下教师文本解读以促进语文教师专业成长、促进语文课堂教学质量提高的研究”的工作室研修主旨总课题，共撰写12个开题申报报告，在文本解读的各类文体教学、各类教学策略等方面进行充分论证。经此论证，参加申报的成员对文本解读力的理论体系有了更深入的理解。立项省级课题6项，2017年获得省级鉴定通过4项，并有1项获得省级优秀等级。参赛论文（文本解读、教学设计和教学案例）上交33篇，获奖31篇。

坚持网络平台研修，坚持提交学员作业，汇编学员各类备课和教学研究成果，现已编成导师和学员教学论文、研修心得、教学反思、教育教学随笔、文学创作、网络交流对话录等14册。发表、获奖论文100多篇。

2017年起，又承担甘肃省教育厅指定的2017年“国培计划”——教师工作坊高端研修项目，并以此研修主旨对酒泉市14所学校300多名语文教师展开网络培训。这些研修活动及其主旨明显影响了基地和工作坊学员所在的30多所学校的语文教学和语文教师培训工作。

### （二）解决问题的方法——本成果研究方法

**1.“微课题”研究系列文章写作研究模式**

本方法提炼自主持人霍军多年探究逐渐形成的研究方法。具体内容为，研究与实践，并与自身日常教学相结合，围绕一篇经典课文进行“文本解读微课题系列写作研究”的撰写，即“课文文本解读——教学设计——课堂教学案例——课后反思、教学案例——学生作业收集及分析——专题小结文章”，由此积累研究素材，构成课题研究的主体，形成实质性文本解读能力提高前提下改进课堂教学、提高语文教学质量的过程和研究方法。

**2.文献研究法——个人成果梳理提炼**

本研究自2015年立项开始，首先展开对负责人霍军已积累的相关研究成果和经验的梳理：汇编文本解读文章《自我的故事——中学语文名师对经典课文的文本解读》并出版，汇编与之相应的教学案例集《相长斋课话》（待出版），并继续撰写此主题下的教学案例汇编；同时，继续收集学生作文。将霍军主要相关思想提炼撰写基地研修总纲，向学员致信。承担《甘肃教育》杂志社特聘专栏撰稿人职责，围绕本课题设定的“微课题”系列研究写作模式，撰写一系列理论文章。接受上海《语文学习》邀请，撰写个人专业成长自传《我只是一介书生》，系统总结读书、文本解读、教学案例撰写、学生写作推动及作文收集分析。

**3.文献研究法——基本研究理论学习和梳理**

系统梳理了国际、国内较为明确的三种文本解读理论：作者中心论、作品中心论、读者中心论。详密分析其各自优劣及在教学文本解读中的应用价值。其中较为侧重“作品中心论”，以图对当今语文教学非学科化倾向进行纠偏。基地建立了自己的文库，选编上百篇与文本解读及教学相关的优秀研究文章，由导师霍军不间断地转发给学员。

**4.行动研究法——研究机制的确立与实施**

本课题依托酒泉语文公社的研修而展开。故其研究机制在某种程度上也是基地和工作室的研修机制。兹列举一个工作模本设计范例、一个工作室开展主旨跟岗研修范例以供参考：

**表1　基地集中研修必选工作项目表**

| 序号 | 工作项目 | 数量 | 单位 | 备注 |
|---|---|---|---|---|
| 1 | 专业讲座 | 2～3 | 个 | 一级工作室导师承担 |
| 2 | 观摩示范课 | 2 | 节 | 由一、二两级工作室导师各承担1节 |
| 3 | 学员汇报课 | 20 | 节 | 原则上全体学员每人1节 |
| 4 | 听课 | 25 | 节 | 与以上各类课堂活动同时进行 |
| 5 | 评课座谈会 | 4 | 场 | 基地专家、学员指定导师主评 |
| 6 | 专业研讨会 | 2 | 次 | 诸如专业成长交流、集体备课活、文本解读、教学案例、教学反思、教育随笔等教学论文写作交流等等 |
| 7 | 读书沙龙 | 1 | 次 | 以教育经典为主的阅读交流活动 |
| 8 | 基地工作研讨会 | 1 | 次 | 诸如培训工作安排、课题研究任务与推进 |

**表2　工作室学员跟岗研修计划活动安排表**

<table>
<tr><th colspan="2">日程</th><th>研修内容</th><th>主讲人</th><th>主持人</th><th>地点</th><th>备注</th></tr>
<tr><td rowspan="2">4月17日<br>(星期日)</td><td>上午</td><td rowspan="2">全天报到</td><td rowspan="2"></td><td rowspan="2">霍　军<br>祁正鹏</td><td rowspan="2">酒泉市肃州区西大街酒泉中学语文公社</td><td rowspan="2"></td></tr>
<tr><td>下午</td></tr>
<tr><td rowspan="3">4月18日<br>(星期一)</td><td>上午9:00</td><td>开班仪式<br>研修工作安排<br>参观酒中校园</td><td>邓校长<br>霍　军</td><td>霍　军</td><td rowspan="2">酒泉中学图书楼四楼报告厅</td><td rowspan="2"></td></tr>
<tr><td>下午<br>2:30</td><td>学术报告:语文的传统文化内涵</td><td>王永贤</td><td>尤丽霞</td></tr>
<tr><td>晚上<br>8:00</td><td>工作室网络平台使用培训</td><td>陈　辉</td><td>刘　瑛</td><td>酒泉中学综合楼网络教室</td><td>全体学员及导师参加</td></tr>
<tr><td rowspan="2">4月19日<br>(星期二)</td><td>上午<br>8:00</td><td rowspan="2">文本解读前提下初中语文观摩课研讨活动(上午、下午各2节,内容:上课、说课、评课、交流)</td><td>党玉龙<br>谢晓贤</td><td>郑设善</td><td rowspan="2">酒泉市一中</td><td rowspan="2">听课<br>说课<br>评课</td></tr>
<tr><td>下午<br>2:30</td><td>王明龙<br>寇　阳</td><td>张团国</td></tr>
</table>

续表

| 日程 | | 研修内容 | 主讲人 | 主持人 | 地点 | 备注 |
|---|---|---|---|---|---|---|
| 4月20日(星期三) | 上午 8:30 | 和政学员汇报课<br>专题报告:青年语文教师专业成长之路 | 栾尚海<br>谢晓贤 | 霍　军<br>祁正鹏 | 酒泉市一中 | 听课说课评课报告交流点评 |
| | 下午 2:30 | 学术报告:给语文留一点诗意 | 刘　瑛 | 王秋珍 | 酒泉中学图书楼四楼报告厅 | |
| | 晚上 8:00 | 读书沙龙(主题:我从读书中获得的教育力量) | 和政学员代表 | 王永贤 | 酒泉中学图书楼四楼报告厅 | |
| 4月21日(星期四) | 上午 7:50 | 文本解读前提下的高中语文观摩教学活动(3节) | 崔　强<br>赵国兴<br>刘俊林 | 吕积海 | 酒泉中学图书楼四楼报告厅 | 听课说课评课讲解与课题研究 |
| | 下午 2:30 | 二级工作室学员课堂展示(1节,说课同时展示文本解读纲要) | 邓文明 | 马少军 | | |
| | | 霍军讲座:从文本解读到课堂设计<br>教研小组建立(学员合影) | 霍　军 | 霍　军 | | |
| 4月22日(星期五) | 上午 | 活动:酒泉市文化景点参观 | | 霍　军 | 酒泉市博物馆<br>西汉酒泉胜迹<br>左公园 | 和政学员参加 |
| | 下午 | 闭幕仪式 | | | | |
| 4月23日(星期六) | 上午 | 返程 | | 祁正鹏 | | |

## 三、成果的主要内容——经过实践检验后形成的问题解决方案

### (一)主要观点:凸显课堂教学语文学科价值,促成课堂教学策略的形成和转变

#### 1.文本解读理论学习是提升教师教学设计能力的出发点

对文本解读理论的梳理和理解,认识到了以往教学中因为单一的“作者中心”方式的阅读带来的“主题先行”“意图谬见”对语文课特有性质和语文课既定教学任务——教给学生文本构成的形式美感的感知能力、发现能力和学习能力——的扭曲,让语文课因为忘记了文本审美的把握而产生对文本信息内容的过分

重视，变成政治课、历史课甚至其他学科的附庸；也认识到了因为简单复制国外传入、在国内流行一时的“读者中心论”的影响，因为对这种解读观点合理性的过度开发，导致教师解读主体地位的丧失，导致经典课文教授价值的丢失，产生课堂讨论和对话及教学主题内容探讨无序化、无目标的乱象，导致学生学习的无效性和课堂教学效率的低下；认识到了回归文本审美的重要性，从而认真理解和思索“作品中心”解读方法的意义和价值，回归文本本身，认真挖掘文本自身的教学价值，并从这种价值出发去设计教学策略，让作品自身本来拥有的作者创造的、发现的美感形式变成引导学生、启迪学生、唤醒学生的教学资源的核心内容，从而回归语文教学的正途，让学生掌握了经典文本的文化价值从而形成语文核心素养，让学生凭借对第一流文本的产生根源和构成形式进行科学性的探究，从而掌握理解文本的能力，同时能够尝试通过学习文本，形成自己良好的表达能力。在这些方面，我们已经有了很多较为成功的尝试和探索。

2.**文本解读基础上产生的教学设计，对学生产生直接的积极影响**

教师更多借助“素读”“裸读”产生的文本解读，最大限度地保持了阅读热情和鲜活性，并以这样的阅读情感状态进入课堂，与学生分享同样的阅读活力。

教师主要依据“作品中心”的解读理论进行的教材解读和在此基础上产生的教学设计，更多抓住了语文教学内容的最高价值——作者的形式发现秘诀与他灵感的关系，以及经典文本生成与构成的美学要素。如词语的选择与推敲，句型的选用与情感、情境、情势的微妙传达，文本构思与结构的奥秘，文本选材的典型性方略，作品空白处的深长意味，等等。正是这些核心要素构成了课堂上最有教学价值的探讨内容，因此，教师能够在自己的语文课上给予学生最有质量的语文学习资源。

教师从文本中发现的作者创作的最具灵性的形式美感，恰是作者作为文本创造者、作为文章，能把生活中最有意趣的东西呈现给读者的最有意义的创造。这种创造能力并非一日习得，更不能简单归类为天才灵感，而是有章可循，且能够通过反复大量阅读训练而发现和把握的规律。教师在课堂上引领学生将自己在文本解读中发现的这些东西进行有效探究，其实已经将自己的教学有效控制在了语文教学的本质意义范围内，避免了语文课的无效性、低效性，提高了语文教学的含金量和本真价值。

教师因为提高了自身对文本和形式审美要素的把握能力，所以他每每能够将这种发现方式变成一种有效的课堂教学策略，而生发出语文课“唤醒”学生自我潜能的功效，使语文课成为学生认识自我、发现自我、挖掘自我、创造自我的一个平台。在这个意义上，达·芬奇所说“教导人们学会观看”与苏格拉底崇尚的“认识你自己”合为一体，变成一种语文课堂上的学习现实：学生通过教师基于文本解读而使用的教学策略学会了观看世界和自我，从而获得一种欣喜，一种内在的对语文的热爱，变成自己语言使用的创造者。

**3.从文本艺术形式的微妙处入手，唤醒学生对文本的体验感知和创造力**

基于“作品中心”的文本解读唤醒了教师对文本艺术发现方式的灵感，而教师的备课设计就成为一种唤醒学生的课堂教学形式设计。教师需要做的，是想尽一切办法在课堂面对学生时，用基于课文的各种语言练习形式让学生体验到文本的艺术美感，并通过这种美感感知而体悟作品的主旨和感染力。这个过程是通过有形的语言练习形式来实施的，具体细微，构思精巧，符合学生学习实际状况，又讲求课堂效率，尊重课堂时间和空间。比如批注、补白、填空、套用、仿写、换用、删改、概括、复述、转述、想象、假设、讨论对话、接龙续说、重新构思、片段写作练习等等，这些方法都是有章可循的。它们的共同点在于让学生把对课文的阅读揣摩变成一种可以具体感知语言表达魅力的学习形式，变成一种可以当堂让全体学生参与的练习。但同时，它们又不像应试练习那样机械繁复，缺少学生在自由宽松的课堂情景下的充分参与；它们尽可能不提供统一答案，却又依循文本构成的逻辑性和法度，通过练习让学生恰恰感知到这些法度的内在规律和表达力量，既获得思想和精神的陶冶，又获得审美体验和具体的表达力训练。

在此意义上，教学策略的使用应该成为一节课的画龙点睛之笔，应该成为课堂文本解读的思维聚焦点，应该能够引领和提絜整节课的教学，应该是学生思维的一个爆破点。它应该建立在教师有效讲解的基础上——当教师耐心引导和讲解到了成熟境地，再放手让学生顺着策略设计的语言练习自己去发现的时候，课堂生成时刻才会到来，从而做到教与学的有机融合。由此看，教师不必担心一节课自己该讲多少的问题。教师的讲解完全是理直气壮的——你在为学生的积极思维生成做准备。教师的任务不是讲多讲少的问题，而是如何精心设计“讲”和“学”的结合的问题。

**4.促成读写一体的转变，有效提高学生写作能力**

教师基于文本解读的课堂教学，可以直接提高学生的阅读质量，从而对学生写作产生最积极的影响。教师的每一个教学环节，教师针对一篇具体的文本的一个片断展开的直指文本核心价值的教学，时时都让学生沐浴着语文的精华营养。

教师文本解读及教学策略的改变使学生在文本研读中生发出创造性能力，从而找到基于文本的创造发挥方式和内容。文本变成了学生的思想源泉和感受现实、体验生命的一个法门。学生从日日接触的文本找到了写作资源，由被动性接受课文教学变成了主动创造性汲取文本。

形成了学生文本学习和写作训练之间的良性循环——文本学习既是寻找写作范本，又是形成自我写作创造机缘的一个方式。读写一体的意义在于学生学习文本，阅读经典，其根本目的不仅在于学习一个范本，阅读一个信息源，更重要的是找见了用写作表达自己的基础。

**（二）实践模型——研修作为实践载体**

第一，用学科基地和工作室研修作为课题研究的载体，选拔各学校骨干学员，通过研修培训切实提高教师文本解读能力和教学设计、课堂教学及反思能力。在基地所在校和学员所在校形成同主旨教研组教研活动，从而有效提高语文课堂教学质量，并产生对整个一个地区语文教学的辐射带动效应。

整个研修过程实际上构成一个统一的研究课题。用研究课题带动研修，用研修过程促成研究。形成一整套主旨纲领明确、有专业学科抓手、切中教师专业状况实际问题的青年语文教师培训研修机制。

第二，用“微课题”系列论文写作模式的研究，可操作性强，推广价值大，培训手段有效，可形成有效自我研究模型。

这个基本模式为：分小组导师引领、围绕总课题的子课题选题、基于“微课题”构成的课题研究方式。特别是要求研究者每学期围绕自己全力钻研的一篇课文展开“微课题”系列写作和研究（课文文本解读——教学设计——课堂教学案例——课后反思、教学案例——学生作业收集及分析——专题小结文章）。这个系列实际上要求研究者针对当下教学，在一篇课文的教学过程中展开全方位系列自我跟踪反思。从教师自我文本解读入手，让教师观察自己在这个基础上产生的一系列变化，最后归结为学生的变化。

通过这种序列写作，教师能够有效梳理、观察、反省自己相对完整的一个教学过程，从教学走向研究，实现了理论性和实践性的有机统一。通过不断进行这种“系列研究性写作”，让一篇篇课文教学变成有体系的有机组成结构，让教师通过自身对文本认识的改变来直接观察学生语文学习发生的良性变化。

## 四、效果与反思

### （一）成果取得的实践效果

1.学员观念改变

本成果在四年基地和工作室研修中逐步形成，其文本解读思想及其教学价值的开发，由此产生的学术讲座、教学观摩、学术讨论，使其基本思想得以深入学员内心。酒泉语文公社全体成员，60多位来自近30所学校的高中、初中语文骨干教师已形成共识：文本解读能力是语文教师最基本、最重要的语文教学能力的体现。他们正在以自己的教学研究和实践影响所在学校的语文教学。目前，由于酒泉语文公社承担甘肃省教育厅指定的2017年“国培计划”——教师工作坊高端研修项目，以此研修主旨对酒泉市14所学校300多名语文教师展开网络培训，使得本成果在更大范围内得以推广。

2.教学实践效果

（1）文汇

《酒泉语文公社“微课题”系列汇编》，共包括以25个导师和学员的文本解读为开端的系列教学作品，这是本成果教学实践成果的集中提炼。

《酒泉中学高中语文学科基地成果登记表》，为登记成员、学员发表论文77篇、著作3本、撰写报告27个，开展“线下”活动20次、开展“线上”活动11次的名录。

《霍军工作室教学设计汇编》，选编导师及学员教学设计28个。

《霍军工作室教学案例汇编》，汇编导师学员课堂实录23个，反映了以公社文本解读为核心的研修主旨在课堂教学中的具体实践。

《霍军工作室学员研修手册汇编》，汇编学员导师研修心得26份，汇编网络平台导师学员教学思想对话《语文公社对话录》约计5万字，选编基地和工作室学员调查表及导师撰写的调查报告10份。

《霍军工作室运行简报汇编》，汇编截至2017年初本公社各类研修活动的简报38份，集中反映了本公社围绕研修主旨开展的主题研修工作活动，是本成果各类实践的全面反映。

《霍军工作室讲座汇编》，集中收录公社最重要的6个学术讲座大纲或文稿，是本公社学术实践的核心内容。

《霍军工作室公开课教学课件汇编》，选编15个公社学员优质课教学课件图片。

《霍军工作室教育教学论文汇编》，选编公社学员的教研文章。

（2）课堂作品

优秀学员在重要观摩课优质课展示活动中取得优异成绩。

学员崔强的优质课《当你老了》在2016年甘肃省第六届创新杯语文课堂大赛中获得高中组一等奖。

学员文多华在2015年甘肃省“先秦诸子选读”教学观摩大赛中获得一等奖。《别了！不列颠尼亚》获得酒泉市2014年课堂大赛一等奖。

学员吴雅丽在2017年甘肃省教育厅及总工会举办的教学技能大赛中获得一等奖。同时，参加酒泉市2014年语文课堂教学大赛，获得二等奖。

学员魏强在2015年甘肃省“先秦诸子选读”教学观摩大赛中获得二等奖。《别了！不列颠尼亚》获得酒泉市2014年课堂大赛一等奖。《素葩》获得甘肃省2015—2016年度“一师一优课”晒课省优二等奖。

成员尤丽霞的晒课《曹操献刀》，获得2016年甘肃省“一师一优课”评比一等奖。

学员赵国兴的观摩课《咬文嚼字》获得酒泉市课堂大赛二等奖、全省语文优质课嘉峪关展示会优质课。晒课《归去来兮辞》获得2016年甘肃省“一师一优课”评比二等奖、酒泉市一等奖。《锦瑟》获得酒泉市一等奖。

导师霍军受邀在天水师范学院、天水一中、宁县一中、景泰二中、东风卫星发射基地讲授观摩课《祝福》《天上的街市》，深受欢迎。

导师张团国优质课例获2015年甘肃省“先秦诸子选读”课堂教学案例大赛一等奖。

（3）论文及著作

霍军在《甘肃教育》发表的以文本解读理论为旨归的系列专栏文章，从文本解读、教学设计、教学案例、教学策略、教学语言、学科教学与德育融合等诸多方面展开理论分析，因这些文章持续性和系列性的特点，在近三年时间里为全省语文教师所瞩目，对全省语文教学产生良好影响。

霍军专著《教师如何读经典》《自我的故事——中学语文名师对经典课文的文本解读》成为本基地酒泉市和临夏市10所高中及临夏和政县十余所初中学校教师的基本培训教材，在这些教育单位产生很大影响。

导师近四年论文统计：

《甘肃教育》“视点·百家专栏”20篇。

《语文学习》2篇

《中学语文教学参考》2篇

《教师报》5篇

《语文周报》2篇

《中国教师报》1篇

《中学语文教学》1篇

(4）成果的社会影响

霍军在西北师范大学、天水师范学院受聘担任“国培计划”授课教授，所授课程受到欢迎，产生良好影响。受邀在敦煌、瓜州、肃州、白银、天水、庆阳、玉门油田及全省高考研讨会做各类学术讲座，文本解读与语文教学关系作为其基本思想内容，传布面甚广。

**（二）成果的不足**

第一，本成果涵盖面和潜力较大，可以长期持久地研究挖掘，但目前只是解决了系统理论的梳理和基本研究方法的确立。

第二，教学策略研究实践已经有了开端，但不够精细化，需要解决的具体策略难题还缺乏探讨。如，将文本解读成果转化为教学设计的一般规律研究，文本解读中对教学价值内容的选择研究，文本艺术形式与课堂教学艺术形式的关系处理之研究，学生作品内容形式的分析，等等，还有待进一步深入研究。

第三，理论化梳理和学习推进不够彻底有效。目前，身陷具体教学事务的语文教师并不主动探索文本解读理论，不擅于分享国内国外已有的优秀成果，致使其文本解读观念陈旧，能力无法提升，撰写解读文章依然是奉“作者中心论”为最高圭臬。

### （三）需要进一步探索的问题

第一，需要开展文本解读的几种情况需区别研究。一般读者与学生读者，他们解读文本的立场、角度、深度与教师读者解读的关系需要探究，这是精细化教学设计的突破口。

第二，教学策略还需精细化研究。目前，主持人霍军正在整理其教学案例集《相长斋课话》，欲以此为契机开展关于文本解读前提下课堂教学策略的精细化研究，主要针对“文本解读成果的教学设计利用”“课堂教学技巧如何助推文本价值为学生有效理解吸收”等问题展开探索，并将这些思考变成下一步公社研修的主要命题。

第三，更多关注围绕“作品中心”操作的文本解读，并尝试缩小研究范围，只研究这一个问题，系统梳理相关理论和教研动态。

第四，尝试一个课题由一个“微课题系列”组成。小处探究，充分研究学生受到的课文滋养。

第五，持续探究依托于研修的课题研究机制。一是探究如何在小一点的规模下培训数个研修学员形成文本解读能力的研修机制。二是寻找最适合学员自身专业发展特点的文本解读主旨研修培训方式。三是探究与学员所在学校合作推广文本解读的前提下，如何促进一所学校语文教师集体专业成长的校际教研模式。

（酒泉中学 霍军）